Chili Verlag

Norbert J. Wiegelmann

Tag des Zitronenfalters

32 Kurzgeschichten

chiliverlag

Zuletzt im chiliverlag erschienen:
poesía del paraíso infernal – poemas y fotografías de la república dominicana (2013)
bis ans ende der zeiten, amen / sie ist ne domina (2013)
So (ne) Nette – Lyrische Poesie der Gegenwart im Sonett-Gewand (2013)
Sisypussy – Satirische Geschichten (2013)
Kunst, Kultur und Schizophrenie – Bühnentexte (2013)
Hinter dem Licht – KIMM-Stories (2014)
Zwischen Kuns tRäumen – Roman (2014)
Duftender Sake – Lyrische Schnapsideen (2014)

1. Auflage Juni 2014

franchili / 13

Detaillierte bibliographische Daten sind unter http://dnb.ddb.de bei der Deutschen Nationalbibliographie abrufbar.

Lektorat, Gestaltung, Layout: Franziska Röchter
Fotomaterial für Cover und Innen: Norbert J.Wiegelmann,
bearbeitet von Franziska Röchter
Originalfoto Falter: Susanne Schmich_pixelio.de / bearb. F. Röchter

ISBN 978-3-943292-13-8 www.chiliverlag.de

„Everyone is a moon, and has a dark side which he never shows to anybody."

(Mark Twain)

Für Ulrike

Erinnerst du dich
an jenen Abend im Mai?

Gegen die Vergänglichkeit
sagten wir lachend
und ritzten unsere Namen
in einen Buchenstamm.

Inhaltsverzeichnis

Statt eines Vorworts

Mit dem vorangestellten Zitat von Mark Twain könnten die Geschichten in diesem Buch überschrieben sein.

Warum sind es *düstere* Geschichten, die hier versammelt sind?

Zunächst einmal deshalb, weil auch ein Buch mit Kurzgeschichten – trotz einer selbstverständlich zulässigen Bandbreite an thematischer Vielfalt – einen roten Faden haben sollte, zumindest eine gewisse atmosphärische Grundstimmung, damit es sich nicht in Beliebigkeit ergeht.

Könnte man darüber hinaus auf *dunkle Seiten* des Autors schließen?

In diesem Zusammenhang sei an ein Wort Bertolt Brechts in seinen Schriften zum Theater („Kleines Organon für das Theater") erinnert: „Die Einheit der Figur wird nämlich durch die Art gebildet, in der sich ihre einzelnen Eigenschaften widersprechen."

Dieses Diktum lässt sich, denke ich, auf das menschliche Individuum übertragen.

So gesehen mag in dem Kaleidoskop sich widerstreitender Eigenschaften in der Person des Autors auch das Düstere, Dunkle durchaus seinen Platz haben. Aber eben nicht nur, nicht ausschließlich, wahrscheinlich nicht einmal überwiegend.

Nicht versäumen möchte ich an dieser Stelle, meiner Verlegerin Franziska Röchter für ihr Vertrauen in meine Texte zu danken sowie jedem einzelnen Leser, der dieses Buch zur Hand nimmt.

Norbert J. Wiegelmann Arnsberg im Mai 2014

Der Fotograf

Jenseits dessen, was den Reiz dieses Fleckchens Erde ausmachte, das beruhigende Plätschern der Ostseewellen, der Strand, die Weite des bewölkten Himmels bis zum Horizont in der Ferne, gab es für die junge Frau noch etwas, das ihre Neugierde erregte. Es war ein älterer, wenn auch noch nicht wirklich alter Mann, dem sie fast jeden Tag begegnete, ohne dass er ihr je irgendeine Art von Aufmerksamkeit geschenkt hätte. Stattdessen schien er sich ausschließlich für seine Fotomotive zu interessieren, die er mit einer unscheinbaren Digitalkamera ablichtete. Nicht dass die junge Frau irgendwelche Absichten dem Fremden gegenüber gehegt hätte – sie war weiß Gott nicht vor den sie immer mehr bedrängenden und einengenden Ansprüchen ihres Freundes hierher geflüchtet in der sicheren Erkenntnis, nur durch eine längere Auszeit den Kopf frei zu bekommen und sich ihrer Gefühle zu vergewissern, um sich in irgendein Abenteuer zu stürzen. Aber diese völlige Ignoranz des Mannes ihr gegenüber verletzte doch ein Stück weit ihre Eitelkeit. Wenigstens wahrgenommen werden wollte sie – wenn schon nicht als Frau, dann zumindest als Mensch. Und ein freundliches Lächeln, ein erkennendes Kopfnicken oder auch ein unverbindlicher Gruß wären doch nicht zu viel verlangt, schließlich waren sie infolge ihres täglichen Aufeinandertreffens in gewisser Weise Bekannte. Der jungen Frau ging es keineswegs um ein Rollenspiel, sie erwartete von dem Mann nicht etwa den ersten Schritt. Aber durch die fast demonstrative Nichtbeachtung ließ er auch nicht zu, dass sie die Initiative ergreifen konnte. So waren sie bereits mehr als ein Dutzend Mal aneinander vorbei gelaufen, ohne eine Geste des Wiedererkennens.

Am Nachmittag ihres vorletzten Tages an der Ostsee traf die junge Frau erneut auf den Mann. Er stand mit seiner Digitalkamera über eine Wildblume gebeugt, auf der ein orange leuchtender Schmetterling mit ausgebreiteten Flügeln saß. Die junge Frau war bereits an dem Mann vorüber, als sie aus den Augenwinkeln heraus wahrnahm, dass er sich aufrichtete. Einer spontanen Eingebung folgend drehte sie sich um und sagte, fast ohne es zu wollen: „Haben Sie eine gelungene Aufnahme von dem Kleinen Fuchs gemacht? Es ist ein wirklich farbenprächtiger Schmetterling."

Der Mann reagierte zunächst nicht, als fühle er sich nicht angesprochen. Schon zog Zornesröte über die Wangen der jungen Frau, da blickte der Mann ihr in die Augen und schien erst jetzt zu realisieren, dass die Frage ihm gegolten hatte. Und unvermittelt huschte der Anflug eines Lächelns über sein Gesicht. „Sie kennen sich mit Schmetterlingen aus?", erwiderte er statt einer Antwort auf die gestellte Frage.

„Nicht wirklich", gab die junge Frau zurück. „Ich kann gerade mal einen Kohlweißling und einen Zitronenfalter unterscheiden – und eben den Kleinen Fuchs erkennen."

Sie lächelte. „Mein Freund hat mir mal bei einem gemeinsamen Spaziergang von einem kleinen Fuchs erzählt, der gerade an uns vorbeigeflogen sei. Ich dachte, er wolle mich auf den Arm nehmen. Hier ist doch kein Fuchs, habe ich gesagt und an meine Stirn getippt. Und dass Füchse fliegen können, selbst als Welpen, sollte mich auch wundern. Und dann hat mein Freund das Missverständnis aufgeklärt. Seitdem weiß ich, was ein Kleiner Fuchs ist."

Der Mann musste nun herzhaft lachen und wirkte in diesem Moment nicht nur äußerst sympathisch, sondern um Jahre jünger. „Eine lustige Anekdote. – Erleben Sie so etwas häufiger mit ihrem Freund?"

Die junge Frau schüttelte den Kopf. „Setzen wir uns ein wenig?", fragte sie und deutete dabei auf eine Bank in der Nähe. Der Mann nickte zustimmend. Nachdem sie sich gesetzt hatten, schwiegen sie zunächst, als sei das soeben aufgeflackerte Flämmchen Vertrautheit bereits erloschen. Sie blickten auf das Wasser der Ostsee, sahen Möwen und Kormorane. Die junge Frau nahm schließlich den Gesprächsfaden wieder auf und erzählte, dass es zurzeit zwischen ihr und ihrem Freund gar nicht mehr lustig sei und sie deswegen auch Hals über Kopf für eine Woche hierher gefahren sei.

„Abstand gewinnen also", sagte der Mann, der zuvor aufmerksam den Worten der jungen Frau gelauscht hatte. „Manchmal scheint das der einzig vernünftige Weg zu sein, um wieder zu sich selbst zu finden. Ich hatte mich schon gewundert, warum eine junge, attraktive Frau wie Sie so ganz allein hier Urlaub macht."

Diese Bemerkung hatte nichts Anzügliches, sondern war einfach eine nüchterne Feststellung. Sie traf die junge Frau dennoch bis ins Mark, denn niemals hätte sie es für möglich gehalten, dass der Mann ihre Anwesenheit überhaupt zur Kenntnis genommen hatte.

„Es gibt allerdings auch Lebenssituationen", fuhr der Mann fort, „in denen man sich Nähe wünscht, obschon man weiß, dass man sie nicht mehr bekommen kann – zumindest nicht von dem Menschen, dessen Nähe man herbeisehnt."

Der Mann machte eine Pause, seine Augen fixierten die Linie des Horizonts.

„Meinen Sie einen geliebten Menschen, den es nicht mehr gibt?", fragte die junge Frau nach einer Weile.

„Genau das meine ich", erwiderte der Mann, und Trauer schwang in seiner Stimme. „Seit meine Frau vor ziemlich genau einem Jahr gestorben ist, wünsche ich mir nichts sehnlicher, als dass sie wieder bei mir sei."

In dem nun folgenden Schweigen hörte man lediglich das vereinzelte Kreischen der Möwen und die raunende Stimme des Meeres mit ihrer unendlichen Melodie. Die junge Frau wusste nicht recht, was sie sagen sollte, ob sie sich nach der Verstorbenen näher erkundigen oder besser in dieser Wunde nicht weiter herumrühren sollte. Sie entschied sich für Letzteres. Deshalb fragte sie unvermittelt: „Ich habe Sie in den vergangenen Tagen viel fotografieren sehen. Mögen Sie Naturaufnahmen?“

Der Mann schien mit seinen Gedanken weit entrückt zu sein, denn offenbar dauerte es eine Weile, bis ihre Frage ihn erreicht hatte. Es kostete ihn sichtlich Anstrengung, sich von den Bildern seines Inneren loszureißen und zu antworten.

„Mit dem Fotografieren habe ich erst seit dem Tode meiner Frau begonnen. Während unserer Ehe war meine Frau die Fotografin, eine sehr leidenschaftliche sogar. Sie hatte viel Talent und war mit großem Erfolg auf etlichen Ausstellungen vertreten. – Ich habe mir erst vor wenigen Monaten diese kleine Digitalkamera gekauft. Ich habe keinerlei fotografische Ambitionen – und wohl auch kein Talent. Ich fotografiere Dinge in der Natur, um sie ... wie soll ich es Ihnen erklären?“

Er suchte angestrengt nach den passenden Worten für etwas, das ihm klar zu sein schien, aber offensichtlich nicht einfach mitzuteilen war.

„Die Natur hat mir immer viel bedeutet“, setzte er nun an, „und indem ich sie fotografiere, mache ich sie mir einerseits zu Eigen, kann sie dadurch andererseits aber auch loslassen. – Ich fürchte, dass ich mich Ihnen nicht verständlich machen kann“, fügte er beinah entschuldigend hinzu.

Die junge Frau nickte etwas zu eifrig, wie sie selbst fand, denn sie war sich tatsächlich nicht sicher, ob sie die Erklärung des Mannes richtig erfasst hatte. Dennoch beeilte sie sich zu versichern: „Ich glaube schon, dass ich Sie verstanden habe. Den Schmetterling von vorhin, den Kleinen Fuchs, haben Sie nun in Ihrer Bildersammlung und können ihn beim nächsten Mal, wenn Sie ihn sehen, einfach völlig zweckfrei beobachten. Oder auch ignorieren. Sie wollen sozusagen nichts mehr von ihm. Er schuldet Ihnen nichts mehr, sie ihm nicht. Sie haben mit ihm abgeschlossen, ihren Frieden mit ihm gemacht – ist es nicht so?“ Der Mann lächelte die junge Frau befreit an: „Genau so habe ich es gemeint. Sie konnten es nur unendlich treffender ausdrücken. – Es war schön, in Ihnen eine so verständige und einfühlsame Gesprächspartnerin gefunden zu haben.“

Er machte Anstalten, aufzustehen. Plötzlich reichte er ihr die Kamera. „Die Gelegenheit ist günstig – würden Sie freundlicherweise ein Foto von mir machen?“

„Selbstverständlich.“

Die junge Frau nahm vorsichtig die Kamera und machte eine Portraitaufnahme des Mannes. Dabei ertappte sie sich bei dem Gefühl leichter Enttäuschung darüber, dass er sie nicht gebeten hatte, ein Foto von ihr machen zu dürfen. „Blödsinn, so etwas zu empfinden“, schalt sie sich in Gedanken selbst für diesen Anflug von Hoffahrt. Und setzte gedanklich hinzu: „Vielleicht will er ja auch gar nicht mit mir abschließen, jetzt, wo wir uns so nett unterhalten haben. Morgen ist schließlich auch noch ein Tag.“

„Ist das Foto in Ordnung, oder soll ich noch ein zweites machen? – Die Gelegenheit ist noch immer günstig“, scherzte sie und gab dem Mann die Kamera zurück. Der schaute sich die Aufnahme kurz auf dem Display an. „Perfekt. Vielen Dank. Hat mich aufrichtig gefreut, Ihre Bekanntschaft gemacht zu haben. Auf Wiedersehn.“

„Bis morgen“, rief sie ihm hinterher.

Spät abends klingelte es an der Tür ihres kleinen Pensionszimmers. Zwei Kriminalbeamte wollten sie als Zeugin befragen, weil sie am Nachmittag noch zusammen mit dem Mann gesehen worden sei, dessen Leiche man vor ca. zwei Stunden aus der Ostsee geborgen habe. Fremdverschulden sei so gut wie auszuschließen, alles spreche für Suizid. Am Strand habe man einige seiner abgelegten Sachen gefunden, Brieftasche, Uhr, Handy und eine Digitalkamera. Die Speicherkarte werde noch ausgewertet. Ob sie sich den Freitod erklären könne? Nach bisherigem Erkenntnisstand sei sie die letzte Kontaktperson des Mannes gewesen. Und das letzte Foto auf der Speicherkarte sei eine Portraitaufnahme des Toten, am heutigen Tag um 16.58 Uhr aufgenommen. Ob sie dieses Foto gemacht habe?

Der jungen Frau wurde einen Moment lang schwarz vor Augen. Sie musste sich setzen. Dann erzählte sie den Beamten stockend, dass sie sich heute Nachmittag zum ersten Mal mit dem Mann unterhalten habe und er sie zum Abschluss gebeten habe, ein Foto von ihm zu machen. Von einem beabsichtigten Selbstmord sei nichts zu merken gewesen.

„Sie haben nichts in dieser Richtung wahrgenommen, keinerlei Hinweise? Nicht irgendwelche dunklen, ominösen Andeutungen, die Sie zum Zeitpunkt des Gespräches nicht haben deuten können?"

Die junge Frau zögerte den Bruchteil einer Sekunde, dann bekräftigte sie rasch: „Rein gar nichts."

Sie unterließ es, den Beamten zu berichten, warum der Mann so intensiv fotografiert hatte, welche Bedeutung das Fotografieren für ihn gehabt hatte. Das wäre wahrscheinlich zu kompliziert geworden. Und was hätte es erklärt? Vielleicht hatte er sich ja tatsächlich von ihr fotografieren lassen, weil er auch mit sich selbst abschließen wollte. Aber war das ein Motiv, das ein Kriminalbeamter würde verstehen können?

In der Nacht schlief die junge Frau schlecht. Unruhig wälzte sie sich in ihrem Bett. Immer wieder tauchte eine Frage in ihr auf, die sie quälte: Wäre alles anders gekommen, wenn sie den Mann nicht angesprochen hätte? Würde er dann noch leben? War sie schuld, zumindest mitschuldig, an seinem Tod? Oder war es so, dass seine Frau ihn gerufen hatte? Er hatte ja ihre Nähe gesucht. Und da seine Frau nicht mehr zu ihm kommen konnte, blieb letztlich nur der Weg für ihn, zu ihr zu gehen, durch das Wasser der Ostsee. Das war ihm wahrscheinlich während ihres Gespräches auf der Bank klar geworden. Und sie hatte ihm mit dem Foto die Möglichkeit gegeben, sich selbst loszulassen, um diese Reise zu seiner Frau antreten zu können.

Nach dem Frühstück reiste die junge Frau ab, einen Tag früher als geplant. Sie vermied es, noch einen Blick auf die unergründlichen Tiefen der Ostsee zu werfen.

Dämmerung

Die Dämmerung kroch bereits über den beinahe menschenleeren Spielplatz. Nur ein Junge von vielleicht zehn, elf Jahren turnte lustlos an einem Klettergerät herum. Der Mann hinter den dichtgewachsenen Rhododendronsträuchern hatte den Jungen bereits längere Zeit beobachtet. Langsam trat er hinter den Pflanzen hervor und näherte sich dem Jungen mit zögerndem Schritt, vorsichtig nach links und rechts schauend. Außer ihm und dem Jungen war niemand in der Nähe.

Der Junge tat so, als habe er den Mann erst wahrgenommen, als dieser unter dem Klettergerüst stand und zu ihm hinaufblickte.

„Musst du nicht nach Hause, zum Abendessen?"

Der Junge schüttelte den Kopf.

„Jetzt noch nicht."

„Das trifft sich gut. Dann können wir zu mir gehen und uns ein wenig unterhalten."

„Ich hab aber keine große Lust dazu", entgegnete der Junge. Er hatte sich auf die oberste Sprosse des Klettergerätes gesetzt, ließ die Beine baumeln, spuckte in hohem Bogen ins Gras und sah auf den Mann herab.

Der Mann verschränkte unschlüssig die Arme vor der Brust.

Da sagte der Junge: „Ich werde es mir überlegen, wenn du vorher mit mir ein Spiel machst."

„Was willst du denn spielen?"

Der Junge sprang behände von seinem Hochsitz.

„Wie wäre es mit Räuber und Gendarm?"

Der Mann zuckte wortlos mit den Schultern.

„Du kannst dir auch aussuchen, ob du der Gute oder der Böse bist."

Der Junge zog den Mann am Arm.

Dieser schüttelte mit heftiger Bewegung die Hand

des Jungen ab. „Das kannst du meinetwegen mit deinen Freunden spielen, so etwas interessiert mich nicht."

„Du hast aber versprochen, mit mir zu spielen", insistierte der Junge.

„Gar nichts habe ich versprochen", erwiderte der Mann ärgerlich und schaute sich nochmals nach allen Seiten um.

Der Junge gab so schnell nicht auf. „Dann weiß ich ein anderes Spiel. Komm mit."

Der Fremde ging neben dem Jungen her. Dieser führte ihn zum Sandkasten. Dort lagen eine grüne und eine schwarze Pistole. Der Junge hob beide auf und reichte dem Mann die grüne Pistole.

„Hast du gestern Abend den Western im Fernsehen gesehen? Er kam ziemlich spät."

Seine Augen strahlten vor nachträglicher Begeisterung.

„Am Ende gab es doch das Revolverduell zwischen dem Sheriff und dem Gangsterboss. Das spielen wir jetzt nach, einverstanden?"

„Was soll der Blödsinn? Ich kenne den Film nicht. Ich gucke keine Western."

„Das macht nichts." Der Junge war einige Schritte zurückgetreten.

„Es ist ganz einfach, pass auf. Du bist der Gangster und ich der Sheriff. Ich habe dich nach wilder Verfolgungsjagd gestellt. Nun stehen wir uns gegenüber, es kommt zum alles entscheidenden Showdown."

Der Mann wollte sich abwenden. „Was soll der Kinderkram?", knurrte er gereizt.

„Sei kein Spielverderber", bettelte der Junge.

„Na gut", sagte der Mann und richtete die grüne Spielzeugpistole auf den Jungen.

Klick machte es, als er am Abzug zog.

„So, jetzt hab ich dich erschossen, das Böse hat gesiegt, wahrscheinlich anders als im Film."

„Nein", die Stimme des Jungen klang empört, „du

hast mich nicht getroffen, sondern knapp an meinem Ohr vorbeigeschossen."

Der Mann warf die grüne Pistole fort. „Schluss mit diesem Unsinn", sagte er und ging auf den Jungen zu.

„Bleib stehen, ich bin der Sheriff, jetzt schieß ich", rief der Junge.

Der Mann lachte nur, es war ein hartes, unfreundliches Lachen.

„Stehen bleiben!"

Der Junge hob die schwarze Pistole, kniff das linke Auge zu, zielte und drückte ab. Mit ungläubig aufgerissenen Augen blickte der Mann ihn an, griff sich an die linke Brust. Dann machte er noch ein, zwei taumelnde Schritte nach vorn und fiel kopfüber in den weichen Sand.

„Peng, tot", sagte der Junge. „Du hast es verdient. Ein drittes Mal wäre ich nicht mit in deine Wohnung gegangen. Es war überhaupt keine Unterhaltung. Es war einfach nur ekelhaft, was du mit mir gemacht hast."

Er ließ die Pistole fallen, lief quer über den Spielplatz, der nun fast völlig im Dunkeln lag, und verschwand jenseits der Rhododendronsträucher.

Ein braves Kind

Ein braves Kind bin ich immer schon gewesen.

Manches Mal habe ich mich gefragt, woher dieser Hang zum Bravsein kommt.

Natürlich ist die Erziehung durch meine Eltern nicht schuldlos hieran. Meine Eltern waren stolz auf ihr wohlerzogenes Kind und damit auch auf sich selbst.

„Die gelungene Erziehungsarbeit ist die Visitenkarte einer Familie“, sagte mein Vater öfters, und meine Mutter pflichtete kopfnickend bei.

Dabei konnte in meinem Fall von „Arbeit“ eigentlich keine Rede sein, denn – soweit ich es beurteilen kann – war meine Erziehung für meine Eltern äußerst selten mit größeren Komplikationen verbunden. Als kleines Kind wurde mir ein „sonniges Gemüt“ bescheinigt, und auch später hielten sich Erziehungsprobleme in engen Grenzen.

Gibt es – verstärkend zur Erziehung – vielleicht eine Disposition zum Bravsein, ein entsprechendes Gen?

Jedenfalls war es mir stets ein Bedürfnis, das zu tun, was von mir erwartet wurde. Das setzte sich von den Eltern über die Lehrer, die Spiel- und Klassenkameraden, die Freunde bis hin zu Berufskollegen und Vorgesetzten fort.

Was nicht bedeutet, dass mir mein Nettsein immer gedankt worden wäre.

Eine Episode aus meiner Schulzeit ist mir in diesem Zusammenhang lebhaft in Erinnerung geblieben.

Wir hatten eine Deutscharbeit geschrieben, einen Aufsatz. Deutsch war eines meiner Lieblingsfächer und dementsprechend erbrachte ich recht gute Leistungen hierin.

Als unser Deutschlehrer die korrigierten Klassenarbeiten austeilte, gab er meinem Klassenkameraden Werner, der neben mir saß, und mir die Hefte als letzte zurück mit der Bemerkung, uns am Ende der Stunde bei ihm zu melden. Wie wir den Hinweisen unter unseren Arbeiten unschwer entnehmen konnten, lautete der Vorwurf unseres Lehrers, die Aufsätze ähnelten sich so stark, dass es auf der Hand liege, hier habe jemand vom anderen abgeschrieben.

Da Werner in Deutsch ebenso wie in anderen Fächern ein, gelinde gesagt, allenfalls mittelmäßiger Schüler war, lag auch auf der Hand, wer von wem abgeschrieben hatte. Doch während der restlichen Deutschstunde flehte mich Werner inständig an, ihn nicht zu verpetzen, weil er sich mit Blick auf seine Gesamtnote eine schlechte Arbeit nicht leisten könne.

Als wir am Ende der Stunde vor unserem Deutschlehrer standen und er uns eindringlich fragte, woher denn die auffallende Ähnlichkeit herrühre, zuckten wir beide bloß mit den Schultern.

„Soll das heißen, dass keiner vom anderen abgeschrieben hat und sich die Arbeiten rein zufällig gleichen wie ein Ei dem anderen?“, wollte unser Lehrer wissen.

Ich registrierte den fast schon verzweifelten Gesichtsausdruck Werners. Da räumte ich wahrheitswidrig ein, von Werner abgeschrieben zu haben.

Unser Lehrer sah mich ungläubig an. „Du hast von Werner abgeschrieben – bist du dir ganz sicher?“

Ich nickte stumm und musste gegen meine aufkommenden Tränen ankämpfen.

„Ich hab` jedenfalls nicht abgeschrieben“, nutzte Werner mit triumphierender Stimme die Gunst der Stunde.

„Wenn ihr bei dieser Darstellung bleibt, gibt es nur eine Konsequenz“, entgegnete unser Lehrer, offenkundig weit davon entfernt, von unseren Aussagen überzeugt zu sein.

Die Konsequenz war, dass Werners Aufsatz mit „gut“, meiner wegen Täuschung mit „ungenügend“ bewertet wurde.

„Danke, das werde ich dir nie vergessen“, sagte Werner anschließend erleichtert zu mir. Doch als er wenig später zu seiner Geburtstagsparty einlud, hatte er es offenbar schon vergessen – jedenfalls zählte ich nicht zu den Geladenen.

Mein Nettsein wurde mir nicht nur in den meisten Fällen nicht gedankt, es führte im Gegenteil dazu, dass man häufig kaum Notiz von mir nahm, war ich doch derjenige, mit dem man es sowieso machen konnte, den man gar nicht erst fragen musste, den man einfach vor vollendete Tatsachen stellen konnte, weil Widerstand von meiner Seite nicht zu befürchten war.

Selten gelang es mir, mich den Anforderungen, die andere an mich stellten, zu entziehen und meinen eigenen Kopf durchzusetzen. Und wenn ich es probierte, endete es in einem Fiasko.

Meine erste feste Freundin riet mir, ich solle doch einmal aufbegehren, mal „so richtig die Sau rauslassen".

„Sei endlich du selbst, nicht das, was die anderen von dir wollen. Bravsein ist kein Wert an sich."

Nachdem sie mir das förmlich gebetsmühlenartig eingetrichtert hatte, setzte ich ihren Ratschlag schließlich dahingehend um, dass ich mit ihrer Schwester ein Verhältnis begann. Das fand sie allerdings gar nicht witzig.

„Du Arsch, was hast du dir dabei gedacht?", schrie sie mich an, nachdem sie dahintergekommen war.

„Hast du mir nicht gesagt, ich solle nicht nur das machen, was andere von mir erwarten?", fragte ich in einem Anflug von trotziger Flucht nach vorn. „Oder hast du dich selbst da ausgenommen?"

Ihr Blick durchbohrte mich.

„Scheißkerl, verpiss dich!"

Damit waren mit einem Schlag zwei Freundinnen aus meinem Leben verschwunden, denn auch mein „Verhältnis" wollte plötzlich nichts mehr von mir wissen.

Ein anderes Mal war ich im Urlaub mit Bekannten zu einer Tageswanderung aufgebrochen. Irgendwann hatten wir komplett die Orientierung verloren. An einer Weggabelung wollten meine Begleiter nach kurzer Beratung den rechten Weg nehmen. Ich beharrte darauf, dass der linke Weg der richtige sei. Die anderen gaben nach. Als die Dämmerung bereits hereinbrach, kam uns ein Paar entgegen. Auf unsere Frage beschied es uns, dass wir den falschen Abzweig genommen hätten. So gelangten wir erst spät in der Nacht an unser Ziel. Die Stimmung in unserer Gruppe war daraufhin bis zum Ende des Urlaubs nachhaltig gestört.

Somit hat es neben der Erziehung und einer gewissen Disposition zum Bravsein in meinem Leben zusätzlich die Erfahrung gegeben, dass das Beharren auf dem eigenen Standpunkt im Ergebnis eher ein Nachteil sei.

Dennoch ist es nicht etwa eine bewusste Lebensentscheidung von mir gewesen, nett und brav zu sein. Ich konnte einfach nicht anders, von wenigen Ausnahmen abgesehen. Dieses „brave Kind" war tief in mir verwurzelt, auch nachdem ich den Kinderschuhen längst entwachsen war. Es war zu einer mein Verhalten prägenden Charaktereigenschaft geworden. Obgleich ich mit zunehmendem Alter unter meinem Bravsein zu leiden begann. Meine innere Balance geriet in immer größere Schieflage. Ich gab mehr, als ich zurückbekam. Zumindest war das mein subjektives Empfinden. Während andere den Ton angaben und bestimmten, wo es langging, war ich meistens derjenige, der sich fügte, der kaum einmal für seine eigenen Interessen kämpfte.

Eine Arbeitskollegin, mit der ich eine Zeitlang liiert war, legte – ähnlich wie meine erste feste Freundin – anlässlich eines sehr langen, intensiven Gesprächs den Finger erneut in die Wunde, als sie sagte:

„Du bist eigentlich viel zu gut für diese Welt, viel zu nett, weißt du das?"

Möglicherweise hatte sie es als Kompliment gemeint, doch mir krampfte sich der Magen zusammen.

Sie bemerkte, wie ich versteinerte. Rasch legte sie ihre Hand auf meinen Arm.

„Hey, ich mag es, wenn Männer sensibel sind und auf die Bedürfnisse ihrer Mitmenschen eingehen, statt den harten Kerl raushängen zu lassen oder gar den Macho. Nur“, sie lächelte mir aufmunternd zu, „du darfst es nicht übertreiben. Du darfst dich nicht zu sehr zurücknehmen, in die Ecke drängen lassen. Als dich der Alte neulich zusammengefaltet hat, völlig zu Unrecht, hätte ich mir gewünscht, du hättest dich gewehrt. Wenn schon nicht mit Fäusten, dann wenigstens mit den passenden Worten. Du hattest doch alle Argumente auf deiner Seite. Aber du hast dem Alten kaum Paroli geboten. Das hat dem nur noch mehr Auftrieb gegeben und ihn noch selbstherrlicher werden lassen. Du warst der geeignete Prügelknabe, an dem er sich hat austoben können.“

Sie schwieg, musterte mich aufmerksam, studierte meine Betroffenheit, die ihre Analyse bei mir ausgelöst hatte und die sich offenkundig auf meinem Gesicht widerspiegelte.

„Jetzt guck nicht so bedröppelt aus der Wäsche“, lachte sie dann. „Ich habe eine tolle Idee, wie wir dein Ego stärken können. Wir gehen jetzt in die Stadt und machen irgendetwas völlig Abgedrehtes.“

„Und das wäre?“, fragte ich mit belegter Stimme.

„Zum Beispiel mitten in der Fußgängerzone laut singen. Oder in einem Kaufhaus einen Tanz aufs Parkett hinlegen, zum Beispiel in der Abteilung für Damendessous. Oder in einem Restaurant ein Gedicht rezitieren. Oder im Stadtpark eine Rede über irgendein absurdes Thema halten. Es gibt tausend Möglichkeiten.“

„Und was soll das bewirken?“

„Du musst dich überwinden, du musst dich zeigen, dich anstarren, auslachen, vielleicht für verrückt erklären lassen. Aber während dieser Aktion wirst du zum Nabel der Welt. Du agierst, die anderen reagieren lediglich auf dich. Du bist der Mittelpunkt. Das gibt ungeheure Power.“

Ich starrte sie an. „Das ist nicht dein Ernst, oder?“

„Bitterer Ernst. Lass uns gleich auf den Weg machen.“

Ich winkte ab. „So schnell geht das nicht. Ich muss erst darüber nachdenken.“

„Wenn du lange darüber nachdenkst, machst du es nie“, erwiderte sie enttäuscht.

Und sie hatte recht – ich habe es nie gemacht.

Dafür heiratete ich, wenn auch viele Monate später. Nicht die Kollegin, sondern eine Frau, die ich auf einer Vernissage kennengelernt hatte.

Zunächst begann sich mein Gefühlshaushalt zu stabilisieren. Doch schleichend entwickelte meine Frau allmählich eine Dominanz, die mich zunehmend in die Defensive drängte. Sie besetzte nach und nach die Felder, die ich aufgrund meiner Nachgiebigkeit nicht hartnäckig genug für mich reklamierte. Die sich hieraus entwickelnden Spannungen entluden sich häufig in heftige verbale Auseinandersetzungen.

So wie an jenem verhängnisvollen Sonntagmorgen.

Während des Frühstücks unterhielten wir uns über verschiedene Themen. Im Verlauf des Gesprächs kam meine Frau auf einen gemeinsamen Bekannten zu sprechen und kritisierte dessen ihrer Meinung nach unsoliden Lebenswandel.

„Inwiefern unsolider Lebenswandel?“, warf ich ein. „Er ist halt Single, ungebunden und finanziell unabhängig. Warum sollte er sich da kein schönes Leben machen?“

„Kann er ja meinetwegen. Aber …“

Ich fiel meiner Frau ins Wort: „Was heißt ‚meinetwegen‘? Er muss dich doch nicht um Erlaubnis fragen.“

Meine Frau blitzte mich an, straffte ihren Oberkörper.

„Darum geht es doch gar nicht. Aber ich finde es trotzdem unmöglich, wie er sich verhält.“

„Genau das ist der Punkt“, entgegnete ich. „Du erwartest, dass sich alle Menschen so verhalten, wie du es für richtig hältst.“

Und nun beging ich den entscheidenden Fehler, indem ich hinzufügte: „Mich kannst du vielleicht nach deinen Wünschen formen, aber andere zum Glück nicht."

Wahrscheinlich war die ironische Wertung, die ich mit den Worten ´zum Glück` vorgenommen hatte, der Tropfen, der das Fass zum Überlaufen brachte. Jedenfalls reagierte meine Frau mit Empörung, und von diesem Punkt an lief die Unterhaltung völlig aus dem Ruder wie ein führerloser, mit giftigen Chemikalien gefüllter Tanklastzug, der eine abschüssige Straße hinunterrollt und nicht mehr zu stoppen ist. Irgendwann sprang meine Frau vom Tisch auf, schleuderte ihre leere Tasse gegen die Wand und rannte Türen schlagend aus dem Esszimmer.

Als ich die Scherben auf dem Boden liegen sah, war mein erster Impuls, meiner Frau nachzueilen und sie zur Rede zu stellen. Stattdessen ging ich zur Garderobe, zog Jacke und Schuhe an und verließ zutiefst aufgewühlt das Haus. Ich brauchte Bewegung an der frischen Luft, um mein inneres Gleichgewicht wiederzuerlangen.

Im Stadtpark spielten auf einer Wiese zwei Jungen Fußball. Im Vorübergehen schaute ich ihnen zu. Als ich ein Stück weit entfernt war, traf mich der Ball im Rücken. Ich drehte mich um.

„Könnt ihr nicht aufpassen?", rief ich verärgert.

Das breite Grinsen der Beiden verriet mir, dass der Schuss in meinen Rücken kein Versehen gewesen war, sondern pure Absicht. Ich wollte den Ball, der ein paar Meter vor mir lag, aufheben, doch einer der Jungen war schneller und spitzelte den Ball weg.

„Vergreifen Sie sich nicht an fremdem Eigentum!", rief er und sah mir keck in die Augen.

„Werde nicht unverschämt, Bürschchen, sonst vergreife ich mich an dir", herrschte ich ihn an. „Erst mir den Ball ins Kreuz schießen und dann noch frech werden!"

Während der zweite Junge laut auflachte und mit dem Ball am Fuß über den Rasen dribbelte, konterte mein Gegenüber:

„Opa, reiß dein Maul nicht so weit auf, du könntest dich erkälten." Ich spürte, wie eine Zorneswelle in mir hochstieg. Mühsam beherrscht fauchte ich: „Sei froh, wenn ich dir nicht eins auf *dein* Maul gebe, Flegel."

Damit wollte ich mich zum Gehen wenden, um die Situation nicht weiter eskalieren zu lassen. Doch der Bursche machte ein paar Schritte auf mich zu, baute sich provozierend vor mir auf, beide Hände in die Seiten gestemmt, schrie: „Opa, nimm deinen Mund nicht zu voll, wenn dir deine Zähne lieb sind!" und schlug mir ohne Vorwarnung mit der rechten Faust ins Gesicht.

Mehr aus einem Abwehrreflex heraus als durch die Schlagwirkung taumelte ich ein wenig zurück. Ich spürte Blut aus meiner Nase rinnen.

Der Junge tänzelte um mich herum.

Der zweite rief ihm zu: „Los, komm, lass den Opa in Ruhe!"

Doch sein Kumpel dachte offensichtlich nicht daran. Wie ein Kickboxer deutete er in aggressiven Gesten mit seinen zu Fäusten geballten Händen Boxschläge an, während er mit den Füßen in die Luft kickte.

Ich machte zwei, drei Schritte auf ihn zu, als mich ein gezielter Fußtritt in die Magengrube traf.

Für Sekunden rang ich nach Atem, dann wollte ich mich auf meinen Angreifer stürzen.

Der lief nun leichtfüßig vor mir her, mich gerade so viel auf Abstand haltend, dass ich ihn nicht fassen konnte.

„Ich hau ab", hörte ich seinen Kameraden rufen, konzentrierte mich aber ausschließlich auf meinen Widersacher.

Hakenschlagend rannte der kreuz und quer über den Rasen. Ich hatte keine Chance, ihn einzuholen. Als er einen knorrigen Eichenstamm passierte, geriet er unvermittelt ins Straucheln. Er war an einer Wurzel hängen geblieben.

Durch diesen Umstand gelang es mir, zu ihm aufzuschließen. Ich packte ihn an der Schulter und überrannte ihn förmlich, so dass wir beide zu Boden fielen.

Wie eine Schlange versuchte er, sich meinem Griff zu

entwinden, doch da ich mit meinem ganzen Gewicht auf ihm lag, gelang es ihm nicht. In seiner Miene stand mehr Spott als Angst geschrieben.

„Glück gehabt, dass ich gestolpert bin“, stieß er hervor. „Und jetzt lass mich los, sonst zeig ich dich an.“

Aus seinen Augen traf mich ein höhnischer Blick.

Er schien sich ganz sicher zu sein, dass ich ihm nichts tun *würde*, weil ich ihm nichts tun *durfte*. Dass mein Sieg, eh nur durch einen aus seiner Sicht dummen Zufall zustande gekommen, nichts wert sei, lediglich ein Pyrrhussieg.

Dieser hämische Gesichtsausdruck bewirkte allerdings, dass sich mein Ärger mit einem Mal in unbändige Wut verwandelte. Wie ein Film zogen Bilder durch mein Gehirn. Bilder eines braven Kindes, das auch im Erwachsenenalter häufig den Kürzeren gezogen hatte.

Sollte ich mit der Schmach leben müssen, ungestraft von diesem Rotzbengel gedemütigt worden zu sein?

Hatte ich nicht wenigstens einen Anspruch darauf, zumindest von Kindern respektiert zu werden?

Mit welchem Recht hatte dieser Junge nicht davor zurückgeschreckt, mich körperlich zu attackieren, pochte aber nun darauf, dass ich ihm kein Härchen krümmen dürfe?

Sollte ich den Ansprüchen und Erwartungen dieses Flegels gerecht werden, ohne dass der mir ein Mindestmaß an Achtung entgegen gebracht hatte?

Sollte selbst dieser absolut nicht wohlerzogene Bursche es ebenfalls ´mit mir machen können`, und dazu ohne jegliche Sanktion?

Dieses alles waren keine wohlüberlegten Gedanken, sondern in Sekundenbruchteilen gefühlte Empfindungen. Jedenfalls hatte ich plötzlich einen gut faustgroßen Stein in der Hand, mit dem ich wie rasend auf den Kopf des Jungen einschlug, ich weiß nicht wie oft.

***

In den Medien werde ich bisweilen mit Bestie tituliert. Immerhin habe ich auf brutale Art und Weise einen Menschen getötet. Das Opfer erlitt einen mehrfachen Schädelbruch. Über mein Motiv wird viel und wild spekuliert. Zum Beispiel, dass es ein unterdrückter Hang zur Pädophilie gewesen sein könnte, obwohl man keinerlei DNA-Spuren gefunden habe, die auf sexuelle Handlungen hindeuten würden. Oder dass man es mit einem Sadisten zu tun habe. Denn was könne einen Menschen um alles in der Welt dazu bringen, am helllichten Tag einen zwölfjährigen Jungen zu ermorden?

Noch stehen die Experten vor einem Rätsel. Wenn überhaupt, wird es wahrscheinlich lange dauern, bis ich ihnen begreiflich machen kann, dass das Motiv die Grenze der Leidensfähigkeit gewesen ist, der Leidensfähigkeit eines braven Kindes.

Vertretung

„Frau Kerber, was soll ich machen? Mir fehlt einfach das Personal. Deswegen bleibt mir gar nichts anderes übrig, als dass Sie in der kommenden Woche an der Sitzung der Arbeitsgruppe teilnehmen“, hatte der Abteilungsleiter ihr eröffnet und mit einer Akte gewedelt. „Wenn Sie diesen Vorgang gelesen haben, wissen Sie, worum es geht. Sollten Sie dann noch Fragen haben, können Sie mich jederzeit ansprechen.“

Damit hatte er ihr den grauen Hefter in die Hand gedrückt und war aufgestanden. Unmissverständlicher Hinweis darauf, dass er das Gespräch für beendet erachtete. Irritiert war Monika Kerber in ihr Büro gegangen. Sie war noch kein Vierteljahr bei dieser Behörde, hatte sich soeben einigermaßen in ihr Aufgabengebiet eingearbeitet und sollte nun an einer Sitzung teilnehmen, die ihr Abteilungsleiter als „streng vertraulich und von großer Wichtigkeit“ bezeichnet hatte. Er hatte ihr nichts Inhaltliches gesagt, nur: „Das schaffen Sie schon, da bin ich mir sicher.“

Bei diesen Worten hatte sie gestutzt. Zwar mangelte es ihr trotz ihrer geringen Berufserfahrung keineswegs an Selbstvertrauen, hatte sie doch ihr zweites juristisches Staatsexamen bravourös mit Auszeichnung bestanden. Aber so viel hatte sie schon begriffen: Immer dann, wenn jemand mit Vorschusslorbeeren um die Ecke kam, war höchste Vorsicht geboten. Für Lob nach erledigten Aufgaben war sie durchaus empfänglich, aber Komplimente im Vorfeld deuteten meist nur darauf hin, dass es sich um eine komplizierte Angelegenheit handelte.

Sie legte den grauen Hefter zunächst in den Schreibtisch, um ihren Schriftsatz an das Verwaltungsgericht, den sie infolge der Rücksprache beim Abteilungsleiter hatte unterbrechen müssen, zu Ende zu bringen. Nach der Mittagspause warf sie einen Blick in die Unterlagen.

Zunächst lud ein Erlass des Innenministeriums zu einer Besprechung zum Thema „demografischer Wandel“ ein. Dieses Thema war seit langem ein fester Bestandteil des öffentlichen und politischen Diskurses. Das Protokoll dieser Besprechung ließ sie jedoch aufhorchen. Einleitend stellte der zuständige Referatsleiter des Innenministeriums, ein Dr. Schmitten, fest, dass es sich bei dem demografischen Wandel um ein sehr ernstes Problem von gar nicht zu überschätzender Tragweite handele. Die voll im Gang befindliche Überalterung der Gesellschaft berge ungeheuren sozialen Sprengstoff. Deshalb sei es seiner Meinung nach gerechtfertigt, nicht beschönigend vom demografischen Wandel, sondern vom demografischen Notstand zu sprechen.

„Und da müssen dann wohl Notstandsgesetze her“, fuhr es ihr durch den Kopf.

Diese erste Besprechung diente laut Protokoll lediglich „als ein erster Aufschlag“ zur Einrichtung einer ständigen Arbeitsgruppe, die sich künftig einmal im Monat unter Federführung des Innenministeriums treffen sollte, um zu beraten, wie man dem Problem begegnen könne.

Monika Kerber blätterte weiter. Das Protokoll der konstituierenden Arbeitskreissitzung enthielt zu Beginn die Namen der von den Behördenleitungen benannten Mitglieder. Den Kollegen aus ihrer Behörde kannte sie nur flüchtig. Ansonsten war wohl nicht viel passiert, denn die weiteren Ausführungen lasen sich ziemlich unspektakulär.

Am Ende wurde Dr. Schmitten dahingehend zitiert, dass er in den kommenden Sitzungen konkrete Vorschläge erwarte, auch unkonventioneller Art. „Seien Sie nach allen Seiten offen, es gibt keine Denkverbote.“

Das Protokoll der zweiten Arbeitskreissitzung war schon bedeutend aussagekräftiger. Die eingebrachten Vorschläge umfassten: Anreize zur Förderung junger Familien, von Steuerentlastungen bis hin zu Geburtenprämien; drastische Verlängerung der Lebensarbeitszeit;

Kürzung von Renten und Pensionen; Altersabgaben, mit jedem Lebensjahr progressiv ansteigend, „weil es den meisten Rentnern und Pensionären heutzutage viel zu gut geht, und zwar zu Lasten der jungen und mittleren Generationen", wie der entsprechende Teilnehmer ausführte. Ein anderes Mitglied der Arbeitsgruppe wandte ein, man dürfe allerdings nicht vergessen, dass die Rentner und Pensionäre einen erheblichen Wirtschaftsfaktor darstellten. Immer mehr Unternehmen, auch die Tourismusbranche, hätten die Alten als Zielgruppe entdeckt. Wenn man deren Einkünfte zu stark beschneide, fielen sie als wirtschaftlich relevanter Faktor aus.

Monika Kerber, obwohl noch eine junge Frau Mitte Zwanzig, verspürte ein Frösteln. Sie musste an ihre Großeltern denken, zu denen sie stets ein inniges Verhältnis gehabt hatte. Beide waren mittlerweile Ende der Siebzig, aber noch rüstig und häufig in der Welt herumreisend, was sie ihnen von Herzen gönnte. Dieses ältere Ehepaar nur noch unter wirtschaftlichen Gesichtspunkten zu sehen, vertrug sich schon nicht mit Monika Kerbers allgemeinem Menschenbild, geschweige denn mit ihrer persönlichen Zuneigung ihren Großeltern gegenüber. Das Protokoll endete damit, dass sich Dr. Schmitten für die rege Beteiligung bedankte und sich auch für die letzte Arbeitsgruppensitzung des Jahres am 21. Dezember eine ebenso offene Diskussion wünschte.

Monika Kerber legte den Hefter seufzend zur Seite. Der 21.12.2012 war übermorgen. Die Sitzung, in der sie den erkrankten Kollegen vertreten musste.

Als sie den Besprechungsraum im Innenministerium betrat, waren die übrigen Teilnehmer bereits anwesend und standen in kleinen Gruppen in Gespräche vertieft beisammen. Monika Kerber kam sich fremd vor. Auf den in U-Form angeordneten Tischen befanden sich Tassen und Kannen mit Kaffee und Tee. Auch Mineralwasser und belegte Brötchenhälften gab es. Pünktlich um 10.15 Uhr eröffnete Referatsleiter Dr. Schmitten die Sitzung.

„Ich darf Sie recht herzlich zu unserer dritten Arbeitskreissitzung willkommen heißen. Da wir heute ein neues Gesicht in unserer Mitte haben", er sah zu Monika Kerber hinüber, „schlage ich eine kurze Begrüßungsrunde vor."

Nachdem jeder seinen Namen, seine Behörde und seine Funktion genannt hatte, ergriff Dr. Schmitten wieder das Wort. Nochmals in Richtung der Neuen gewandt, sagte er: „Ich weiß nicht, inwieweit Sie sich als Vertretung mit der Thematik bereits vertraut gemacht haben."

„Ich habe sämtliche Protokolle gelesen", entgegnete Monika Kerber.

„Schön, sehr schön. Dann wissen Sie ja, worum es geht", fuhr Dr. Schmitten fort. „Da wir hier ganz freimütig, ohne jegliche Tabus, Lösungsansätze entwickeln und diskutieren, versteht es sich von selbst, dass alles hier Besprochene streng vertraulich ist, ebenso die Ergebnisprotokolle."

Nach dieser Vorrede fasste er die bisherigen Vorschläge noch einmal kurz zusammen und fragte zu jedem einzelnen Vorschlag die Meinung der Arbeitsgruppe ab. Dabei begnügte er sich zu Monika Kerbers Erleichterung mit freiwilligen Meldungen, so dass sie keinen Beitrag beisteuern musste. Als Dr. Schmitten nach knapp zwei Stunden die Sitzung beenden wollte, meldete sich ein Mitglied der Arbeitsgruppe etwas zaghaft zu Wort.

„Da die Prämisse dieser Arbeitsgruppe ist, auch unkonventionelle Ansätze zu formulieren, die bisherigen Vorschläge aus meiner Sicht aber noch nicht zielführend sind, will ich es zumindest nicht versäumen, einmal zur Debatte zu stellen, ob ..." Er stockte, räusperte sich und sprach leise: „... ob die ultima ratio zur Lösung des Problems nicht viel tiefgreifender sein müsste. Eine Vergreisung der Gesellschaft lässt sich nach meinem Dafürhalten nur durch wirklich einschneidende Maßnahmen verhindern."

„Und an welche Maßnahmen denken Sie?", fragte Dr.

Schmitten gespannt. „Beispielsweise, beim Gesundheitswesen einen radikalen Schnitt zu machen. Etwa ab 80 Jahren keine ärztlichen Behandlungen und keine Medikamente mehr zuzulassen. Nur als Denkmodell, um die Diskussion voranzubringen."

Monika Kerber schloss für einen Moment die Augen, vor denen sofort die Gesichter ihrer Großeltern auftauchten. Sie erwartete einen Sturm der Entrüstung. Stattdessen erwiderte Dr. Schmitten bloß:

„Zumindest ein mutiger Denkansatz. Was sagen die anderen dazu?" Die anderen hielten den Blick gesenkt, ob konsterniert oder einfach nur abwartend, erschloss sich Monika Kerber nicht. „Wo bleibt der Aufschrei der Empörung?", dachte sie. „Hier ist doch zweifellos eine Grenze überschritten."

Schließlich meldete sich ein Teilnehmer, der seine Meinung an diesem Vormittag sehr pointiert und offensiv vertreten hatte, zu Wort. Monika Kerber erwartete von ihm eine geharnischte Gegenrede.

„Wenn man den Denkansatz des Kollegen konsequent weiterverfolgt, könnte man ja gleich sagen, ab einem bestimmten Alter gibt es für die Menschen auch keine Lebensmittel mehr, oder, um es auf den Punkt zu bringen: Der Staat muss verhindern, dass die Menschen älter als, um im Beispiel zu bleiben, 80 Jahre werden."

Monika Kerber hatte das Gefühl, sich übergeben zu müssen. „Das darf doch alles nicht wahr sein", dachte sie und ballte die Hände unwillkürlich zu Fäusten. „Was geht hier vor? Will man meinen Großeltern in wenigen Jahren tatsächlich das Lebensrecht absprechen?"

Und auch jetzt kam von keiner Seite Protest – allerdings blieb sie ebenfalls stumm. Sie überlegte fieberhaft, was sie entgegnen könnte.

„Alle Menschen sind vor dem Gesetz gleich", stieß sie schließlich mit bebender Stimme hervor. Aller Augen richteten sich auf sie. In manchen Gesichtern las sie lediglich kühle Sachlichkeit, in anderen Erstaunen über ihren emotionalen Ausbruch, in einigen gar unverhohlenen Spott. Aber niemand unterstützte sie, schien ihren Einwand zu teilen.

„Grundsätzlich haben Sie recht", bemerkte endlich Dr. Schmitten, „aber Ihnen ist bekannt, dass der Gesetzgeber ungleiche Sachverhalte sehr wohl unterschiedlich regeln darf. Und es gibt selbstredend eine ganze Anzahl von Regelungen, die an das Alter anknüpfen, denken Sie nur an den Erwerb der Fahrerlaubnis, die Regelungen über Geschäftsfähigkeit, Strafmündigkeit und vieles mehr. Der Vorschlag des Kollegen impliziert natürlich nicht nur eine Prüfung anhand des Art. 3 GG, hier müssten außerdem Art. 1 und Art. 2 GG näher untersucht werden. Aber angesichts der vorgerückten Zeit sollten wir uns hierüber beim nächsten Mal Gedanken machen. Ich danke Ihnen für Ihre engagierte Mitarbeit und wünsche Ihnen ein schönes Wochenende, besinnliche und friedvolle Weihnachtstage sowie einen guten Rutsch ins neue Jahr."

Monika Kerber hatte es eilig, nach draußen zu kommen. Sie brauchte dringend frische Luft, viel frische Luft.

Der alte Mann am Meer

Er war mir schon mehrmals in dieser Woche aufgefallen, der alte Mann am Meer. Er stand unten am Strand, mit der Linken auf seinen Gehstock gestützt, und blickte lange und konzentriert über die Wasserfläche. Weit draußen am Horizont schien sich sein Blick zu verlieren. Kurz bevor er sich vom Wasser abwandte, hob er seine rechte Hand etwa in Brusthöhe und machte eine winkende Bewegung, fast unmerklich, aber für den aufmerksamen Betrachter deutlich erkennbar. Das wiederholte sich, so oft ich ihn sah.

Als ich am letzten Tag meines Urlaubs auf einer Bank der Uferpromenade saß, die Wellen rauschen und die Möwen kreischen hörte, konnte ich diese Szene erneut beobachten. Dann schloss ich für einen Moment die Augen, um den salzigen Meeresgeruch tief in mich aufzunehmen.

„Darf ich?“

Ich öffnete die Augen. Vor mir stand der alte Mann und sah mich fragend an.

„Selbstverständlich“, entgegnete ich und rückte ein wenig zur Seite.

Er setzte sich etwas schwerfällig und lehnte seinen Gehstock an die Rückenlehne.

„Noch geht es mit dem“, sagte er, auf den Stock deutend, „noch brauche ich keinen Rollator.“

Eine Entgegnung schien er nicht zu erwarten. Mir war es recht, konnte ich so meinen Gedanken nachhängen. In diese mischte sich jedoch immer häufiger das Bild des alten Mannes, wie er am Rand des Wassers stand.

„Sie mögen die See?“, brach ich das Schweigen.

Mein Banknachbar zuckte zusammen, als habe ihn meine plötzliche Anrede erschreckt. Erklärend fügte ich hinzu:

„Ich habe Sie des Öfteren gesehen, wie Sie am Wassersaum standen und über das Meer in die Ferne schauten. So wie vorhin."

Er musterte mich.

„Was heißt die See mögen? Sie ist Teil meines Lebens."

„Sind Sie zur See gefahren?"

Nein, nein, zur See gefahren sei er nicht. Aber er sei hier geboren und aufgewachsen. „Ich habe mein Leben lang Seeluft geschnuppert. Dann gehört die See einfach dazu."

Noch hatte ich mich nicht bis zu jenem Punkt vorgearbeitet, der mich mittlerweile brennend interessierte.

„Ich will nicht indiskret sein", hob ich an und kam mir bei diesen Worten so ungeschickt vor, wie man es einem Elefanten im Porzellanladen nachsagt. Aber nun musste es heraus. „Mir schien es, als ob Sie dort unten am Strand auch gewunken hätten. Nicht, dass mich das etwas anginge, nur …"

„Schon gut, schon gut", unterbrach er mich. „Sie scheinen ein scharfer Beobachter zu sein. Das gefällt mir. Die meisten Menschen gehen mit Blindheit geschlagen durch die Welt. Da freut es mich, wenn Leute wie Sie Umwelt und Mitmenschen bewusst wahrnehmen. Auch wenn Sie das tatsächlich nichts angeht."

Er machte eine Pause. Unvermittelt huschte ein Lächeln über sein Gesicht.

„Aber wenn es Ihnen schon einmal aufgefallen ist. Ich winke dort unten am Strand jeden Tag meiner verstorbenen Frau zu. Sie hat das Meer sehr gemocht. Sie war eine Zugereiste, ist meinetwegen hier hängen geblieben. Vor acht Monaten ist sie gestorben."

Er schwieg. Mir schien es ratsam, ebenfalls den Mund zu halten. Schließlich fuhr er fort: „Entwicklungsgeschichtlich kommen wir ja aus dem Meer. Ich stelle mir vor, dass wir nach unserem Tod auch dorthin zurückkehren. Jedenfalls fällt es mir leichter, mit meiner Frau zu sprechen, wenn ich dort unten stehe. Dann sehe ich sie vor mir, sei es in der Gischt, dem Seenebel oder auch den

Wolken, die am Horizont mit dem Wasser verschmelzen. Ich rede mit ihr und winke ihr jedes Mal zum Abschied zu."

Unvermittelt erhob er sich und griff nach seinem Stock.

„Junger Mann, ich will Sie nicht länger mit den Grillen eines alten Mannes langweilen. – Aber Sie hatten gefragt. Machen Sie`s gut."

Nach wenigen Metern drehte er sich noch einmal zu mir um.

„Winkt er mir etwa zu?", fuhr es mir durch den Kopf. Gleichzeitig schämte ich mich ob dieser Vermutung. Natürlich winkte er mir nicht zu. Diese Geste war einzig und allein für seine Frau bestimmt, nur ihr galt dieses tägliche Ritual. Ich schloss erneut die Augen, dachte an meine morgige Abreise. Als ich die Augen wieder öffnete, war der alte Mann nicht mehr zu sehen.

Überlandfahrt

Der Wagen setzte sich ein wenig holprig in Bewegung.

Der Mann am Steuer trug eine Sonnenbrille und blickte konzentriert auf die Fahrbahn vor sich, wie es sich für einen aufmerksamen, pflichtbewussten Chauffeur ziemt.

Sein Fahrgast, ein großer, adipöser Mensch, saß auf dem Beifahrersitz und hatte die Augen geschlossen. Auf seiner Stirn und seiner Halbglatze glänzten Schweißperlen, seine Hände lagen gefaltet auf seinem mächtigen Bauch.

Als sie bereits eine Weile auf einer schnurgeraden Chaussee dahingerollt waren, fragte der Fahrer: „Einen angenehmen Flug gehabt?"

Es dauerte einen Moment, ehe sein Nebenmann, der offenbar nicht mit einer Unterhaltung gerechnet hatte, erwiderte: „Ja, alles bestens. Keine Verspätungen, keine Turbulenzen, keine besonderen Vorkommnisse."

„Schön, schön", murmelte der Fahrer, doch war deutlich herauszuhören, dass es ihn eigentlich nicht interessierte.

„Ist es noch weit?", wollte der Dicke wissen, der aus seiner Lethargie erwacht war.

Der Fahrer zuckte die Schultern. „Wie man's nimmt. Eine knappe Stunde dürfte es noch dauern. Oder sollen wir unterwegs irgendwo anhalten? Möchten Sie sich die Füße vertreten oder frische Luft schnappen?"

Der Dicke schüttelte den Kopf. „Nicht nötig."

Schweigend saßen die beiden Männer nebeneinander. Plötzlich tauchte vor ihnen ein am Straßenrand parkendes Polizeifahrzeug auf. Ein Uniformierter winkte mit einer Kelle.

„Was soll denn der Scheiß?", zischte der Fahrer und trat auf die Bremse.

Der Dicke wischte sich mit dem Handrücken seiner

Rechten über die Stirn und ächzte leise. Während der Uniformierte um das Auto herum zur Fahrerseite ging, ließ der Fahrer die Scheibe herunter und streckte seinen Kopf heraus.

„Was gibt's denn?", fragte er unwillig.

„Dürfte ich mal Ihren Führerschein und die Fahrzeugpapiere sehen?", entgegnete der Polizist.

Der Fahrer reichte ihm die gewünschten Unterlagen. Dann nahm er lässig die Sonnenbrille ab, damit der Polizist sein Gesicht mit dem Foto vergleichen konnte.

Der Beamte ging zum Polizeiwagen und zeigte seinem im Fahrzeug sitzenden Kollegen die Papiere. Dieser sprach etwas in ein Sprechfunkgerät. Nach einer Weile kam der Polizist zurück, händigte dem Fahrer die Papiere aus, wünschte „gute Fahrt" und gab die Straße frei.

Der Fahrer, der mittlerweile seine Sonnenbrille wieder aufgesetzt hatte, ließ die Scheibe nach oben gleiten und gab Gas.

„Ich hab einen ziemlichen Schreck bekommen, als die uns angehalten haben", sagte sein Passagier, der die ganze Zeit über reglos in seinem Sitz verharrt war.

„In solchen Situationen hat man meistens ein mulmiges Gefühl", erwiderte der Fahrer. „Man weiß halt nie, was die von einem wollen. Und den Hauch eines schlechten Gewissens hat man ja immer."

Der Dicke grunzte zustimmend. „Ich habe schon befürchtet, die würden uns einen dicken Strich durch die Rechnung machen."

„Gedanken lesen können die zum Glück noch nicht", bemerkte der Fahrer. Er drückte auf den Knopf des Autoradios. „Mal kurz die Nachrichtenlage checken", brummte er.

Ein Großteil der Nachrichten war bereits vorbei. Sie bekamen gerade noch die Meldung von einem Banküberfall mit, der sich ganz in der Nähe zugetragen hatte. Hierbei hatten die Räuber von ihrer Schusswaffe Gebrauch gemacht und einen Bankkunden schwer verletzt.

„Aha, daher wehte also der Wind“, stellte der Dicke erleichtert fest.

„Soll ich das Radio an lassen?“, fragte der Fahrer. „Oder stört Sie das?“

„Nein, lassen Sie es meinetwegen an. Etwas Musik beruhigt.“

„Sind Sie denn nervös? Oder sind Sie sich nicht sicher, ob Sie es wirklich wollen?“ Der Fahrer warf einen flüchtigen Blick auf seinen Passagier.

„Dass ich es will, steht völlig außer Frage. Aber etwas nervös bin ich schon. Es ist immerhin das erste Mal. – Für Sie doch auch, oder?“

Der Fahrer nickte. „Auch für mich. – Premieren haben immer etwas Aufregendes. Als ich mich zum ersten Mal in meinem Leben mit einem Mädchen getroffen habe, war ich wahnsinnig aufgeregt. Ganz zu schweigen vom ersten gemeinsamen Sex, obwohl außer Streicheln und Küssen gar nichts passiert ist.“ Er lachte trocken.

„Selbst als ich vor mehr als zwanzig Jahren mit meiner damaligen Ehefrau zum ersten Mal eine Opernaufführung besucht habe, war ich aufgeregt. Ich fühlte mich unwohl, weil ich nicht wusste, wie ich mich zu verhalten hatte. Es war für mich eine fremde Welt – und ist es bis heute geblieben.“

Der Dicke schien durch den unerwarteten Redefluss des Fahrers animiert worden zu sein, ebenfalls eine Anekdote beizusteuern.

„Ich erinnere mich noch lebhaft an meine erste Tanzstunde, auch wenn die schon mehr als vierzig Jahre zurückliegt. Obwohl ich mich eigentlich im Vorfeld auf den Tanzkurs gefreut hatte, war es mir schrecklich peinlich. Und als wir Jungen eine Tanzpartnerin auswählen mussten, wäre ich vor Scham am liebsten im Erdboden versunken.“

„Zum Glück besteht das Leben nicht nur aus Premieren“, fuhr er nach kurzem Schweigen fort. „Dann wäre es zwar immer spannend. Aber wie könnte man die Anforderungen, beispielsweise des Berufes, ohne Routinen bewältigen? Und Routinen lassen sich nur aus Bekanntem entwickeln, aus Wiederholungen. Finden Sie nicht?" Der Fahrer brummelte etwas Unverständliches. Anscheinend war ihm nicht nach einem philosophischen Diskurs zumute. Daraufhin verstummte auch sein Nebenmann, nur das Radio dudelte leise vor sich hin.

Sie fuhren durch eine idyllische Ortschaft. Der Fahrer bog von der Hauptstraße ab und folgte mehreren schmalen Wohnstraßen, bis das Auto vor einer etwas abseits stehenden Villa mit breitem Vorgarten stoppte.

„Wir sind da", sagte der Fahrer. „Ist bei Ihnen alles klar, oder haben Sie es sich doch anders überlegt? Noch ist es früh genug."

Der Fahrgast hatte bereits die Beifahrertür geöffnet. Im Aussteigen entgegnete er. „Alles wie verabredet."

„Gut, gut", erwiderte der Fahrer.

Er ging zum Kofferraum und holte eine schwarze Aktentasche heraus.

„Lassen Sie uns ins Haus gehen", sprach er, auf das Törchen des Vorgartens zuschreitend.

***

„Was es alles gibt", bemerkte die junge Frau schaudernd und schob ihrem Freund die Tageszeitung herüber. „Lies das mal." Mit dem rechten Zeigefinger tippte sie auf einen Artikel, in dem von einem bizarren Mord die Rede war. Ein Mensch habe sich den eigenen Tod gewünscht und sich im Internet seinen Mörder selbst ausgesucht. Täter und Opfer hätten sich in einem Internetforum kennengelernt, in dem auch über Kannibalismus diskutiert werde. Per E-Mail hätten sie sich verabredet und seien gemeinsam mit dem Auto in eine zurzeit unbewohnte Villa gefahren. Nach den bisherigen Ermittlungen sei das Opfer unmittelbar nach dem Eintreffen mit einem Messer getötet worden. Der ansonsten geständige Täter bestreite sexuelle oder kannibalistische Motive. Er habe den anderen getötet, weil dieser das gewünscht habe. Die Staatsanwaltschaft schließe jedoch die Befriedigung des Geschlechtstriebes als Motiv nicht aus.

Als der junge Mann den Artikel gelesen hatte, schaute ihn seine Freundin mit großen Augen erwartungsvoll an.

„Wie ist deine Meinung?"

„Krass", kam es ihm über die Lippen.

„Ich finde es ziemlich pervers. Allein schon die Vorstellung eines Kannibalen-Forums. Und sich dann zu verabreden, um sich schlachten zu lassen. Ist das denn nicht krank?"

„Auf jeden Fall ganz schön krass", war die Antwort.

Auslöschung

Als Armin die Haustür öffnete, hockte Inga zusammengekauert im Flur. *Wie ein aus dem Nest gefallener Jungvogel sieht sie aus*, dachte er. Inga hob nicht den Kopf, als er an ihr vorbei ins Wohnzimmer stürmte. Da lag sein Vater auf dem Sofa, Blutspritzer überall an Wänden und Möbeln.

„Er ist tot", hörte er Ingas Stimme wie von weit her. „Und wir leben."

Armin wandte sich von der Leiche ab. Hilfe war hier nicht mehr möglich. Wie von Sinnen baute er sich vor seiner Schwester auf und brüllte in ohnmächtiger Wut: „Was ist passiert? Wer hat das getan?"

Nachdem ihn Inga vor einer Viertelstunde im Büro angerufen hatte – „Es ist etwas Schreckliches passiert. Du musst sofort nach Hause kommen" – hatte er alles stehen und liegen lassen und war mit pochenden Schläfen und rasendem Herzschlag in sein Auto gesprungen.

Inga hatte die Beine hochgezogen und den Kopf zwischen ihren Knien vergraben. Ohne aufzusehen, murmelte sie fast tonlos: „Er war ein Schwein."

Erst jetzt bemerkte Armin den Kleinkaliber-Revolver seines Vaters neben Ingas Füßen. Er starrte auf die Waffe, das Schlucken fiel ihm schwer, plötzlich hatte er das Gefühl, alles um ihn herum begänne sich zu drehen. Er hielt sich an der Garderobe fest.

„Hast – hast du ihn –", stammelte er ungläubig.

„Ich habe ihn getötet, erschossen mit seinem eigenen Revolver", flüsterte Inga kaum vernehmbar.

Armin ließ sich ebenfalls auf die Flurfliesen gleiten. Er war nicht in der Lage, zu denken oder zu handeln, nicht einmal mehr zu empfinden. Sturmfluten brachen mit lautem Getöse über ihm zusammen, zogen ihn mit gurgelnden Strudeln in bodenlose Tiefen, drohten ihn zu ersticken und auszulöschen. Als er seine Umgebung wieder wahrnehmen konnte, hatte seine Schwester ihren

Kopf aufgerichtet und sah ihn mit leeren Augen an – vielleicht auch durch ihn hindurch.

„Warum war Papa ein Schwein?“, fragte er schließlich, wobei er jedes Wort wie einen Betonklotz herauswürgen musste. „Hat er dir – was getan? Dich – angefasst?“

Inga schüttelte kaum merklich den Kopf. „Mir hat er nichts getan.“

„Aber warum um Himmels willen hast du ihn getötet? – Warum nennst du ihn ein Schwein?“, rief Armin und musste den jäh aufkeimenden Impuls unterdrücken, aufzuspringen und sich auf seine Schwester zu stürzen.

„Er ist ein Mörder!“

Sie hat den Verstand verloren, dachte Armin erschüttert, und wieder drohte eine riesige Welle über ihn hinwegzurollen und ihm die Luft zum Atmen zu nehmen. Als er am Morgen ins Büro gefahren war, versprach es ein ganz gewöhnlicher Tag zu werden. Sein Vater hatte Zeitung lesend noch am Frühstückstisch gesessen, Inga hatte er bis zum Gymnasium mitgenommen – so wie immer. Knapp sieben Stunden später war diese Welt aus den Fugen geraten. Chaos, Tod und Irrsinn hatten seinen Alltag, sein positives Lebensgefühl, aufgefressen und vernichtet. Stumm glotzte er seine Schwester an, mit dem teilnahmslosen Gesichtsausdruck eines Debilen. Er konnte nichts sagen und auch keine Fragen stellen. Er war aus der Normalität des Begreifbaren herausgefallen und befand sich nun im Niemandsland der Fassungs- und Sprachlosigkeit.

Da fing Inga an zu reden, sehr leise, aber eindringlich und gut verständlich. „Erinnerst du dich daran, dass kurz nach Mamas Tod die kleine Sabrina aus dem Hochhausblock verschwunden ist? Später hat man sie nahe der Roßbrücke nackt im Gebüsch gefunden. Sie war missbraucht und ermordet worden. Das ist ungefähr ein Jahr her. Den Täter hat man bis heute nicht ermittelt.“

Armin hätte sich am liebsten die Ohren zugehalten. Könnte nicht ein Blitz herabzucken und ihm den Schädel spalten? Um ihn zu erlösen, um nicht weiter zuhören zu müssen. Unbarmherzig drang die Stimme seiner Schwester durch diese wabernde Unwirklichkeit, als würde er bei vollem Bewusstsein mit einem Skalpell am Gehirn operiert.

„Ich habe gestern zufällig in Papas Schrank ein kleines rosa Stoffschweinchen gefunden. Um den Hals trug es ein Etikett, und auf der Rückseite des Etiketts stand ‚Ich gehöre:' Handschriftlich war das mit dem Namen ‚Sabrina' ergänzt. Mir fiel sofort das kleine ermordete Mädchen ein. Und daraufhin habe ich Papa zur Rede gestellt. Zuerst hat er alles abgestritten, doch schließlich hat er`s zugegeben."

Inga machte eine Pause, starrte ausdruckslos gegen die Decke, während es in Armins Schädel wie wild zu hämmern begann. Eine Eisenfaust umspannte seinen Hals und drückte zu, aber nicht fest genug, um Ingas Stimme auszulöschen. „Warum hast du mir nichts gesagt?", stieß er krächzend hervor.

„Das konnte ich nicht. Ich hätte mit niemandem darüber sprechen können. Aber es war mir unerträglich, einen Kinderschänder und Mörder zum Vater zu haben. Diesen Makel musste ich aus der Welt schaffen, um jeden Preis."

Mühsam erhob sich Armin, blieb schwankend vor seiner noch immer am Boden hockenden Schwester stehen. Inga blickte zu ihm auf. Zum ersten Mal huschte der Hauch eines Lächelns über ihr Gesicht.

„Tja, Bruder, tu was du tun musst. Ruf die Polizei."

„Das kann ich nicht", brach es aus Armin heraus. Er drehte sich um und rannte zur Tür. Als er sie hinter sich zuzog, war ihm, als vernähme er einen dumpfen Knall, ein Geräusch, das nicht vom Türschloss herrührte. Voll böser Ahnung öffnete er noch einmal die Tür. Inga lag, vornübergesunken, im Flur. Sie hatte sich mit dem Revolver in den Mund geschossen. Armin brach neben dem toten Körper seiner Schwester zusammen. Wie oft hatte er sich schon dafür verflucht, der kleinen

Sabrina Gewalt angetan zu haben. Vater musste etwas geahnt haben, als er das kleine Stoffschweinchen offensichtlich im Auto seines Sohnes gefunden und dann in seinen Schrank gelegt hatte. Als es Inga gestern dort zufällig entdeckt hatte, hatte Vater die Schuld auf sich genommen, um seinen Sohn zu schützen. Armin schlug voller Verzweiflung seinen Kopf gegen die Wand, wieder und immer wieder. Einer spontanen Eingebung folgend, streckte er seine Rechte nach dem Revolver aus. Zog sie aber wieder zurück. Die Schuld am Tod dreier Menschen würde ihm niemand abnehmen können. Niemals. Ob er damit auf Dauer würde leben können und wollen, vermochte er in seiner jetzigen Verfassung nicht vorherzusehen. Aber die Wahrheit, die musste auf jeden Fall noch gesagt werden. Und er war der einzige, der dazu in der Lage war. War die Wahrheit erst aktenkundig, mochte die Welt über ihm zusammenbrechen.

Er torkelte zum Telefon und wählte mit zitternden Fingern die 110.

Schwarzes Loch

„Was glaubst denn du, wie wir uns diesen Lebensstil haben leisten können? Etwa von deinem Gehalt? Oder meinem Büro-Job?“ Barbara lachte kurz auf.

Bislang war Jürgen davon ausgegangen, dass sie eine harmonische Ehe führten. Zwar als Wochenendbeziehung, da er aus beruflichen Gründen ortsgebunden war und auch Barbara ihren Job nicht hatte aufgeben und zu ihm ziehen wollen.

„Es ist schon wichtig, dass wir beide unsere Selbstständigkeit behalten“, hatte ihr gemeinsames Credo stets gelautet.

Aber davon abgesehen doch eine völlig normale, glückliche Ehe.

Bis er vor zwei Tagen einen anonymen Anruf erhalten hatte.

„Vielleicht interessiert es Sie ja, was Ihre Frau in ihrer Freizeit so treibt“, hatte eine stark verfremdete Stimme geflüstert. Jürgen konnte nicht einmal mit Sicherheit erkennen, ob es sich um eine männliche oder weibliche Stimme handelte.

„Wer sind Sie und was wollen Sie von mir?“, hatte er empört in den Hörer geschrien.

„Wer ich bin, tut nichts zur Sache“, hatte die Stimme entgegnet. „Und was ich von Ihnen will, ist einfach gesagt: Ihnen die Augen öffnen. Ich gehe doch recht in der Annahme, dass es Ihnen nicht gleichgültig ist, wenn Ihre Frau Serviceleistungen ganz spezieller Art erbringt, oder?“ Ehe Jürgen etwas hatte erwidern oder fragen können, hatte es in der Leitung geknackt. Der Anrufer hatte aufgelegt.

Am nächsten Tag hatte er sich erneut gemeldet.

„Haben Sie schon mit Ihrer Frau gesprochen? Oder haben Sie sie noch nicht erreicht? Das wäre nicht verwunderlich. Ihre Frau ist immerhin viel beschäftigt ...“

„Halt die Klappe, du Arschloch!“ Brüllend hatte Jürgen den Hörer auf die Gabel geknallt.

Am Samstagmorgen hatte er sich früher als sonst auf sein Motorrad gesetzt und war die 150 Kilometer zu seiner Frau gefahren. Nachdem er die Maschine vor dem Haus, in dem Barbara ein geräumiges Appartement bewohnte, abgestellt und geklingelt hatte, hatte Barbara ihn mit gewohnt strahlendem Lächeln begrüßt.

„Ich koche uns rasch einen Kaffee, und zum Mittagessen können wir in ein nettes Gartenrestaurant in der Nähe gehen“, hatte sie vorgeschlagen.

„Bevor wir uns Gedanken über das Mittagessen machen, muss ich noch etwas mit dir besprechen“, hatte Jürgen angemerkt.

„Hoffentlich nichts Unangenehmes. Schieß los, ich bin ganz Ohr.“

Und dann war Jürgen mit der Tür ins Haus gefallen, hatte ohne Umschweife von den beiden anonymen Telefonanrufen erzählt.

„Und jetzt?“, hatte Barbara anschließend leise gefragt.

„Jetzt will ich wissen, was los ist!“, hatte Jürgen mit mühsamer Selbstbeherrschung gerufen. „Stimmt das, was dieses anonyme Arschloch gesagt hat? Und welche Serviceleistungen hat er gemeint?“

Da hatte Barbara unverblümt gebeichtet, dass sie seit mehr als zwei Jahren in der Kartei einer Begleitservice-Agentur stünde. Sexuelle Dienstleistungen inklusive.

„Was glaubst denn du, wie wir uns diesen Lebensstil haben leisten können? Etwa von deinem Gehalt? Oder meinem Büro-Job?“ Barbara lachte kurz auf.

„Die Urlaubsreisen, die wir in diesem und im letzten Jahr gemacht haben, zwei Autos, zwei Wohnungen, häufiges Ausgehen, Konzertbesuche, teure Klamotten, kostspielige Hobbys ... Meinst du, das finanziert sich von selbst? Rechne doch einmal dein und mein Gehalt zusammen. Wir würden deutlich über unsere Verhältnisse leben, wenn ich nicht diesen – diesen Nebenverdienst hätte.“

Jürgen stand da wie ein begossener Pudel, mit herabhängenden Armen und gesenktem Kopf. Er hatte das Gefühl, von einem riesigen Schwarzen Loch eingesogen zu werden, das sich in seinem Universum aufgetan hatte. Er kämpfte darum, wenigstens mit einem Teil seines Ich dem Schwarzen Loch zu entkommen.

Wie durch eine Nebelwand sah er Barbara vor sich sitzen, während er aufgesprungen war, um seine Fluchtenergien zu bündeln.

War das überhaupt seine Frau? Sie kam ihm so furchtbar fremd und weit weg vor, wie außerhalb seines Lebens. Und sie strahlte eine Selbstsicherheit aus, wie er sie bisher selten an ihr wahrgenommen hatte. Keine Spur von dem Weibchen, das er so gerne in ihr gesehen hatte. Sie wirkte unnahbar und souverän.

„Wie schön und begehrenswert sie ist“, dachte Jürgen. Gleichzeitig fühlte er sich jedoch zutiefst verletzt. Hätte Barbara noch ein Wort gesagt, hätte das der Funke für eine verheerende Explosion sein können. Doch sie schwieg. Blickte ihn nur fragend an.

Jürgen ging in den Flur, griff nach Lederjacke, Helm und Handschuhen und verließ wortlos das Appartement. Er startete die Maschine. Als er auf der von Wald gesäumten Landstraße fuhr, wurde ihm bewusst, dass seine Energie nicht ausreichte, um dem Schwarzen Loch zu entkommen. Kurz vor der langgezogenen Linkskurve drehte er am Gasgriff. Das Motorrad beschleunigte, ohne dass sein Fahrer es durch Schräglage zwang, dem Fahrbahnverlauf zu folgen. Wie ein Geschoss flog es über den schmalen Straßengraben hinweg und krachte frontal gegen einen Baum.

„Schwerer Motorradunfall mit einem Toten", stand am anderen Tag in der Zeitung.

Und die Chefin einer Begleitservice-Agentur entfernte mit Bedauern den Namen „Minouche" aus ihrer Kartei. „Ich stehe Ihnen ab sofort nicht mehr zur Verfügung", hatte die schwarz gekleidete junge Frau gesagt, die über zwei Jahre für sie gearbeitet hatte.

An einem nebligen Samstagmorgen

Mitten in der Nacht wurde er wach. Nicht zum ersten Mal in letzter Zeit. Von der anderen Seite des Doppelbettes kamen Schnarchgeräusche.

Hatte Karin immer schon so geschnarcht?

Sie lag auf ihrer rechten Seite mit dem Gesicht ihm zugewandt. Bei jedem stoßweisen Ausatmen wurde er von einer übelriechenden Wolke eingehüllt.

War das immer schon so gewesen?

Er drehte sich ebenfalls auf seine rechte Seite, um diesen unangenehmen Ausdünstungen zu entkommen.

War das der Preis einer fad gewordenen Ehe, den man selbst nachts noch zahlen musste?

Er versuchte vergeblich, nicht zum ersten Mal in letzter Zeit, wieder einzuschlafen.

Dann stand er auf, tastete sich am Schlafzimmerschrank entlang zur Tür und ging über den Flur ins Bad. Er hockte sich auf die Klobrille – Teil der von Karin erfolgreich durchgeführten Dressurmaßnahmen.

Anfangs hatte er sich strikt geweigert, im Sitzen zu pinkeln. „Ihr Frauen seid doch nur neidisch, dass ihr das nicht könnt“, war sein männlich-stolzes Argument gewesen.

„Bilde dir nur nicht zu viel auf die Fähigkeiten deines Schwanzes ein“, hatte sie gekontert.

„Was willst du damit sagen? Bist du etwa nicht zufrieden mit mir?“

„Meinst du nicht, dass es Bessere gibt als dich?“, hatte sie süffisant lächelnd bemerkt und ihn stehen lassen.

Ihre Worte hatten ihn wie Giftpfeile getroffen.

Seitdem nagte der Zweifel an ihm. Manchmal kreiste gar das Gespenst des Versagens über ihm, wenn sie miteinander schliefen. Zumindest hegte er immer häufiger die Befürchtung, nicht genügend Raffinesse in seinem Liebesspiel zu haben.

Durch das heimliche Anschauen von Pornofilmen hatte er versucht, etwaige Defizite auszugleichen. Bis Karin ihn einmal am PC überrascht hatte.

„Bin ich dir nicht mehr erotisch genug? Oder willst du noch etwas lernen?“, hatte sie barsch gefragt und die Tür hinter sich zugeschlagen.

Beschämt hatte er den Computer ausgeschaltet.

Als er in jener Nacht zu ihr wollte, hatte sie ihn rüde zurückgewiesen. „Wenn du dich an Pornos aufgeilst, brauchst du dich nicht an mir abzureagieren.“

Er hatte verletzt geschwiegen. Hatte nicht den Versuch unternommen, ihr zu erklären, warum er sich diese Filme angesehen hatte.

Er öffnete das Badezimmerfenster, streckte seinen Kopf nach draußen und sog tief die kühle nächtliche Herbstluft in seine Lungen ein. Vielleicht würde er mit einem geballten Vorrat an Sauerstoff wieder einschlafen können. Das Schlafzimmerfenster blieb nachts immer geschlossen, weil Karin behauptete, bei offenem Fenster nicht schlafen zu können.

Behutsam tastete er sich im Dunkeln zurück zu seinem Bett, stieß dabei jedoch versehentlich mit dem linken Knie so heftig gegen den Schlafzimmerschrank, dass er unwillkürlich vor Schmerz laut fluchte.

„Was ist los? Ist es schon Zeit zum Aufstehen?“, fragte Karin mit schlaftrunkener Stimme. „Nein, alles in Ordnung“, beeilte er sich zu versichern. Er legte sich vorsichtig wieder ins Bett und hoffte inständig, dass Karin weiterschlafen würde.

Nur zu lebhaft stand ihm noch eine vergleichbare Szene aus der jüngsten Vergangenheit vor Augen. Auch da war Karin wach geworden, weil er sich mehrmals im Bett hin und her gewälzt hatte.

„Kannst du nicht ruhig liegen bleiben und andere Leute schlafen lassen?“, hatte sie ihn angeherrscht. Nach einem Blick auf ihren Wecker war sie dann förmlich explodiert. „Erst zwei Uhr! Ich brauche meinen Schlaf! Wie kann man nur so rücksichtslos sein?“ Dabei hatte sie hysterisch mit beiden Fäusten auf ihr Oberbett getrommelt. Als er ihr erklären wollte, dass er sich lediglich von einer Seite auf die andere gedreht habe, weil er seit einiger Zeit an Schlafstörungen litte, hatte sie ihn brüsk unterbrochen und geschrien, er solle wenigstens jetzt den Mund halten und ihr nicht noch den letzten Rest an Nachtruhe rauben. Um die Situation nicht vollends eskalieren zu lassen, hatte er nichts mehr gesagt, war aber innerlich so aufgewühlt gewesen, dass er bis zum Klingeln des Weckers nicht mehr eingeschlafen war.

Am nächsten Tag hatte er Karin den Vorschlag unterbreitet, in Zukunft im Gästezimmer zu übernachten, damit sie durch ihn nicht mehr geweckt würde. Statt dieses Angebot als ehrlichen Ausdruck einer Konfliktlösung zu begreifen, hatte sie die Mundwinkel nach unten gezogen und spitz bemerkt, wenn sie getrennte Schlafzimmer bräuchten, könnten sie ihre Ehe ja gleich beenden. Ob er das beabsichtige?

Natürlich nicht, hatte er in hilfloser Wut gerufen, er habe es nur gut gemeint.

Erleichtert registrierte er Karins gleichmäßige Atemzüge. Sie war glücklicherweise sofort wieder eingeschlafen.

Er konnte das nicht. Er begann zu zählen, brach aber bei fünfhundertzwölf entnervt ab. Auch der Versuch einer Traumreise scheiterte. Zwar gelang es ihm, „nach innen zu reisen“, nicht jedoch, sich auf positive Bilder oder Erlebnisse zu konzentrieren. Im Gegenteil, immer mehr negativ besetzte Ereignisse stiegen in ihm hoch. Statt wohltuende Entspannung zu erreichen, verkrampfte er zusehends.

War das die Alltagsrealität? Waren das die Bilder einer Ehe, seiner Ehe? Waren Karin und er nach knapp acht Jahren in eine Sackgasse geraten?

Diese Frage zu stellen hieß, sie zu bejahen.

Was konnte er seiner Frau überhaupt noch recht machen? Als er neulich die Spülmaschine ausgeräumt hatte, hatte Karin darüber genörgelt, dass er nicht alles an den richtigen Platz gestellt habe. Dann hatte sie Schubladen und Schranktüren aufgerissen, demonstrativ laut mit Besteck und Porzellan geklappert und gesagt, alles müsse sie selber machen.

„Übertreibe nicht so maßlos, nur weil ich drei Teile etwas anders eingeräumt habe“, hatte er sich gerechtfertigt. „Allmählich müsstest du doch wissen, wohin die Sachen gehören“, hatte sie zurückgebellt. „Oder machst du es absichtlich, damit ich es in Zukunft gleich selber mache?“

Diese Unterstellung hatte ihn in Rage gebracht. Er war laut geworden, sie hatten sich gegenseitig angeschrien.

Im Anschluss an derartige Vorkommnisse herrschte manchmal tagelang Funkstille zwischen ihnen. Hatte sich die Situation schließlich wieder entspannt, dauerte es nicht lange bis zur nächsten häuslichen Katastrophe. Beim Staubsaugen hatte er irgendwelche Flocken übersehen, beim Betreten des Hauses nicht rechtzeitig die Schuhe ausgezogen und im Flur Fußstapfen hinterlassen, beim Händewaschen – in Karins Worten – „rumgesaut“ und „überall Wassertropfen auf den Boden gespritzt“, beim Einkauf des Mineralwassers nicht aufgepasst.

„Drei Kästen stilles Wasser und einen Kasten mit Kohlensäure solltest du mitbringen“, hatte sie ihm erbost vorgehalten. „Du hast es genau umgekehrt gemacht. So ein Kurzzeitgedächtnis kannst du doch nicht haben, oder leidest du ebenfalls an Alzheimer? Demnächst muss ich die Getränke auch noch selber kaufen.“

Die Formulierung, ob er *ebenfalls* an Alzheimer leide, hatte er deswegen als besonders perfide empfunden, weil sein Großvater mütterlicherseits tatsächlich hieran erkrankt war.

Davon abgesehen erschloss es sich ihm nicht, dass bei Karin alles diese grundsätzliche Dimension hatte. Es gab kein schlichtes Vergessen, kein einfaches Versehen, keine kleine Unachtsamkeit, sondern immer steckte sogleich böse Absicht dahinter oder doch zumindest ein schwerwiegendes charakterliches Defizit.

So war es beinahe egal, ob er sich im Haushalt nützlich machte oder nicht, in beiden Fällen endete es häufig in heftigem Streit. Entweder warf Karin ihm Faulheit vor – „du hättest das ja auch schon erledigen können“ – oder giftete ihn an, weil er es angeblich nicht richtig gemacht hatte.

Meistens waren es Banalitäten, die zu Konflikten führten, selten etwas Gravierendes. Aber gerade deshalb waren die Konflikte in letzter Zeit zu einem Dauerzustand geworden, zu einer Dunstglocke, unter der das Atmen schwer wurde, zu einer bleiernen Zeit der Trostlosigkeit, in der Fröhlichkeit und Unbeschwertheit auf der Strecke geblieben waren.

Eine Szene fiel ihm noch ein, die ihm bis heute zu schaffen machte. Er hatte mit Karin schlafen wollen, als sie abends im Bett lagen. Sein zartes Berühren ihres Rückens, den sie ihm zugewandt hatte, bewirkte lediglich ein „lass mich in Ruhe, ich bin müde“.

Als er sein Begehren intensivierte, sich von hinten an sie drückte und mit seiner rechten Hand ihre Brust zu streicheln begann, hatte sie sich unwillig umgedreht und ihn weggestoßen. „Rühr mich nicht an, oder ich zeig dich wegen Vergewaltigung in der Ehe an!“, hatte sie, völlig außer sich, gerufen. Konsterniert und zutiefst verletzt hatte er sich zurückgezogen. In der Folgezeit war es nie zu einem klärenden Gespräch hierüber gekommen. Immer, wenn er das Thema anschneiden wollte, hatte sie es unwirsch abgeblockt.

Er stöhnte leise, ballte die Hände zu Fäusten. Das ist kein Leben mehr, kein lebenswertes Leben, dachte er verbittert. Groll stieg in ihm hoch. Je länger er schlaflos dalag, desto mehr steigerte sich dieser Groll zu etwas Unfassbarem, Undefinierbarem. Oder war das Gefühl, das von ihm allmählich Besitz ergriff, gar nicht so undefinierbar? Musste er nur ehrlich genug gegen sich selbst sein, um dieses Gefühl ergründen und benennen zu können?

Hass, schoss ihm durch den Kopf, ist es das? Zumindest schien ihm in diesem Moment seine Ehe unerträglich zu sein.

Bis dass der Tod euch scheidet, war die nächste Assoziation, die ihn durchzuckte.

Er blickte zu seiner Frau hinüber, die fest schlief.

Da lässt sich ja nachhelfen, raunte die innere Stimme.

Zunächst versuchte er, diesen Gedanken zu verdrängen, aber er schien sich wie mit Widerhaken in seinem Kopf verankert zu haben. Ohne sein Zutun begann sich ein Plan in seinem Hirn zu entwickeln. Ein sicherer Plan, todsicher.

Leise schlug er sein Oberbett zur Seite. Zum zweiten Mal in dieser Nacht stand er auf. Wie ein Dieb schlich er am Schlafzimmerschrank entlang zur Tür. Aber dieses Mal ging er nicht ins Bad, er nahm die Treppe, die hinunter in die Wohnetage führte.

„Scheußliches Wetter", bemerkte der eine Beamte zu seinem Kollegen. „Typisches Wochenendwetter", knurrte der.

Dichter Nebel waberte an diesem Samstagmorgen durch die Straßen, als die beiden Männer auf das unscheinbare Reihenhaus zugingen und energisch an der Haustür schellten. Mit sonorem Brummen ertönte ein elektrischer Türöffner. Die beiden Männer drückten gegen die Haustür und standen in einem kleinen Flur.

„Hallo, ist da jemand?", rief einer von ihnen.

„Kommen Sie nur die Treppe rauf, ich bin hier oben!", entgegnete eine Stimme.

Oben auf dem Treppenabsatz stand eine Frau. Die Beamten schätzten sie auf Mitte dreißig. Sie hatte einen Morgenmantel über ihren Pyjama geworfen, das Haar hing ihr wirr ins Gesicht, das tränenüberströmt war.

„Ich kann das alles nicht verstehen“, murmelte sie und reichte den Männern einen Brief, den sie in der Hand gehalten hatte.

Die Beamten überflogen den Brief. Es war ein Abschiedsbrief, offenbar in großer Eile geschrieben.

„Und Sie wollen mir jetzt sagen, dass Sie ihn gefunden haben, stimmt`s?“, flüsterte sie tonlos.

Während der eine nur stumm nickte, erwiderte der andere: „Vor knapp einer Stunde ist eine männliche Leiche auf der Autobahn gefunden worden. Allem Anschein nach handelt es sich um Suizid durch Sprung von der Autobahnbrücke. Sie müssen den Toten noch identifizieren. Aber den Papieren nach zu urteilen, die wir bei ihm gefunden haben, scheint es sich um Ihren Mann zu handeln.“

„Warum hat er das bloß getan?“, hauchte sie kaum hörbar.

Ihr leerer Blick ging durch die Beamten hindurch zu dem Flurfenster, wo er sich in der undurchdringlichen Nebelwand, die draußen herrschte, zu verlieren schien.

Hofgang

„Bist du des Teufels?“, schrie Mama und packte mich am Arm, als ich mit der Schere wild fuchtelnd vor meiner Schwester stand.

Ich weiß nicht mehr den Anlass des Streits, aber meine Schwester hatte mich mit verletzenden Äußerungen zur Weißglut gebracht, so dass ich außer mir vor Wut die Schere ergriffen hatte und bereit war, zuzustechen. In diesem Moment war meine Mutter ins Zimmer gekommen und hatte Schlimmeres verhindert.

Damals habe ich zum ersten Mal den Dämon in mir verspürt, der urplötzlich von mir Besitz ergriffen hatte. Meine Mutter hatte mit ihrer Frage, ob ich des Teufels sei, dem Dämon gleich einen Namen gegeben. In der Nacht beschäftigte ich mich ernsthaft mit dem Gedanken, ob ich wirklich „des Teufels“ wäre, eine Ausgeburt der Hölle oder ein vom Teufel Besessener sei. Ich listete alle Absonderlichkeiten meines Charakters auf, analysierte meine Gefühlswelt und kam doch zu keinem Ergebnis.

Während meine Schwester den Zwischenfall nicht besonders ernst genommen hatte, weil sie wahrscheinlich auch ein schlechtes Gewissen hatte, schien meine Mutter völlig schockiert zu sein. Sie drohte mir, es Papa zu erzählen, wenn der in zwei Tagen zurück sei. Zu jener Zeit war mein Vater beruflich oft für mehrere Tage unterwegs. Nach seiner Rückkehr gab es häufig unschöne Szenen. Meine Mutter warf meinem Vater vor, er sei bestimmt wieder mit seiner Sekretärin zusammen gewesen, „dieser Schlampe“. Mein Vater lachte jedes Mal, aber es war kein freundliches Lachen. „Trink besser nicht so viel, dann siehst du auch nicht ständig Hirngespinste!“, schrie er Mama an. Meine Mutter trank, wenn Vater nicht da war, immer eine Flasche Wein, manchmal auch mehr.

Die Drohung, „ich sage es heute Abend Papa“, wenn meine Schwester oder ich etwas ausgefressen hatten, stellte eine doppelte Strafe in Aussicht. Zum einen eine psychische, zitterten wir doch schon lange, bevor mein Vater nach Hause kam, weil wir wussten, was uns erwartete. Zum anderen eine physische, fackelte mein Vater nie lange, sondern versohlte uns mit Gürtel oder Lineal den Hintern so heftig, dass es noch eine ganze Weile schmerzte.

Am Tag nach dem Vorfall war ich mit meiner Mutter allein in der Wohnung. Meine Schwester war mit Schulfreundinnen aus. Vor meiner Mutter auf dem Esszimmertisch stand eine bereits halb geleerte Flasche Wein und ein volles Weinglas.

„Setz dich zu mir und leiste mir ein wenig Gesellschaft", sagte sie. „Was du gestern getan hast, hat mich am Boden zerstört. Gar nicht auszudenken, was passiert wäre, wenn ich nicht zufällig dazwischengekommen wäre."

Sie trank einen Schluck Wein.

„Das darfst du nie, nie wieder tun, hörst du? Wenn Papa das morgen Abend erfährt, wird er dich halb totschlagen. Und das wollen wir doch beide nicht, oder?"

Sie sah mich irgendwie komisch an. Dann nahm sie meinen Kopf in ihre Hände und drückte mein Gesicht an ihre Brust, so fest, dass ich kaum noch atmen konnte. Dabei strich sie mir übers Haar. Schließlich führte sie meine Hände unter ihre Bluse. Da sie meinen Kopf nicht mehr festhielt, bekam ich wenigstens wieder Luft. Ich verstand nicht, was vor sich ging. Mama begann leise zu stöhnen, ihre Wangen waren leicht gerötet. Ich dachte, vom Alkohol. Während sie sich mit der rechten Hand die Bluse aufknöpfte, fuhr ihre Linke über meinen Hosenschlitz.

„Sei ein bisschen nett zu mir, dann sag ich Papa morgen nichts", flüsterte sie mit seltsam belegter Stimme. Sie stand auf und zog mich hinter sich her ins elterliche Schlafzimmer, wo sie sich aufs Bett legte.

„Lass uns etwas kuscheln, mein Kleiner. Mama hat dich doch so lieb", hauchte sie. „Und zieh deine Hose ruhig aus, dann ist es bequemer.“ Wie in Trance gehorchte ich.

Als mein Vater am nächsten Tag nach Hause kam, erzählte ihm meine Mutter nichts, weder vom Vorfall mit meiner Schwester noch von dem anderen. Da auch meine Schwester, mit der ich mich bereits wieder vertragen hatte, nicht petzte, blieben mir die befürchteten Prügel erspart.

Das, was sich zwischen Mama und mir an jenem Tag abgespielt hatte, hat sich nie mehr wiederholt. Und doch hat es Spuren in mir hinterlassen. Eine Zeitlang konnte ich meiner Mutter nicht mehr in die Augen sehen, empfand gar körperliche Abneigung vor ihr. Und nachts schlief ich schlecht und hatte merkwürdige Träume.

Als mich irgendwann später eine ältere Mitschülerin verführen wollte, stieß ich sie heftig weg. Verdutzt sah sie mich an.

„Was hast du?“

Ich schrie sie an und beschimpfte sie als Hure.

„Du bist ja verrückt“, entgegnete sie.

Da war er wieder, der Dämon in mir. Und wieder hatte ihm jemand einen Namen gegeben, indem er mich als „verrückt“ bezeichnet hatte. Ich bekam den Gedanken nicht mehr aus dem Kopf, ob ich nicht tatsächlich an einer Geisteskrankheit litt. In quälenden Stunden versuchte ich zu ergründen, was mit mir nicht stimmte. Doch ich kam zu keinem Ergebnis.

Im Laufe der Zeit lernte ich eine Reihe von Frauen kennen. Doch nie kam es auch nur zu einem „ersten Mal“. Immer erschien im entscheidenden Moment Mamas Gesicht vor meinem geistigen Auge, oder der Körper, den ich streichelte, verwandelte sich unter meinen Händen in Mamas Körper, und dann konnte ich nicht mehr. Niemals habe ich den Grund für mein Versagen erklärt. Stattdessen habe ich das Unverständnis, die fragenden

Blicke voller Enttäuschung oder auch Spott über mich ergehen lassen. Habe es stumm ertragen oder bin wütend geworden und habe die Frauen angeschrien. Und jedes Mal hörte ich den Dämon in mir lachen, doch nie konnte ich ihn besiegen. Und so bin ich denn mit 36 Jahren immer noch eine männliche Jungfrau!

Jetzt haben alle gut reden. Ich hätte mich in Behandlung begeben sollen, eine Therapie sei doch heutzutage kein Problem. Ich hätte mich doch nur jemandem anvertrauen, mich offenbaren müssen. Klugscheißer! Besserwisser! Wer kann schon in mich hineinsehen? Wer hat je meinen Dämon tanzen sehen? Immer, wenn ich glaubte, die Oberhand gewonnen zu haben, stand er wieder auf. Er war einfach stärker als ich.

An dieser Stelle beende ich meine Aufzeichnungen, weil in wenigen Minuten Hofgang ist. Ach, falls es jemanden, der diese Notizen vielleicht einmal lesen wird, interessieren sollte, warum ich hier bin: Als ich vor etwa einem halben Jahr meine Mutter besuchte – meine Eltern waren mittlerweile geschieden –, hat sie mich überschwänglich begrüßt. Sie schien sich wirklich aufrichtig zu freuen. „Mein verlorener Sohn“, sagte sie, während sie mich umarmte und fest an sich drückte. Da regte sich der Dämon erneut in mir, zeigte mir grinsend Bilder, die ein viertel Jahrhundert zurücklagen. Und plötzlich stiegen Wut und Ekel in mir hoch. Ich griff nach der Bronzefigur, die neben dem Telefon stand, und schlug zu. Ich wollte nicht Mama töten, wirklich nicht, ich wollte den Dämon treffen. Das müssen Sie mir glauben!

Blind Date

Lieber Leser, derjenige, dessen Geschichte Sie im Begriff sind zu lesen, bin nicht ich. Bei dem Ich-Erzähler der folgenden Geschichte handelt es sich um einen guten Freund von mir, der mir seine schier unglaublichen Erlebnisse anvertraut hat, bevor er für unbestimmte Zeit untergetaucht ist. Weshalb, werden Sie verstehen, sobald Sie die Geschichte kennen.

Mit einem flauen Gefühl in der Magengegend betrat ich das Café, in dem ich mich mit meiner Internetbekanntschaft verabredet hatte. Auch wenn ich mir einzureden versuchte, dass diese Art des Kennenlernens heutzutage nichts Besonderes sei, trug das nicht wirklich zu meiner Beruhigung bei. Zum einen bin ich von eher schüchterner Natur, so dass ein Treffen mit einer Frau für mich immer etwas Aufregendes an sich hat. In diesem Fall kamen erschwerend meine Skrupel hinzu, ob es nicht doch ein Armutszeugnis sei, den Weg eines „Blind Date" gewählt zu haben. Sah das nicht – bei allem Gerede von der großen Beanspruchung eines Freiberuflers – danach aus, dass ich nicht in der Lage sei, eine Frau auf „normalem" Weg kennenzulernen? Oder dass es mir nur um ein schnelles, unverbindliches Abenteuer ging? Andererseits war ich nicht der einzige in diesem Spiel, meine Internetbekannte befand sich in derselben Situation. Das überzeugte mich schließlich, ohne mir jedoch meine Nervosität zu nehmen.

Das Café war ein gut besuchtes Ausflugslokal etwas außerhalb der Stadt. Dementsprechend sah ich mich zunächst ein wenig hilflos um, bis mein Blick auf einen kleinen Zweiertisch in einer Nische fiel, an dem eine rothaarige Frau saß, die in einem Buch blätterte. Das musste sie sein. Ich steuerte mit weichen Knien auf den Tisch zu und fragte: „Ist hier noch zufällig ein Platz frei?"

Sofort ärgerte ich mich über diesen linkischen Satz.

Sollte ich mich nicht geirrt haben und die Frau tatsächlich Ilona sein, war es natürlich alles andere als ein Zufall, dass der zweite Platz an dem Tischchen noch frei war.

Die Frau schaute auf und lächelte mich freundlich an.

„Wenn Du Klaus mit einer Vorliebe für Schokolade bist, dann nimm bitte Platz."

Ich setzte mich der Frau gegenüber. Fast im selben Moment stand der Kellner an unserem Tisch.

„Wenn der Herr auch da ist, kann ich Ihnen jetzt etwas bringen?"

Bei Kaffee und Kuchen kamen wir ins Gespräch. So richtig vorstellen brauchten wir uns nicht mehr, das hatten wir bereits im Chat erledigt. Das Entscheidende unserer leibhaftigen Begegnung war die persönliche Wirkung auf den jeweils anderen. Konnte der erste Eindruck dem Bild, das wir uns aufgrund unserer ausgetauschten Informationen voneinander gemacht hatten, standhalten? Oder wurde bereits in diesen Minuten klar, dass die Wirklichkeit hinter den Erwartungen zurückblieb?

Ich muss gestehen, dass ich von dieser attraktiven Frau überwältigt war. Sie hatte mich total verzaubert. Und so fiel es mir überhaupt nicht schwer, locker zu plaudern und zu scherzen. Ich glaube, dass sie diese beinah magische Faszination, die sie auf mich ausübte, gleich erkannt hatte. Als wir das Café verließen, umspielte ein siegesgewisses Lächeln ihre Lippen. Ohne jegliche Umschweife fragte sie mich, ob wir einen kleinen Spaziergang machen und danach zu ihr gehen sollten.

Komischerweise wunderte ich mich nicht über dieses Tempo. Im Gegenteil, mit ihrem Vorschlag war sie mir lediglich zuvorgekommen, sie zu mir einzuladen. Ich wollte dieser Frau so nah wie möglich sein – und das möglichst bald.

„Mir will scheinen, als hätten wir per Internet die richtige Wahl getroffen", bemerkte ich etwas hölzern.

Sie lächelte nur vieldeutig und verheißungsvoll.

Nachdem wir ihre Wohnung, ein sehr geschmackvoll

eingerichtetes Appartement, betreten hatten, führte mich Ilona ins Wohnzimmer, wies auf die lederne Sitzgarnitur und forderte mich auf, mich zu setzen.

„Was möchtest du trinken?", fragte sie. „Whisky, Cognac, Wein, Sekt oder Bier? Alles im Angebot."

Ich entschied mich für den Whisky, während sie Rotwein trank.

„Ich mach uns nachher eine Kleinigkeit zu essen, aber im Moment habe ich noch keinen Hunger", stellte sie fest und kuschelte sich auf dem Sofa neben mich. „Empfindest du auch diese Vertrautheit, als ob wir uns schon lange kennen?"

Ich nickte zustimmend und sog den feinen Duft ihres Parfüms ein.

Dem weiteren Gang der Dinge blickte ich hoffnungsvoll entgegen. Wir unterhielten uns angeregt. War es der Alkohol, war es Ilonas ungezwungene Art, die mich mutig werden ließ? Jedenfalls sagte ich irgendwann zu ihr: „Eigentlich bräuchte ich gar keine Kleinigkeit zu essen. Mir würde es völlig ausreichen, dich vernaschen zu dürfen."

Da ich, wie ich bereits erwähnt habe, ein eher schüchterner Mensch bin, war ich über meinen Vorstoß selbst erstaunt.

Ilona lachte. „Aber, aber, Kläuschen, da tun sich ja wahre Abgründe auf." Sie blickte mich halb belustigt, halb herausfordernd an. „Soll das heißen, du willst mich vögeln, mein Vögelchen?"

Ich gestehe, dass ich ihre Wortwahl befremdlich fand. Sowohl die Verniedlichung meines Namens als auch das Wortspiel am Ende des Satzes.

Ilona war aufgesprungen und streckte ihren Arm nach mir aus.

„Komm, mein Vögelchen!", rief sie neckend.

In ihren Augen bemerkte ich ein merkwürdiges Flimmern, vielleicht Ausdruck ihrer eigenen Erregung? Ich streckte ebenfalls meine Arme nach ihr aus, vielmehr versuchte ich es – aber ich konnte ihren Körper nicht erreichen. Mir war, als hätte ich keine Arme mehr, allenfalls Armstummel.

Ilona lachte seltsam. „Schlag nicht so mit den Flügeln, mein Vögelchen."

An dieser Stelle hörte der Spaß für mich allmählich auf.

„Was soll das ständige Gerede von *mein Vögelchen*?", wollte ich verärgert sagen, brachte aber nur ein krächzendes Stammeln heraus. Was war passiert? Warum konnte ich nicht mehr sprechen?

Unwillkürlich zuckte ich zurück, als Ilona nach mir griff, doch schon hatte sie mich mit beiden Händen gepackt und trug mich zu einem – Vogelbauer. Sie öffnete die Klappe und setzte mich hinein. Statt mit ihr im Bett zu landen, befand ich mich plötzlich in einem Vogelkäfig. Wie passte ich da überhaupt hinein, fragte ich mich.

In dem Käfig hing ein kleiner Spiegel. Ich blickte hinein und sah – einen Vogel, etwa von der Größe einer Dohle. Ilona stand vor dem Käfig und sah mich verzückt an.

„Er hat wieder funktioniert, mein Zauber. Ich fass es nicht." Sie schien sich maßlos zu freuen. „Als ich dich heute Nachmittag in das Café kommen sah, habe ich gleich gedacht, bei dir könnte es klappen."

„Hast du mir etwas in den Whisky getan?", wollte ich wissen, aber aus meinem Schnabel gelangte nichts als ein heiseres, unverständliches Krächzen. Voll Bitterkeit fiel mir ein, wie verzaubert ich von Anfang an von dieser Frau gewesen war. Dass dieser Zauber mich aber in einen Vogel verwandeln würde, hätte ich mir nie träumen lassen.

„Jetzt werden wir doch noch eine Kleinigkeit essen", sagte Ilona, „wenn auch Unterschiedliches. Ich werde mir Lachs auf Nudeln machen, während du dich mit Körnern zufriedengeben musst." Sie schüttete aus einer Packung Vogelfutter in den Käfig und schob außerdem noch ein Schälchen mit Wasser herein.

„Das muss fürs Erste reichen", stellte sie klar und bereitete für sich die angekündigte Mahlzeit zu. Während des Essens trank sie Rotwein. Danach löschte sie das Licht und ging ins Schlafzimmer.

„Du musst leider draußen bleiben. Du wirst sicherlich verstehen, dass ich mich von einem Vogel nicht vernaschen lassen will." Fast bedauernd lächelte sie mir zu.

Ich blieb allein zurück, flatterte verzweifelt an den Käfigstäben hoch, bis ich einsah, dass das nichts brachte. Resignierend ergab ich mich vorläufig in mein Schicksal, pickte ein paar Körner und trank einige Schlucke Wasser, was mir aber sehr schwer fiel. Dann kauerte ich mich in eine Ecke des Käfigs und schlief ein.

Als ich am nächsten Morgen wach wurde, hatte Ilona bereits die Wohnung verlassen. So hockte ich den ganzen Tag trübsinnig in dem Käfig und wartete auf ihre Rückkehr, in der Hoffnung, dass sie mich wieder zurückverwandeln würde. Doch als sie nachmittags endlich kam, würdigte sie mich zunächst nur eines flüchtigen Blicks. Ich wollte ihr sagen, dass es doch nun wirklich reiche, sie habe ihren Spaß gehabt. Aber ich konnte mich ihr nicht verständlich machen. Mein Krächzen hatte mit menschlicher Sprache keinerlei Ähnlichkeit.

Erst im Laufe des Abends, als sie mir frisches Futter und Wasser brachte, redete Ilona mit mir. Sie erzählte, dass sie bereits mehrere Männer in Tiere verwandelt hätte. Das erste Mal sei es völlig zufällig und unbeabsichtigt gewesen. „Der Typ, mit dem ich in einem Park verabredet gewesen bin, war ein widerlicher Kerl. Er hat mir sofort an die Wäsche gewollt. Als er anfing, mich zu begrabschen, habe ich voller Abscheu gedacht: *Alter Lustmolch!* Und statt des Kerls saß plötzlich ein Molch neben mir auf der Bank."

Danach habe sie ihre neu entdeckte Zauberkraft bewusst ausprobiert. „Ich habe herausgefunden, dass die Verwandlung dann funktioniert, wenn ein Mann zum ersten Mal richtig scharf auf mich ist. Diesen Moment gilt es abzupassen."

Anschließend erfuhr ich, und dies trug nicht zu meinem Wohlbefinden bei, dass keiner der Männer seine Verwandlung lange überlebt hatte.

„Der Lustmolch lag Sekunden später tot am Boden. Wahrscheinlich hat er vor lauter Aufregung und Geilheit einen Herzinfarkt erlitten. Einen anderen hatte ich in eine Spinne verwandelt. Vor der habe ich mich in meiner Wohnung aber so geekelt, dass ich sie zertreten habe. Ein Mann, den ich in einen Regenwurm verwandelt hatte, ist kurz darauf von einer Drossel gefressen worden."

Bedauern über diese Todesfälle hörte ich aus ihrer Stimme nicht heraus. Ich spürte, wie sich unter meinen Federn eine Gänsehaut bildete.

Ich war der erste Mann, den sie in einen Vogel verwandelt hatte.

„Mal sehen, was sich mit dir alles machen lässt", plapperte Ilona unbekümmert. „Es wäre jedenfalls schade um dich. Du bist der einzige meiner Internetbekanntschaften, der mir auf Anhieb sympathisch gewesen ist."

Und als hätte sie meine Gedanken erraten, fügte sie hinzu: „Zurückverwandeln kann ich dich zwar nicht, das möchte ich auch gar nicht. Aber vielleicht kann ich dir ja mit der Zeit Sprechen beibringen. Dann könnten wir uns zumindest unterhalten. Und wenn du ein braves Vögelchen bist, lass ich dich auch durch meine Wohnung fliegen."

Und tatsächlich versuchte sie in der Folgezeit, mir einige Wörter beizubringen. Diese waren mir natürlich ohnehin bekannt, aber ich lernte, sie auszusprechen. Über jedes Wort, das mir so aus dem Schnabel kam, dass es Ilona verstand, freute ich mich unbändig.

Eines Tages öffnete sie die Käfigtür, hielt mir ihre Hand hin, und ich hüpfte darauf.

„Jetzt mach mal deine ersten Flugübungen, mein Vögelchen."

Klaus oder Kläuschen hatte sie mich seit meiner Verwandlung nie mehr genannt.

Vor lauter Aufregung darüber, nach so langer Zeit den Käfig verlassen zu können, beschmutzte ich den Tisch, über den mich Ilona gerade hielt.

Sie kreischte: „Alter Dreckspatz, wenn das so weitergeht, setze ich dich sofort wieder in den Käfig zurück."

Aus Angst, sie würde diese Drohung wahr machen, wäre mir beinahe noch ein Missgeschick passiert; ich konnte es im letzten Moment verhindern. Dann probierte ich unbeholfen, zu fliegen. Da ich überhaupt kein Gefühl für meine Flügel hatte, gelang das höchst unvollkommen. Ständig stieß Ilona spitze Schreie aus, weil sie dachte, ich würde mich verletzen. Zumindest so viel Empathie brachte sie also auf. Nach wenigen Minuten beendete sie das Trauerspiel und setzte mich in den Käfig zurück. Vor Anstrengung am ganzen Leib zitternd, dabei über das bescheidene Resultat meiner ersten Flugversuche völlig deprimiert, schlief ich bald ein.

Mit der Zeit machte ich allerdings bei meinen Flugstunden deutliche Fortschritte. Immer besser gelang es mir, meine Flügel synchron zu bewegen und sie im richtigen Winkel vom Körper abzuspreizen. Bald schon konnte ich recht sicher durch Ilonas Wohnung fliegen. Selbst das Schlafzimmer war nicht tabu, weil ich mittlerweile absolut stubenrein war. Ilona war ganz angetan.

„So ein Haustier ist doch etwas wunderbares", strahlte sie. Dieser Satz, obgleich nett gemeint, schlug wie eine Bombe bei mir ein.

„Genau, du bist ein Haustier", dachte ich. „Das Haustier dieser Frau, mit der du dich zu ganz anderen Zwecken getroffen hast vor – vor wie langer Zeit eigentlich? Vor Tagen, gar Wochen?"

Mir war das Zeitgefühl fast gänzlich abhandengekommen. Wie lange lebte ich schon hier? Und welche Lebenserwartung hatte ich als Vogel überhaupt? Fragen über Fragen, auf die ich keine Antworten fand. Um Antworten ging es mir im Grunde auch nicht. Entscheidend war vielmehr, wieder in mein früheres Leben zurückzukehren. Ich wollte nicht Zeit meines Lebens ein Vogel bleiben, wie kurz oder lang ein solches Vogelleben auch immer sein mochte. Erst recht wollte ich kein Haustier sein. So entschloss ich mich, nach Fluchtmöglichkeiten Ausschau zu halten.

Dies war jedoch kein leichtes Unterfangen, denn bei meinen häuslichen „Ausflügen“ waren die Fenster stets geschlossen. Bis auf eine Ausnahme. Und diese Chance ergriff ich sofort. Ich flog aus dem halb geöffneten Küchenfenster hinaus. Ilona schrie irgendeinen Fluch hinter mir her, aber ich schwebte unbeirrt weiter. Das Flugtraining war immerhin so effektiv gewesen, dass ich ohne Ermüdungserscheinungen eine ganze Weile in der Luft bleiben konnte. Als ich gerade einen Fluss passierte, sackte ich ohne Vorwarnung plötzlich tiefer und tiefer, schlug klatschend auf dem Wasser auf und sank unter. Nachdem ich mich an die Oberfläche gekämpft hatte, bemerkte ich, dass ich Schwimmbewegungen machte. Nicht mit Flügeln, sondern mit Armen und Beinen. Ich schloss für einen Moment die Augen und berührte meinen Kopf. Meine Hand fasste nicht an einen Vogelschnabel, sondern griff in ein menschliches Gesicht. „Ich bin wieder ein Mensch!“, rief ich, halb lachend, halb weinend, schwamm ans Ufer und stieg aus dem Wasser.

„Wie bekloppt muss man sein, um mit voller Montur in den Fluss zu springen?“, sagte im Vorübergehen eine Frau zu ihrem Begleiter. Der zuckte die Schultern. „Bekloppte gibt es überall. Was die machen, sollte man besser nicht hinterfragen.“

Mir waren diese Leute und ihre Ansichten völlig gleichgültig. Ich stand überglücklich mit triefender Kleidung am Uferrand und hätte vor Freude den erstbesten Baum umarmen können: Ich war wieder Mensch. Nur das zählte. Wahrscheinlich hatte die Zauberkraft Ilonas mit jedem Meter, den ich mich von ihr entfernt hatte, nachgelassen, bis sie schließlich abrupt geendet hatte. Und ich hatte das Glück gehabt, gerade zu diesem Zeitpunkt den Fluss überquert zu haben. Sonst wäre meine Landung wohl äußerst problematisch geworden. Aber ich hatte keine Lust, mir über Wenn und Aber Gedanken zu machen. Noch etwas wackelig auf den Beinen, sah ich zu, auf dem schnellsten Weg nach Hause zu kommen.

Soweit der Bericht meines Freundes. Da ich ihn für einen integren und glaubwürdigen Menschen halte, habe ich keinen Anlass, an dem Wahrheitsgehalt der Geschichte zu zweifeln, auch wenn sie sich überaus fantastisch anhört. Sollten Sie noch etwas wissen wollen, müssen Sie sich an mich wenden. Ich werde Ihre Fragen an meinen Freund weiterleiten. Er selbst muss sich erst einmal von seinem Abenteuer erholen. Und das in absoluter Ruhe und Anonymität. Dafür sollten Sie Verständnis aufbringen.

Trübe Tage im November

Ich versichere, ich bin nicht verrückt. Vielleicht ein bisschen kriminell, Typ kleiner Ganove oder so, jedoch keinesfalls verrückt. Auch wenn die Geschichte, die ich hier aufschreibe, verrückt klingt. Aber der Reihe nach.

Es war ein düsterer Tag Anfang November. Regnerisch, grau, ungemütlich kalt. Ich hatte den Mantelkragen hochgeschlagen und war auf dem Weg in die Innenstadt. Es war 19.00 Uhr, noch genau eine Stunde Zeit bis zur Schließung des Kaufhauses, welches mein Ziel war. An einer Hausecke stieß ich beinahe mit einem Mann zusammen, der breit und unbeweglich wie ein Kleiderschrank mitten auf dem Gehweg stand. Ich versuchte mich an ihm vorbeizuschlängeln. Da sprach er mich an, ob ich ihm nicht etwas abkaufen wolle. „Ich brauch keinen Stoff“, entgegnete ich, weil ich den Inhalt des Zellophantütchens, das er in der Hand hatte, für Drogen hielt.

Er lachte dröhnend. „Da ist kein Stoff drin, Kumpel.“ Dabei öffnete er das Beutelchen und zog eine dünne schwarze Gummikappe heraus.

„Was soll das sein?“, fragte ich.

„Das *soll* nichts sein, das *ist* etwas, und zwar eine Tarnkappe.“ Der Kleiderschrank grinste. „Kannste die nicht gebrauchen? Es gibt doch immer mal eine Situation, in der man am liebsten unsichtbar wäre.“

„Wie teuer?“, rutschte es mir heraus, ohne dass ich darüber nachgedacht hätte.

„Nicht teuer, überhaupt nicht teuer. Weil du es bist, kriegst du sie für einen Freundschaftspreis. Nur 20 Euro.“ Ich weiß nicht, wie mir geschah, denn natürlich glaubte ich nicht an solchen Hokuspokus. Aber in Verbindung mit meinem Vorhaben, angesichts der bereits vorgerückten Zeit und, ich gebe es zu, auch weil mir die Situation unheimlich war, zog ich einen Zwanzigeuroschein aus meinem Portemonnaie und reichte ihn dem Kerl. Der drückte mir die Kappe in die Hand.

„Aber nur für den einmaligen Gebrauch bestimmt!", rief er hinter mir her.

Schnellen Schrittes durchquerte ich die gut gefüllte Fußgängerzone, bis ich das Kaufhaus, in dem ich mich einschließen lassen wollte, erreicht hatte. Ich stellte mich neben den Eingang, sah in die Schaufensterscheibe, streifte mir die Kappe über und – war verschwunden. Ich ging in das Kaufhaus, eilte in eine Umkleidekabine der Herrenabteilung, blickte in den großen Spiegel an der Kabinenwand – nichts von mir zu sehen. Ich wechselte in die Damenabteilung, riss einem jungen Mädchen das Kleid, das sie gerade zum Anprobieren ausgesucht hatte, aus der Hand und warf es zu Boden.

„Das ist aber seltsam", sagte das Mädchen zu seiner Freundin, „als ob es mir aus der Hand gezogen worden wäre."

Die Freundin erwiderte frotzelnd: „So kann man das auch umschreiben, wenn man zu dumm ist, ein Kleid richtig festzuhalten."

„Nein, es war wirklich ganz komisch. Ich habe ..."
Weiter hörte ich nicht zu. Ich wusste nun, dass ich tatsächlich unsichtbar war. Somit brauchte ich mich gar nicht mehr bis Geschäftsschluss zu verstecken, sondern konnte mit sofortiger Wirkung bereits eine Vorauswahl derjenigen Stücke treffen, auf die ich es in der Schmuckabteilung abgesehen hatte.

Unsichtbar sein bedeutet natürlich nicht, dass Sicherungen und Alarmanlagen nicht anspringen, wenn man eine Schmuckvitrine gewaltsam öffnet. Aber ich versteh mich darauf, das zu verhindern. Handwerk, sozusagen.

Als ich am nächsten Vormittag wieder in meiner Wohnung war, stellte ich mich sofort vor den großen Flurspiegel und hielt den Atem an. Mein Herz raste, als ich nach der Kappe griff, um sie mir vom Kopf zu nehmen.

Sollte ich sie mit einem Ruck herunterreißen oder ganz langsam und vorsichtig abziehen? Ich entschied mich für die zweite Variante, doch vor lauter Nervosität stieß ich sie mir mit einer unbedachten Bewegung vom Kopf. Im selben Augenblick tauchte mein Spiegelbild auf. Ein Stein fiel mir vom Herzen. Ausgelassen winkte ich mir zu. „Hallo, nett dich zu sehen“, redete ich mit meinem Gegenüber. Dann entspannte ich mich bei einem heißen Bad. Im Anschluss daran schaute ich mir noch einmal ausgiebig die glänzende Beute an.

Was so erfolgreich verlaufen war, schrie förmlich nach einer Wiederholung. Doch zog es mich einige Tage später nicht mehr in ein Kaufhaus, sondern in das exklusivste Juweliergeschäft am Ort. Mit Hilfe der Tarnkappe konnte ich mich dort problemlos einschließen lassen, was unter normalen Umständen in einem so überschaubaren Raum nicht möglich gewesen wäre. Bepackt mit sehr edlen Sächelchen verließ ich am darauffolgenden Morgen den Laden. Als ich mich durch die vom Juwelier geöffnete Tür an diesem vorbeischob, hätte ich um ein Haar gepfiffen, so guter Dinge war ich.

Zu Hause ließ ich mir viel Zeit, machte mir ein üppiges Frühstück und las die Tageszeitung. Plötzlich klingelte es. Ich stand auf und ging zur Tür. Gerade rechtzeitig fiel mir noch ein, die Tarnkappe vom Kopf zu nehmen. Vor der Tür stand meine nette Nachbarin Yvonne.

Noch ehe ich „hallo“ sagen konnte, nahm ihr hübsches Gesicht den Ausdruck von Entsetzen an. „Leon, Leon!?“, rief sie in fragendem Tonfall. Da dämmerte mir Schreckliches. Ich sagte nichts.

Yvonne schaute durch die geöffnete Tür in meine Wohnung. Sie rief nochmals meinen Namen. „Komisch“, murmelte sie dann, „die Tür war offen. Wo ist er nur?“ Sie ging zögernd an mir vorbei, warf einen Blick in alle Räume. Schließlich ging sie zurück in ihre Wohnung. Nur ihr Parfüm hing noch in der Luft. Meine Wohnungstür hatte sie hinter sich ins Schloss gezogen.

Sofort stellte ich mich vor den Flurspiegel. Kein Spiegelbild blickte mir entgegen. Ich griff an meinen Kopf. Da saß die Kappe immer noch. Ich wollte sie abnehmen, doch was immer ich auch anstellte, sie ging nicht ab. Wie festgewachsen klebte sie an meinem Schädel. Ich geriet in Panik. Ich wollte nicht für immer unsichtbar bleiben. Ich wollte mein normales Leben weiterführen. Verflucht, warum ließ sich das Ding denn nicht abnehmen? Da kam mir wieder in den Sinn, dass der Verkäufer hinter mir hergerufen hatte, die Kappe sei nur für den einmaligen Gebrauch bestimmt. Daran hatte ich zwar gestern auch kurz gedacht, als ich die Kappe aufgesetzt hatte. Nachdem ich aber erneut unsichtbar geworden war, hatte ich diese Worte lediglich für einen Verkäufertrick gehalten, um mich dazu zu bewegen, mir mehrere Kappen zuzulegen. Doch nun erschloss sich mir die bittere Wahrheit.

Was blieb mir an Möglichkeiten? Zu einem Arzt gehen? Aber der konnte mich ja nicht einmal sehen, bestenfalls hören. Und wie könnte er einen unsichtbaren Patienten behandeln oder gar operieren? „Shit, shit, shit!“, brüllte ich, griff nach meinem Mantel, stürzte nach draußen und lief ziellos durch die Straßen. Endlich hatte ich mich so weit beruhigt, dass ich fähig war, einen klaren Gedanken zu fassen. „Die einzige Chance besteht darin, den verdammten Verkäufer wiederzufinden“, schoss es mir durch den Kopf.

Ich will niemanden mit der Beschreibung langweilen, wie ich drei Tage und Nächte ununterbrochen durch die nebelverhangenen Straßen und Parkanlagen der Stadt irrte, in Kneipen, Bistros und Geschäften nachschaute und darüber immer verzweifelter wurde. Unter jeder Brücke suchte ich, in jedem Hinterhof, in jedem leerstehenden Gebäude. Hunger und Durst musste ich zwar nicht leiden, da es mir ein leichtes war, Lebensmittel und Getränke aus Läden und von Wochenmärkten mitgehen zu lassen, aber da ich meine Suche selbst durch kleine Schlafpausen nicht unterbrechen wollte, war ich allmählich nicht nur psychisch, sondern auch körperlich am Ende. Als ich am dritten Tag schon resignieren und nach Hause zurückkehren wollte, um wenigstens ausschlafen zu können, entdeckte ich ihn – oder halluzinierte ich ihn nur? Nein, es war keine wahnhafte Täuschung, der vierschrötige Kerl, der mir entgegenkam, war der Verkäufer der Tarnkappe. Als wir beinahe auf gleicher Höhe waren, sprach ich ihn an.

„Hallo, mein Herr, Sie haben mir doch die Tarnkappe verkauft."

Der Kerl blieb stehen und guckte irritiert. Richtig, er konnte mich ja nicht sehen. Aus Angst davor, er könne einfach weitergehen, rief ich so laut ich konnte: „Ich bin derjenige, dem Sie vor ein paar Tagen eine Tarnkappe verkauft haben. Mein Problem ist, dass ich die Kappe ..."

Mitten im Satz machte er eine unwirsche Handbewegung in meine Richtung. Es hatte den Anschein, als wolle er mir einen Schlag ins Gesicht versetzen, doch dann hielt er für einen Sekundenbruchteil die Kappe in Händen, bevor er sie in seiner Jackentasche verschwinden ließ. Er sah mich verständnislos an: „Was wollen Sie von mir? Ich kenne Sie nicht. Von welcher Kappe reden Sie? Man könnte, mit Verlaub, fast den Eindruck gewinnen, Sie hätten die Kappe kaputt."

Er lachte dieses dröhnende Lachen, das ich auch bei unserer ersten Begegnung von ihm gehört hatte. Dann ließ er mich stehen, ohne sich noch einmal umzusehen. Ich war in höchstem Maße verwirrt. War er vielleicht doch nicht der Verkäufer? Aber zumindest hatte er gesagt, ich kenne Sie nicht, also musste er mich gesehen haben.

Ich schaute in den Außenspiegel des nächstbesten am Straßenrand geparkten Autos. Als ich mich dort erblickte, hätte ich vor Erleichterung losheulen können.

Der Rest der Geschichte ist schnell erzählt. Als ich glücklich über meine neugewonnene Sichtbarkeit, aber völlig übermüdet, in meine Wohnung zurückkam, erwartete mich dort die Polizei. Yvonne hatte sie kurz zuvor gerufen, weil sie befürchtete, mir sei etwas zugestoßen. Sie hatten natürlich auch das Diebesgut entdeckt.

Mein Anwalt, dem ich wahrheitsgemäß alles so anvertraut habe, wie es sich zugetragen hat, meinte, daraus ließe sich etwas machen, Richtung Unzurechnungsfähigkeit oder so. Da habe ich ihm gesagt, dann solle er vor Gericht nichts von der Tarnkappe erwähnen. Ein bisschen kriminell bin ich, na schön, dafür übernehme ich auch die Verantwortung. Aber verrückt, verrückt bin ich keinesfalls.

Schneegestöber

„Erzählst du uns eine Geschichte, Opa?“

Ben und Emma sahen ihren Großvater erwartungsvoll an. Sie waren den ganzen Nachmittag mit dem Schlitten draußen gewesen, hatten einen Schneemann gebaut und mit den Nachbarskindern eine Schneeballschlacht gemacht. Zufrieden, aber durchgefroren, waren sie schließlich ins Haus gekommen. Dort hatte ihre Mutter sie rasch in die Badewanne gesteckt, damit sie wieder warm würden.

„Sonst holt ihr euch noch den Tod, ihr Rabauken.“

Nach dem Bad hatte es den von den Geschwistern heiß geliebten Marmorkuchen und Kakao gegeben.

Nun saßen sie ein wenig schläfrig unter eine Decke gekuschelt auf dem Sofa im Wohnzimmer, wo der Kamin eine wohlige Wärme verbreitete. Draußen war der leichte Schneefall, der bereits den ganzen Tag anhielt, in ein kräftiges Schneegestöber übergegangen, und ein eiskalter Wind pfiff um das Haus.

Der Großvater las seinen Enkeln am Abend häufig aus Büchern vor, manchmal erzählte er ihnen aber auch Geschichten, und das fanden der fünfjährige Ben und seine ein Jahr ältere Schwester Emma besonders schön.

„Bitte, bitte, eine Geschichte.“

Normalerweise ließ sich der Großvater nicht lange bitten, doch jetzt zögerte er, dem Wunsch seiner Enkel zu entsprechen.

„Hast du keine Lust, uns eine Geschichte zu erzählen, oder fällt dir keine ein?“, wollte Ben wissen.

Der Großvater dachte eine Weile nach. „Ich wüsste schon eine Geschichte, aber ich bin mir nicht sicher, ob sie für euch geeignet ist.“

Neugierig geworden, riefen die Geschwister wie aus einem Mund: „Bestimmt ist sie für uns geeignet!“ „Na gut, wenn ihr meint“, sagte der Großvater und begann:

„Vor vielen, vielen Jahren, es war ein klirrend kalter Wintertag ähnlich wie heute, ging ein junger Mann durch das dichte Schneetreiben über die Dorfstraße zum nahen Wald. Er hieß Heinz. Da er geistig etwas zurückgeblieben war, wurde er von der Dorfjugend „der bekloppte Heini“ genannt und häufig gehänselt und gefoppt. Aus diesem Grund hielt er sich gerne im Wald auf, weil er da seine Ruhe hatte. Als er an einer tief verschneiten Lichtung vorüberkam, hörte er das Kommando „Feuer frei“, und plötzlich flogen ihm Schneebälle um die Ohren. Die Schulbuben des Dorfes hatten sich hier zum Spielen verabredet. Als sie den „bekloppten Heini“ hatten des Weges kommen sehen, hatten sie sich schnell hinter den Bäumen versteckt und Schneebälle geformt. Mit denen bewarfen sie nun Heinz. Einer der Jungen zeigte auf eine Stelle am Boden der Lichtung und rief Heinz zu: „Guck mal, da ist jemand vergraben! Nur der Kopf schaut noch raus!“

Heinz ging langsam in die angegebene Richtung, um nachzusehen. Als er sich über den mit einer blauen Pudelmütze bedeckten vermeintlichen Kopf beugte, der aus dem Schnee ragte, stellte er fest, dass es sich um eine Schneekugel handelte, die als Kopf für einen Schneemann dienen sollte.

„Ihr seid ja alle doof!“, schrie er erbost.

Doch die Jungen lachten ihn aus und freuten sich, dass der „bekloppte Heini“ auf den Streich hereingefallen war. „Daran sieht man, dass du wirklich blöd bist!“, riefen sie ihm zu.

Heinz lief hinter ihnen her, um sie zu verprügeln, doch die Jungen waren schneller als er. Unter ihrem Johlen und Grölen stapfte Heinz verärgert weiter in den Wald hinein. Als er nach mehreren Stunden zurückkam und erneut über die Lichtung ging, stand dort ein Schneemann mit einer alten blauen Wollmütze auf dem Kopf. In der Nähe des Schneemanns entdeckte Heinz noch etwas, das wie ein Kopf aussah. Es war tatsächlich ein Kopf, nämlich der Kopf eines der Jungen aus dem Dorf. Der Körper war in einer Art Schneewehe begraben. Heinz geriet in Panik und lief ins Dorf. Erst am nächsten Tag vertraute er sich seinen Eltern an. Die riefen sofort die Polizei, wurde doch bereits seit dem vorigen Nachmittag nach einem vermissten Schulbuben gesucht, der mit den anderen vom gemeinsamen Spielen nicht heimgekehrt war. Als man den Jungen auf der Lichtung fand, war es bereits zu spät. Er war erfroren. Heinz wurde verdächtigt, den Jungen im Schnee eingegraben zu haben. Er weinte viel, bestritt jedoch, mit dem Tod des Jungen etwas zu tun zu haben. Allerdings verwickelte er sich zunehmend in Widersprüche, konnte vor allem nicht plausibel erklären, was er bei der Kälte den ganzen Tag über im Wald gemacht habe."

„Hat er denn der Polizei nicht gesagt, dass er die anderen Jungen im Wald gesehen hat?", fragte Emma.

„Doch", antwortete der Großvater, „das hat er. Aber die Jungen sagten aus, das stimme nicht. Sie hätten sich an jenem Tag ganz woanders aufgehalten, nämlich an dem zugefrorenen Ententeich. Deswegen glaubte man Heinz nicht. Jeder im Dorf wusste schließlich, dass er etwas verrückt war."

„Und ist er bestraft worden?", erkundigte sich Ben.

Der Großvater schüttelte bedächtig den Kopf. „Nein, glücklicherweise nicht, weil er vom Gericht für unzurechnungsfähig erklärt wurde. Aber im Dorf ist er nie wieder gesehen worden. Er soll in einem Heim untergebracht worden sein."

„Das ist aber eine gruselige Geschichte", stellte Emma fest.

„Ich habe euch ja gleich gesagt, dass ich meine Zweifel habe, ob die Geschichte für euch geeignet ist", erwiderte der Großvater beinahe entschuldigend.

„Ist denn irgendwann herausgekommen, wer es tatsächlich gewesen ist?", wollte Ben wissen.

„Ja, Monate später", entgegnete der Großvater. „Da kam durch Zufall ans Licht, dass die Jungen ihren Spielkameraden eingegraben hatten. Was mit dem Schneemann zuerst nur ein Scherz gewesen war, um Heinz zu foppen, wurde zu einer tödlichen Idee, als jemand den Vorschlag machte, man könne doch einen echten Kopf aus dem Schnee gucken lassen. Wenn Heinz den auf dem Rückweg finden würde, würde er wahrscheinlich komplett wahnsinnig werden."

Die Kinder sahen ihren Opa mit großen Augen an.

„Wollten die Jungen ihren Freund töten?", fragte Emma entsetzt.

„Nein, das wollten sie nicht", erwiderte der Großvater. Sie wollten dem „blöden Heini" lediglich einen gehörigen Schrecken einjagen. Doch als der nicht kam, sind sie irgendwann nach Hause gegangen und haben ihren Schulfreund seinem Schicksal überlassen. Dass der die kalte Nacht nicht überleben würde, so weit haben sie nicht gedacht."

„Dann haben die Jungen aber ihre gerechte Strafe bekommen?", bohrte Ben nach.

„Wie man es nimmt", entgegnete der Großvater. „Von einem Gericht verurteilt worden sind sie nicht, weil sie noch nicht strafmündig waren. Aber von ihren Eltern sind sie alle in irgendeiner Weise bestraft worden. Und von ihrem schlechten Gewissen, was sie seitdem quält."

„Demnächst sollst du uns aber wieder schönere Geschichten erzählen. Irgendetwas Lustiges, worüber wir lachen können", forderte Emma, und ihr Bruder nickte zustimmend.

„Versprochen", sagte der Großvater.

Als die Mutter nach dem Abendessen die Kinder zu Bett gebracht hatte, suchte sie das Gespräch mit ihrem Vater.

„Was für eine Räuberpistole hast du denn Emma und Ben erzählt? Von einem Jungen, der von seinen Spielkameraden im Schnee eingegraben worden und daraufhin erfroren ist? Die beiden waren total verstört. Ich glaube, gut einschlafen können sie jetzt nicht. Und Ben hat mich ein paar Mal gefragt, ob die Geschichte wahr ist."

„Sie ist wahr. Wenn die beiden nicht einschlafen können, tut mir das leid. Aber als sie unbedingt eine Geschichte von mir erzählt haben wollten, musste ich unwillkürlich an jene Begebenheit denken, weil jener Winter genau so klirrend kalt gewesen ist und es ebenso heftig geschneit hatte. Und irgendwie musste ich mir das alles auch einmal von der Seele reden. Denn einer der Jungen, die ihren Kameraden auf der Waldlichtung im Schnee eingegraben und dann im Stich gelassen haben, war ich."

Seine Tochter schlug die Hände vor ihr Gesicht.

„Mein Gott, o mein Gott", stammelte sie fassungslos. „Hat Mama das gewusst?"

„Nein, ich habe es ihr nicht erzählt. Ich konnte es nicht. Und meine Eltern haben mich, als sie die Wahrheit erfahren hatten, fast ein halbes Jahr keines Blickes mehr gewürdigt. Von Prügeln und Stubenarrest ganz zu schweigen. Aber nachdem wir aus unserem Heimatdorf weggezogen sind, haben sie nie wieder ein Wort über dieses schreckliche Geschehen verloren. Niemandem gegenüber, auch nicht deiner Mutter."

Seiner Tochter liefen Tränen über die Wangen.

„Es ist so furchtbar, Papa." Halt suchend griff sie nach seiner Hand.

„Du kannst mir glauben, dass mich die Erinnerungen nie losgelassen haben. Gewissensqualen können grausam sein – und Strafe genug. Lebenslang."

Er blickte zum Fenster hinaus. Nur einzelne Schneeflocken fielen noch vom Himmel.

Im Zoo

Sein Blick ist vom Vorübergehn der Stäbe
so müd geworden, daß er nichts mehr hält.

Genau so wie Rilke seinerzeit den Panther im Pariser Jardin des Plantes aus der Außenansicht des Beobachters wahrgenommen hatte, fühlte er sich nun.

Seine eigenen Empfindungen beruhten auf der Innenansicht. Er war zwar kein Panther, aber er wurde in einem Käfig gehalten und täglich von Schaulustigen begafft. Und im Gegensatz zu Rilkes Panther war ihm sehr wohl bewusst, dass es hinter den Stäben eine Welt gab. Doch es war nicht mehr seine Welt. Er ging in den hintersten Winkel des Käfigs und legte sich auf die schmutzige Decke, die über eine Holzpritsche gebreitet war. Er schloss die Augen, um sich ein Bild von der Welt zu machen. Es war ein selbstquälerisches Ritual, aber er konnte nicht anders. Jeden Tag aufs Neue tauchte er tief in seine Erinnerungen ein und ließ die Welt an sich vorüberziehen. Da er in der Ecke den Blicken der Besucher weitgehend entzogen war, gab es enttäuschte Ausrufe wie „Schade, dass man ihn jetzt kaum noch sieht!“ oder „Hoffentlich kommt er bald wieder nach vorne!“

Manche versuchten, ihn mit aggressiven Sprüchen hochzuscheuchen oder warfen gar kleine Steinchen nach ihm, obwohl das ein Schild an der Käfigwand strengstens untersagte.

Er ließ sich von derlei flegelhaftem Verhalten nicht provozieren. Wenn die Gaffer schon das Privileg genossen, sich ungehindert in der Außenwelt bewegen zu dürfen, sollten sie ihm wenigstens die Erinnerung hieran zugestehen. Diese Freiheit nahm er sich – die einzige, die ihm verblieben war.

Diese Form der Freiheitsstrafe gab es noch nicht lange. Nachdem die Haltung vieler exotischer Tiere als nicht artgerecht stark in Verruf geraten war und Tierparks und zoologische Gärten entsprechende Konsequenzen gezogen hatten, war man auf die Idee gekommen, die frei werdenden Käfige für die Inhaftierung von Strafgefangenen zu nutzen.

Natürlich hatte es zunächst einen riesigen Aufschrei der Empörung gegeben. Menschenrechtsorganisationen hatten protestiert und auf die Unantastbarkeit der menschlichen Würde hingewiesen, Verfassungsjuristen und Strafrechtler dicke Gutachten verfasst. In der politischen Diskussion waren alle Für und Wider erörtert worden. Die Befürworter hatten vor allem hervorgehoben, dass die „Zoois" nicht weggesperrt würden, sondern in ständigem Kontakt zur Außenwelt blieben – zumindest in Sichtkontakt. Dies erleichtere ihnen ihre spätere Wiedereingliederung in die Gesellschaft. Darüber hinaus habe die öffentliche Zurschaustellung eine kathartische Wirkung auf die Käfiginsassen, rufe sie in ihnen doch Scham und Reue hervor. Nicht zuletzt knüpfe diese Form des Strafvollzugs an alte Traditionen an. In diesem Zusammenhang erinnerten sie daran, dass Menschen im Mittelalter an den Pranger gestellt worden seien.

Schließlich hatten sich die Argumente für die Käfighaltung von Strafgefangenen in der politischen Diskussion durchgesetzt und waren in Gesetzesform gegossen worden. Es gab allerdings noch viele offene Fragen, mit denen sich die Gerichte in jedem Einzelfall auseinandersetzen mussten. Während Kritiker die schlechte handwerkliche Qualität des Gesetzes bemängelten, wies der Justizminister darauf hin, dass solche Anlaufschwierigkeiten normal seien, wenn man juristisches Neuland betrete. Jedenfalls gab es mittlerweile in fast allen größeren Zoos, verteilt zwischen den Gehegen, liebevoll gestalteten Außenanlagen, Volieren und ähnlichen Tierunterkünften, einzelne Käfige, in denen Menschen gehalten wurden, um ihre Strafe abzubüßen. Allerdings standen sie in solchem Abstand voneinander, dass eine Verständigung zwischen den Gefangenen nicht möglich war.

Irgendwann kreisten seine Gedanken unweigerlich, in schmerzhaften Wiederholungen, um den einen Punkt: Was hatte ihn bloß hierher gebracht?

Alles hatte so idyllisch angefangen. Ein blauer, wolkenloser Himmel, duftendes Gras und unten im Tal eine Ortschaft, die von ihrer Warte aus ohne jede Sünde zu sein schien. Charlotte und er hatten eine Decke ausgebreitet und genossen den strahlenden Sommertag. Einige Obstbäume boten ausreichenden Schutz gegen die Sonne.

„Ein perfekter Tag", sagte Charlotte und schmiegte sich an ihn.

„Wenn nur die Mücken nicht wären", erwiderte er, indem er einen der kleinen Blutsauger an seinem rechten Bein erschlug.

„Ach, die stören doch nicht", entgegnete sie.

„Du hast gut reden, dich scheinen sie auch zu verschonen, im Gegensatz zu mir." Und wieder erschlug er eine Mücke, dieses Mal an seinem linken Unterarm.

Er blickte zu seiner Freundin hinüber.

„Sollen wir uns nicht einen anderen Platz suchen?"

Charlotte erwiderte träumerisch: „Ich finde es hier wirklich schön" und lächelte ihn an, so dass ihre blendend weißen, makellosen Zähne sichtbar wurden. Ein Sonnenstrahl brach sich auf ihrem Gebiss. In diesem Augenblick hatte er das Gefühl, als wüchsen ihre Eckzähne zu langen, spitzen Dolchen heran. Er konnte sich gegen die Assoziation, Charlotte habe sich in einen blutsaugenden Vampir verwandelt, nicht wehren. Jeder Mückenstich schien ein Biss von ihr zu sein. Entsetzen packte ihn, die Idylle war dahin.

Aufspringend schrie er: „Ich bleibe nicht hier, bei diesen verdammten Mücken, diesen Blutsaugern, diesen – Vampiren!"

Charlotte lachte. „Jetzt stell dich doch nicht so an. Verdirb uns nicht den Tag."

Doch er war schon auf dem Weg zu dem schmalen

Trampelpfad, der sich beinahe unsichtbar die Wiese hinab zur Ortschaft schlängelte. Als er sich umdrehte, nahm er Charlottes erstauntes Gesicht wahr, die offensichtlich nicht glauben konnte, dass er ging.

Als er in der Ortschaft angelangt war, stieß er auf zwei junge Männer, die auf dem Rand eines Brunnens saßen, Bier tranken und grölten. Einer von ihnen stand auf und torkelte auf ihn zu, fiel jedoch plötzlich um. Fluchend erhob er sich, um zu seinem Kumpel zurückzuwanken.

Am Ende einer schmalen Gasse waren zwei Autos geparkt. Das erste war leer, während im zweiten durch die beschlagenen Scheiben schemenhaft die Umrisse zweier Personen auf dem Rücksitz zu erkennen waren. Heftiges Stöhnen drang aus dem Wageninneren.

Wenig später, er hatte sich erschöpft auf eine Bank in einer kleinen Grünanlage gesetzt, fragte ihn eine Frau, ob noch ein Platz frei sei. Er wollte eigentlich allein sein, um mit sich ins Reine zu kommen. Andererseits ließ sich schwerlich behaupten, dass die Bank mit einer einzelnen Person bereits besetzt sei. Zumal das auch nichts genutzt hätte, denn die Frau hatte sich bereits neben ihm niedergelassen. Sie war stark geschminkt und roch nach billigem Parfüm. Ihr weiter Kleidausschnitt konnte die vorhandene Fülle kaum bändigen.

„Sie kommen nicht von hier, junger Mann", stellte sie apodiktisch fest und musterte ihn ungeniert.

Er rückte ein Stückchen von ihr ab.

„Sie müssen keine Angst vor mir haben, ich tu Ihnen nichts."

Ihre Stimme klang ordinär und stieß ihn ebenso ab wie ihre gesamte Erscheinung.

„Hier lassen sich nur selten Fremde blicken. Obgleich das Dorf doch wirklich schön gelegen ist. Schauen Sie mal, Natur ringsum, soweit das Auge reicht", plapperte sie weiter.

„Übrigens, auch dies ist alles echte Natur", fügte sie hinzu und wies mit einer eindeutigen Geste auf ihren überbordenden Busen. „Man liest heutzutage so viel über Brustvergrößerungen und Silikonimplantate. Ich danke dem lieben Gott, dass er mich von Natur aus so üppig ausgestattet hat. Die meisten Männer stehen nämlich auf XXL. Sie auch?"

Erneut blickte sie ihn herausfordernd an. Ihre Augen funkelten vor Geilheit.

Angewidert wandte er sich ab.

Das schien sie jedoch nicht im Geringsten zu entmutigen.

„Sie sind wohl einer von der schüchternen Sorte. Auch die habe ich schon zur Genüge kennengelernt. Wenn die sich erst mal richtig warmgelaufen haben, sind sie die Schlimmsten. Was die für perverse Fantasien haben, geht auf keine Kuhhaut. Ich könnte Ihnen Geschichten erzählen, da bekämen Sie rote Ohren. Einmal wünschte sich doch glatt ein Typ, ich …"

Er war aufgestanden, murmelte „Ihnen noch einen schönen Tag" und ging rasch weiter. Ihr vulgäres Lachen dröhnte ihm noch lange in den Ohren.

In der Kirche, die er passierte, wollte er zur Ruhe kommen und innere Einkehr halten. Doch nachdem er die schwere Kirchentür geöffnet hatte, gewahrte er eine Trauergemeinde. Neben dem Altar war ein brauner Holzsarg aufgebahrt, auf dessen Deckel ein Foto der Verstorbenen lag.

Er machte auf dem Absatz kehrt und schloss die Tür leise hinter sich. Eine merkwürdige Unruhe hatte ihn erfasst. Zwar hatte er lediglich einen flüchtigen Blick auf das Foto geworfen, doch sogleich war ihm durch den Kopf gezuckt: Charlotte. Dabei hätte er nicht einmal behaupten können, dass das Porträt der Verstorbenen überhaupt irgendeine Ähnlichkeit mit seiner Freundin aufwies.

Erfüllt von bösen Vorahnungen, lief er durch die Straßen dieses grauenvollen Ortes, um den Wiesenpfad hinaufzueilen, dorthin, wo er Charlotte vor mehr als einer Stunde zurückgelassen hatte.

Würde sie noch da sein? Er hielt es nicht für besonders wahrscheinlich. Doch als er sich den Obstbäumen näherte, sah er die bunte Decke. Charlotte lag entspannt neben dem Picknickkorb. In seine Erleichterung mischte sich die Befürchtung, dass es nun zu einer heftigen Szene kommen könnte, weil er einfach davongelaufen war. Deshalb schlich er sich vorsichtig an.

Als er die Decke erreicht hatte, sagte er kleinlaut: „Da bin ich wieder."

Charlotte reagierte nicht.

„Bist du sehr sauer auf mich?", fragte er und beugte sich über sie. Da erkannte er, dass sie nicht entspannt auf der Decke lag, sondern tot. Würgemale am Hals deuteten darauf hin, dass sie keines natürlichen Todes gestorben war.

Daraufhin musste er für längere Zeit das Bewusstsein verloren haben, denn als er wieder zu sich kam, befand er sich im festen Griff eines Polizeibeamten, der ihn von der Decke hochzerrte.

Der Strafprozess war ein reiner Indizienprozess. Tatzeugen gab es keine. Seinen Beteuerungen, dass er sich in dem Dorf aufgehalten und seine Freundin bei seiner Rückkehr tot aufgefunden habe, schenkte man keinen Glauben. Zumal man auch die beiden Burschen vom Brunnen und die Frau aus der Grünanlage nicht ermitteln konnte. Die Beerdigung ließ sich zwar nachprüfen, dies vermochte ihn jedoch nicht zu entlasten. Am Ende stand zur Überzeugung des Gerichts fest, dass er seine Freundin getötet habe.

Als er die Augen öffnete, erblickte er eine junge Frau, die angestrengt nach dem Käfiginsassen Ausschau hielt. Er erhob sich, durchmaß den Käfig mit raschen Schritten und stellte sich dicht an die Gitterstäbe, der jungen Frau direkt gegenüber. Er sah in ihr Gesicht und rief: „Charlotte!"

Die Frau wich erschrocken zurück und drückte sich

an ihren Begleiter, der schützend den Arm um sie legte.

„Komm, lass uns weitergehen“, sprach er beschwichtigend auf sie ein. „Mit den Gefangenen zu reden, ist ohnehin verboten.“

Weihnachtsfeier

Wenn es einer Vorstellung meiner Person bedarf, so möchte ich die möglichst knapp halten, ist sie für den Leser dieser Zeilen doch von allenfalls untergeordneter Bedeutung.

Meinen Namen lassen wir einmal dahingestellt, Namen sind schließlich nicht mehr als Schall und Rauch. Im Übrigen bin ich auch keine Person der Zeitgeschichte, so dass meine Identität keine große Rolle spielen dürfte.

Es mag reichen, dass ich männlich bin, 47 Jahre alt und Chef eines Familienbetriebes, den ich mittlerweile in dritter Generation leite. Recht erfolgreich, um es ganz bescheiden auszudrücken.

Wobei ich mit „bescheiden" einen Schlüsselbegriff meiner Lebensphilosophie genannt habe.

Um einen Familienbetrieb erfolgreich führen zu können, bedarf es mehrerer Tugenden, von denen Bescheidenheit nicht die unwesentlichste ist. Selbstverständlich schließen sich Bescheidenheit in der persönlichen Lebensführung und Durchsetzungsvermögen in geschäftlichen Dingen nicht aus, im Gegenteil, sie ergänzen sich. Einer gesunden Härte, insbesondere im Umgang mit Geschäftspartnern und Konkurrenten, bedarf es, um sich am Markt behaupten zu können. Geht dies jedoch nicht mit einer bescheidenen Lebensart einher, wird man früher oder später sein wirtschaftliches Waterloo erleben oder hilflos im Netz der Finanzhaie zappeln. Meine oberste Devise ist, dass es dem Betrieb gut geht. Das Wohlergehen des Betriebsinhabers steht erst an zweiter Stelle.

Demgemäß ist mein Prestigeobjekt mein Betrieb, nicht zur Schau gestellter Reichtum, protziges Gehabe oder ein ausschweifender Lebenswandel. Das habe ich so von meinem Vater übernommen und der von seinem Vater. Familientradition aus Erfahrung, gewissermaßen.

Nach diesem kleinen Exkurs möchte ich Ihnen noch einen weiteren Schlüsselbegriff meiner Lebensphilosophie verraten: Planung. Ich bin der Überzeugung, dass man jeden wichtigen Schritt im Leben sorgfältig planen soll.

Ich weiß, es gibt auch Anhänger der Chaostheorie, Genießer des Spontanen, Freunde des Unvorhersehbaren und Surfer auf den Wellen des Zufalls. Mögen aleatorische Verfahren in der Kunst ihre Berechtigung haben, im realen Leben stehe ich ihnen skeptisch gegenüber. Und als seriöser Geschäftsmann erst recht.

Wichtig für einen Betrieb ist zweifellos ein vernünftiges Betriebsklima. Es muss nicht immer eitel Sonnenschein herrschen, aber jeder sollte gerne zur Arbeit kommen. Entscheidend hierfür ist nicht nur eine angemessene Bezahlung, sondern ein fairer Umgang miteinander, Wertschätzung, Respekt. Ich habe es immer als meine vornehmste Aufgabe betrachtet, stets ein offenes Ohr für die Nöte und Sorgen meiner Mitarbeiter zu haben, berechtigte Kritik von ihnen als Denkanstöße zu nehmen, Kritik an ihnen maßvoll zu äußern und mit Lob und Anerkennung nicht zu sparen. Sind motivierte Mitarbeiter doch das wichtigste Kapital eines Betriebs.

Auch gemeinsame Feiern gehören zur Betriebskultur. Als passende Gelegenheit bietet sich gegen Jahresende eine Weihnachtsfeier an. Diese dient nicht nur der Einstimmung auf das bevorstehende Fest, sie gibt mir gleichzeitig die Möglichkeit zu einem Jahresrückblick, zur Auszeichnung besonders verdienter Mitarbeiter und zu vielen persönlichen Gesprächen.

Die diesjährige Weihnachtsfeier machte da keine Ausnahme. Der große Besprechungsraum war festlich geschmückt, in der Mitte stand ein schön gewachsener Weihnachtsbaum mit Lichterketten, bunten Kugeln und Lametta. Nachmittags gab es Kaffee, Tee, Kuchen und Gebäck und am Abend ein schmackhaftes Büfett, dazu Wein, Bier und alkoholfreie Getränke. Zwischen Kaffeetrinken und Abendessen war ein kleines Unterhaltungsprogramm vorgesehen. Zu Beginn dieses Programms hielt ich meine Rede.

Zunächst bedankte ich mich bei der Belegschaft für die gute Arbeit, die sie das gesamte Jahr über geleistet hatte.

„Dass dieses Lob kein bloßes Gerede ist, keine hohle Phrasendrescherei“, fuhr ich fort, „belegen die Zahlen, die ich Ihnen nun – in aller Kürze – präsentieren möchte und die die überaus positive Entwicklung unseres Betriebs auf eindrucksvolle Weise verdeutlichen.“

In einem zehnminütigen PowerPoint-Vortrag führte ich den statistischen Beweis meiner Behauptung. Im Anschluss hieran erwähnte ich die Highlights, die das Jahr gebracht hatte, Jubiläen, Hochzeiten, Geburten etc., für die es kleine Präsente gab.

„Nun erlauben Sie mir bitte noch ein paar persönliche Worte in eigener Sache.“

Ich blickte in erwartungsvolle Mienen der Anwesenden.

„Sie sind es gewohnt, dass meine Frau an unserer Weihnachtsfeier teilnimmt, wenn sie es zeitlich irgendwie einrichten kann. Deswegen dürfte es Sie nicht erstaunt haben, dass sie uns auch heute die Ehre gibt.“

Ich wies mit dem Kopf in Richtung des Tisches, an dem meine Frau saß. Höfliches, dezentes Klatschen der Belegschaft war die Folge. Ich konnte den irritierten Gesichtsausdruck meiner Frau deutlich erkennen.

„Ich möchte unsere diesjährige Weihnachtsfeier zum Anlass nehmen, einmal ganz offen und öffentlich in diesem Kreis das nachzuholen, was ich in der Vergangenheit sträflicherweise verabsäumt habe, nämlich mich bei meiner Frau dafür zu bedanken, dass sie mich immer – wenn auch meistens hinter den Kulissen – tatkräftig unterstützt hat. Dass sie mir häufig den Rücken von privaten Verpflichtungen freigehalten hat, damit ich mich ganz und gar dem Betrieb widmen konnte. Dass sie auf manchen gemeinsamen Abend mit mir, selbst auf manchen Urlaub, verzichtet hat, weil die betrieblichen Anforderungen und Notwendigkeiten im Vordergrund gestanden haben. Kurz, dass sie mir stets verständnisvoll, unter Zurückstellung eigener Belange, zur Seite gestanden hat. Das wollte ich an dieser Stelle einmal loswerden."

Ich verließ das Rednerpult und ging unter dem donnernden Applaus der Mitarbeiter mit einem Strauß roter Rosen zu meiner Frau. Deren Wangen glühten beinah ebenso rot wie die Blumen. Ich hatte sie mit meiner Laudatio vollkommen überrascht. Ich drückte ihr einen Kuss auf die Wange und den Blumenstrauß in die Hand.

„Du hättest mich wenigstens vorwarnen können", flüsterte sie mir zu.

„Dann hättest du es mir mit Sicherheit untersagt", flüsterte ich lächelnd zurück.

Ich kehrte zum Rednerpult zurück, um meine Ansprache zu beenden.

„Abschließend möchte ich mich noch einmal ganz herzlich für die Einsatzbereitschaft jedes einzelnen von Ihnen bedanken und wünsche Ihnen und Ihren Familien besinnliche und erholsame Feiertage."

Es wurde noch ein sehr gemütlicher, stimmungsvoller Abend. So wie jedes Jahr.

Zwei Tage nach der Weihnachtsfeier habe ich meine Frau vermisst gemeldet.

Der Polizist versuchte zunächst den üblichen Trost.

„Warten Sie erst einmal ab. Viele Vermisste tauchen nach ein paar Tagen wieder auf."

„Sie wollen doch nicht sagen, dass meine Frau kurz vor Weihnachten einfach verschwindet – freiwillig, meine ich?"

„Auch das kommt vor", entgegnete er.

Ich schüttelte verzweifelt den Kopf. „Das glaube ich nicht. Sie hätte keinen Grund gehabt."

Obwohl ich es besser wusste.

Unsere Ehe war schon seit langem zerrüttet. Ausgehöhlt, ist vielleicht der treffendere Ausdruck. Denn die Fassade stand ja noch. Und zwar so perfekt, dass jeder Außenstehende, selbst Freunde, uns für ein glückliches Paar hielten.

Erst kürzlich hatte ein guter Bekannter geäußert: „Ich beneide euch. Ihr strahlt auch nach über zwanzig Jahren Ehe immer noch so viel Harmonie aus. Ringsumher, wohin man schaut, gehen Ehen in die Brüche, doch euch scheint nichts erschüttern zu können."

Wir hatten unser bestätigendes Lächeln aufgesetzt, was den Eindruck der harmonischen Beziehung noch verstärkte.

Tatsächlich hatten wir uns nicht mehr viel zu sagen. Mein Lebensinhalt war der Betrieb, meine Frau ging ihre eigenen Wege. Manchmal waren es auch Abwege, wie ich hin und wieder, durch Zufall, erfuhr. Sprach ich sie auf eine ihrer Affären an, stritt sie sie nicht ab. Immerhin war sie sehr diskret und setzte alles daran, den schönen Schein einer heilen Ehewelt aufrecht zu erhalten.

Einen Grund, mich zu verlassen, hätte es also durchaus gegeben.

Aber ich wusste es besser.

Sie hatte mich nicht verlassen, nicht freiwillig.

Ich hatte sie verstoßen, sozusagen. Auf eine radikale, endgültige Art. Weil das Zusammenleben mit ihr, die ständige Heuchelei, mir allmählich unerträglich geworden war. Außerdem wollte ich den Betrieb vor ihr schützen. Denn im Gegensatz zu mir war sie absolut nicht bescheiden in ihrer Lebensführung. Und dieses Luxusweib-Gehabe empfand ich zunehmend als Bedrohung für den Betrieb. Deswegen hatte ich sorgfältig den nächsten wichtigen Schritt in meinem Leben geplant. Ein Baustein hierzu war die kleine Lobrede auf der Weihnachtsfeier gewesen. So gab es viele Menschen, die das liebevolle, fürsorgliche Verhalten ihres Chefs zu seiner Frau bezeugen könnten. Und die voller Anteilnahme den Schicksalsschlag für ihren Chef beklagen würden. Und ich wäre über jeden Verdacht erhaben, etwas mit dem Verschwinden meiner Frau zu tun zu haben.

Soweit mein Plan. Ob er aufgehen wird, wer weiß? Morgen ist Weihnachten. Ich hoffe, das Fest wird auch für mich besinnlich und erholsam werden.

Der Tag des Zitronenfalters

„Kennst du den Unterschied zwischen einem Zitronenfalter und einem Abteilungsleiter?“, fragt sie mich unvermittelt und schaut mich dabei erwartungsvoll an.

„Was soll das?“, erwidere ich irritiert, weil ich nicht weiß, worauf sie mit dieser Frage abzielt. Außerdem habe ich nicht die geringste Lust, mir über Schmetterlinge Gedanken zu machen – noch weniger über Abteilungsleiter. Es ist einer jener wundervollen Frühlingswochenendtage, die einen mit unwiderstehlicher Macht nach draußen locken. Wir sitzen auf einer Decke am Rande eines blühenden, intensiv leuchtenden Rapsfeldes, haben den Picknickkorb neben uns gestellt und genießen die Sonne, die von einem wolkenlosen Himmel herab scheint. Meine Freundin trägt ihr gelbes Strandkleid. Das habe ich mir so gewünscht. Nicht, weil mir das Kleid besonders gut gefällt, sondern weil es sich besonders schnell ausziehen lässt. Ginge es nach mir, hätte sie es schon nicht mehr an. Aber aus einem für mich unerfindlichen Grund hat sie darauf bestanden, erst zu picknicken.

„Das Dessert bekommst du nachher“, hat sie meine Versuche abgeblockt. „Aber können wir nicht mit einer Vorspeise beginnen?“, habe ich mit unverhohlener Enttäuschung gefragt. Sie hat lediglich den Kopf geschüttelt und auf den Picknickkorb gezeigt.

Und nun diese unsinnige Frage. Natürlich ist mir klar, dass es sich um eine Scherzfrage handelt, aber ich bin durch ihre Zurückweisung verstimmt. Deshalb ist mir nach Scherzen nicht mehr zumute.

„Was soll denn diese blödsinnige Frage?“, bläffe ich.

Sie überhört meine Bemerkung.

„Also, wenn du es nicht weißt, sag ich es dir: Es gibt gar keinen. Ein Zitronenfalter heißt auch nicht so, weil er Zitronen faltet. – Gut, nicht wahr?“

„Einfach grandios“, höhne ich. „Wirklich ein toller

Witz. Habe selten so gelacht." Auch jetzt nimmt sie meinen übellaunigen Kommentar nicht zur Kenntnis.

„Den hat mir Sascha erzählt", flötet sie. „Ich find ihn klasse."

„Wen findest du klasse? Sascha?", brumme ich, und dieses Mal will ich einen Scherz machen. Doch aus irgendeinem verfluchten Grund funktioniert es nicht. Sie sieht mich stumm an, ohne ihre Lippen auch nur ansatzweise zu einem Lächeln zu verziehen. Und mit einem Mal merke ich, wie sich tief in meinem Schädel ein Schalter umlegt. Und so sehr ich mich bemühe, die Einflüsterungen meiner inneren Stimmen zu ignorieren, sind sie doch da und lassen sich nicht mehr verscheuchen. Lauter kleine, bösartige Teufel, die mich herausfordernd angrinsen und sich demonstrativ an ihre Hörner fassen. Ich bekomme einen trockenen Mund, etwas schnürt mir die Kehle zu.

„Also, du findest diesen Sascha klasse?", frage ich. Es soll lässig klingen, doch ich würge die Wörter mit tonloser Stimme wie unverdauliche Essensbrocken aus mir heraus. Sascha ist einer ihrer Arbeitskollegen, von dem sie ab und zu mal erzählt hat. Alles hat immer völlig harmlos geklungen, und nie hat sich in mir auch nur der Hauch eines Verdachts geregt. Besteht tatsächlich Anlass dazu, das dieses Mal anders zu sehen? Es ist doch eine völlig harmlose Geschichte, wenn jemand seiner Arbeitskollegin eine völlig harmlose Scherzfrage stellt. Aber diese nüchternen Überlegungen lässt der verdammte Dämon in mir nicht zu – er will einfach nicht aufhören mit seinen quälenden Einflüsterungen.

„Los, antworte schon!", stoße ich mühsam hervor.

„Spinnst du? Was ist denn in dich gefahren?"

Ihr Blick drückt maßloses Erstaunen aus, Unverständnis, aber keinen Ärger. Sie legt besänftigend ihren Arm um meine Schultern.

„Was hast du?"

Könnte ich ihr erklären, welche Teufel in mich gefahren sind? Ich gebe keine Antwort, sondern befreie mich mit einem Ruck aus ihrer Umarmung.

„Raus mit der Sprache: Was ist mit diesem Sascha? Was läuft zwischen euch?“, schreie ich sie an.

Sie rückt leicht zur Seite.

„Jetzt beruhige dich doch. Ich weiß gar nicht, was du willst. – Das Ganze meinst du doch hoffentlich nicht ernst?“

Jetzt schwingt ein wenig Ärger in ihrer Stimme mit – oder ist es nicht vielmehr Ausdruck eines schlechten Gewissens, was ich da als Unterton heraushören kann? Die Teufel in mir hämmern und pochen gegen meine Schläfen. Ihre Hörner halten sie triumphierend mit beiden Fäusten umfasst. Drohend baue ich mich vor meiner Freundin auf.

„Na, wird`s bald?“, brülle ich hysterisch.

„Komm zu dir. Du machst mir Angst. Ich verstehe allmählich gar nichts mehr.“

„Du verstehst allmählich gar nichts mehr? Das ist ja furchtbar traurig. Dafür verstehe ich mittlerweile umso mehr“, rufe ich völlig außer mir.

Ich greife nach dem Reißverschluss ihres Kleides und reiß an ihm, in einer Mischung aus hilfloser Wut und unbändigem Verlangen. Aber nun wehrt sie sich. Wehrt sich mit Händen und Füßen, wie eine in Panik geratene Ertrinkende.

„Du bist ja völlig durchgeknallt!“, schleudert sie mir entgegen und fährt mit den Fingernägeln ihrer rechten Hand über mein Gesicht, blutige Striemen hinterlassend.

Als sie mir einen Tritt in den Unterleib versetzt, werfe ich mich auf sie und packe ihren Hals. Mit aller Kraft drücke ich zu, denke nichts, fühle nichts, will nur immer weiter zudrücken. Und dann liegt sie reglos vor mir auf der Decke. Der Reißverschluss ihres Kleides halb geöffnet. Ich schiebe meine Hände behutsam unter ihre Achseln, hebe ihren Oberkörper leicht an und ziehe sie in das Rapsfeld, wo die gelben Blüten mit der Farbe ihres

Kleides verschmelzen und ihr Schutz vor zudringlichen Blicken geben. Plötzlich ist alles um mich herum gelb, die Sonne scheint zu explodieren und verwandelt sich in einen riesigen Zitronenfalter.

Nordlandreise

Nach der Einschiffung an Bord der „MS Albatros“ und den üblichen Formalitäten wie Tischplatzreservierung, Sektempfang und Rettungsübung verabschiedete sich das Schiff um 19.00 Uhr von Bremerhaven. Ich hatte mich schon seit langem auf diese Nordlandreise gefreut, die über die Färöer Inseln und Island durch das Nordpolarmeer nach Spitzbergen und von dort wieder südwärts zum Nordkap und dann entlang der norwegischen Westküste zurück nach Bremerhaven führen sollte.

Beim ersten Abendessen an Bord im Restaurant „Pelikan“ lernte ich meine Tischnachbarn kennen. Es handelte sich um vier Ehepaare im Alter von schätzungsweise fünfundvierzig bis Ende siebzig, allesamt ganz nette Leute, mit denen man sich gut unterhalten konnte. Dass ich mit meinen 37 Jahren der Jüngste in dieser Runde war, störte mich nicht im Geringsten, denn ich unternahm diese Reise ausschließlich aus Interesse an den Reisezielen, nicht um dauerhafte Bekanntschaften zu knüpfen.

Der nächste Tag war ein reiner Seetag. Als ich mich nachmittags an der Reling von Deck 7 aufhielt und durch mein Fernglas über den Ozean blickte, sagte jemand: „Wenn man hier steht, könnte man wirklich meinen, die Welt sei eine Scheibe, finden Sie nicht?“

Ich setzte mein Fernglas ab. Neben mir stand ein Mann, vielleicht Anfang fünfzig. Die schmalen goldfarbenen Bügel seiner randlosen Brille, der gepflegte schwarze Bart und die feingeschnittenen Gesichtszüge verliehen ihm ein vornehmes, aristokratisches Aussehen. Seine Stimme hatte einen angenehm-sonoren Klang.

Noch ehe ich auf seine Bemerkung etwas erwidern konnte, fuhr er fort: „Egal, auf welcher Seite des Schiffes man sich befindet, stets beschreibt die Linie des Horizonts einen Bogen, als handele es sich um den Ausschnitt eines Tellerrandes. Dreht man sich um 360 Grad, schließt sich der Kreis."

„Sie haben recht", räumte ich ein, verwundert über eine derartige Gesprächseröffnung.

„Aber ich will Sie nicht weiter in Ihren Beobachtungen stören", beendete mein Gegenüber abrupt die Unterhaltung, verbeugte sich leicht und entfernte sich nach achtern.

Einigermaßen verblüfft schaute ich ihm nach.

Am siebten Tag befand sich unser Schiff auf dem Weg von Island nach Spitzbergen.

Wir hatten den Polarkreis überquert und waren in schwere See geraten. Bei einer Wind- und Seestärke von 9 bis 10 hatte der Kapitän den Kurs in östlicher Richtung geändert, so dass wir nicht an der Inselgruppe Jan Mayen vorbeifuhren, wie ursprünglich geplant. Sturm und Wellen trotzend, kämpfte sich die „Albatros" in langsamer Fahrt mühsam voran. Der Aufenthalt an den Außendecks war untersagt.

Während viele Passagiere es vorgezogen hatten, in ihren Kabinen zu bleiben, drängten sich die übrigen in den Salons und Aufenthaltsräumen. Auf nicht wenigen Mienen konnte man Besorgnis, wenn nicht gar Angst, lesen. Ich machte auf wackeligen Beinen gerade einen Rundgang durch das Schiff, als ein heftiges Schlingern mich gegen ein Tischchen schleuderte.

„Vorsicht, junger Mann, nicht so stürmisch", hörte ich eine mir bekannte Stimme sagen.

Der „Baron", wie ich meinen Gesprächspartner vom zweiten Tag insgeheim nannte, saß in Begleitung einer hübschen, brünetten Frau just an dem Tisch, gegen den ich gefallen war. „Wollen Sie nicht Platz nehmen und uns ein wenig Gesellschaft leisten?", fragte er und wies auf einen freien Stuhl.

Als ich mit einer Antwort zögerte, ermunterte er mich: „Meine Gattin und ich beißen schon nicht, nicht wahr Hekla?“ Seine Frau ignorierte die Bemerkung ihres Mannes. Stattdessen erkundigte sie sich mitfühlend, ob ich mir wehgetan habe. Dies verneinte ich und fügte hinzu, ich hielte es für das Beste, mich erst einmal in meine Kabine zurückzuziehen.

„Ganz wie Sie wollen“, sagte der „Baron“, während seine Frau mich mit einem verstehenden Lächeln bedachte.

In meiner Kabine setzte ich mich in den kleinen Sessel und schaltete den Fernseher ein. Doch statt auf das Programm zu achten, dachte ich über die Begegnung mit dem „Baron“ und seiner Frau mit dem ungewöhnlichen Namen „Hekla“ nach.

Während des Aufenthaltes der „Albatros“ im Hafen von Reykjavík am fünften Tag der Reise hatte ich einen Ausflug zum Eyjafjallajökull gebucht, jenem Vulkan, der 2010 einen Großteil des europäischen Flugverkehrs lahmgelegt hatte. Auf dem Weg dorthin hatten wir vom Bus aus auch den Vulkan Hekla gesehen, der als einer der aktivsten Vulkane Islands gilt.

Bei wolkenlosem blauem Himmel und herrlichem Sonnenschein fuhren wir am neunten Tag in den Magdalenenfjord an der Nordwestspitze von Spitzbergen ein, dem nördlichsten Punkt der Reise. Als das Schiff am Ende der Bucht angelangt war, standen Trauben von Passagieren am Bug auf den Außendecks, um das beeindruckende Panorama zu bestaunen und zu fotografieren: Die mit weißen Schneehauben verzierten Berge und, vor allem, den imposanten Gletscher Waggonwaybreen mit seiner spektakulären Abbruchkante.

Ich war gerade im Begriff, mit meiner Digitalkamera in der rechten Hand an der Steuerbordseite von Deck 7 nach vorne zu hasten, um mich ebenfalls in das Getümmel zu stürzen, als mir der „Baron“ entgegenkam. Ich wollte mit einem flüchtigen Gruß an ihm vorübereilen, doch jovial packte er mich am linken Arm, als seien wir alte Bekannte.

„Nett, Ihnen hier zu begegnen“, sprach er mich an. „Man hat ja das Gefühl, alle Welt steht am Bug und fotografiert. Sehen Sie sich nur einmal das Gewimmel an. Schlimmer als am Büfett.“

Er musterte mich aus seinen grau-grünen Augen mit einem durchdringenden, beinahe stechenden Blick, während ein leicht spöttisches Lächeln seine schmalen Lippen umspielte.

Verstohlen hielt ich die Kamera hinter meinem Rücken verborgen.

„Die Menschen können nur noch in Bildern leben, sie sind geradezu süchtig nach Bildern“, führte er in dozierendem Tonfall aus. „Sie sind offensichtlich zu fantasielos und nicht in der Lage, Erinnerungen und Eindrücke im Gedächtnis aufzubewahren. Alles muss auf einem Chip gespeichert werden. ´Ich fotografiere, also bin ich`. Das Erleben von Natur wird zur Nebensache, entscheidend ist das Foto. Finden Sie es nicht auch abstoßend, dass sich unsere lieben Mitreisenden da vorne wie ein Rudel Wölfe um die Beute um den besten Platz zum Fotografieren balgen?“

Er machte ein zutiefst angewidertes Gesicht.

„Einfach schrecklich, nicht wahr?“

Er sah mich erwartungsvoll an, als bestehe er auf einer Antwort.

„Manchmal kommt mir die Verbissenheit, mit der einige Leute fotografieren, auch etwas übertrieben vor“, bemühte ich mich um eine halbwegs diplomatische Antwort.

„Sie sagen es“, stimmte er hocherfreut zu, „Verbissenheit ist das treffende Wort. Ich habe dieses Verhalten schon häufig beobachtet und mich gefragt, warum sich erwachsene Menschen so benehmen. Haben Sie vielleicht eine Erklärung?“

Wieder verriet sein insistierender Blick, dass er auf einer Antwort bestand.

Ich fühlte mich zunehmend unwohl. Zum einen hätte ich die wundervolle Landschaft selbst gerne fotografiert, zum anderen maß ich dem Thema nicht die Bedeutung bei, die es für meinen Gesprächspartner zu haben schien. Ich zuckte die Schultern.

„So intensiv habe ich hierüber noch nicht nachgedacht. Ich fotografiere ja selber."

Ich zog meine rechte Hand mit der Kamera hinter dem Rücken hervor in der Erwartung, hiermit das mir aufgezwungene Gespräch beenden zu können.

Doch mein Gegenüber lächelte nur. Es war ein mildes, verzeihendes Lächeln, das zum Ausdruck bringen sollte, jeder begehe mal einen Fehler.

„Dagegen ist nichts einzuwenden", sagte er in nachsichtigem Ton. „Hier und da ein Foto, völlig in Ordnung. Was ich kritisiere, ist diese Ausschließlichkeit. Dieses Unbedingte. Die rücksichtslose, nahezu brutale Jagd nach einem Fotomotiv. Das Eigentliche interessiert gar nicht mehr. Weder das Motiv an sich hat einen Wert noch sein Anblick, sondern nur das Foto hiervon. Ich habe es schon erlebt, dass jemand eine seltene Pflanze in der Wüste ausgiebig fotografiert hat. Dann drehte er sich um und zertrat aus Unachtsamkeit die Pflanze, ohne es zu merken. Als ich ihn darauf aufmerksam machte, entgegnete er lapidar: ‚Gut, dass ich meine Aufnahmen im Kasten habe.' – Verstehen Sie nun, was ich meine?"

Er machte eine kurze Pause, die mich zu einer Antwort nötigte.

„Ich denke schon", erwiderte ich.

„Um Ihnen ein anderes Beispiel zu nennen. Eine Gruppe junger Leute kommt auf einer einsamen Landstraße an einem im Straßengraben liegenden Autowrack vorbei. Der Fahrer befindet sich noch im Fahrzeug, blutüberströmt. Statt Erste Hilfe zu leisten oder zumindest einen Krankenwagen zu rufen, machen die jungen Leute ein paar Fotos mit ihren Handys und fahren weiter. Die Fotos stellen sie anschließend ins Internet. Was mit dem

Verunglückten geschah, interessierte sie nicht. Das meine ich mit dieser perversen Sucht, alles fotografieren zu müssen um des Fotos willen. – Aber ich will Sie nicht daran hindern, auch noch zu Ihren Fotos zu kommen."

Wie bei unserer ersten Begegnung verbeugte er sich und ließ mich stehen.

Erst nachdem er außer Sichtweite war, ging ich zum Bug, um ebenfalls einige Fotos zu machen.

Von Spitzbergen ging die Reise zum Nordkap und anschließend an der norwegischen Westküste entlang. Den „Baron" bekam ich nur selten zu Gesicht, und dann war er stets in Begleitung seiner attraktiven Frau Hekla. Er beließ es jeweils bei einem freundlichen, jedoch knappen Grüßen, ohne auch nur im Geringsten den Versuch einer Unterhaltung mit mir zu unternehmen. Ich meinerseits sah ebenfalls keinen Anlass, mich den beiden gesprächsweise aufzudrängen.

„Wahrscheinlich wollen sie unter sich bleiben", vermutete ich.

Am Vormittag des vierzehnten Tages, wir befanden uns auf der Passage von Narvik nach Mo i Rana, stand ich an der Reling von Deck 7 und blickte auf den Ozean, in der Hoffnung, einen Wal oder einen Delphin zu erspähen.

„Darf ich Ihnen ein wenig Gesellschaft leisten?", hörte ich eine Frauenstimme hinter mir fragen. Ich drehte mich um und sah die Ehefrau des „Barons". Sie trug eine dunkle Sonnenbrille.

„Gerne", erwiderte ich. „Die Gesellschaft einer so charmanten Dame …" „Lassen Sie bloß die Schmeicheleien", unterbrach sie mich. „Männer, die mit Komplimenten um sich werfen, erregen mein Misstrauen. Außerdem kennen Sie mich gar nicht und können folglich nicht wissen, ob ich charmant bin."

Nach einer Pause, gerade noch kurz genug, um die Situation nicht peinlich werden zu lassen, fügte sie an: „Mit meinem Mann haben Sie sich ja schon mehrfach nett unterhalten, wie er mir berichtet hat."

„Mehrfach ist ein wenig übertrieben", warf ich ein. „Aber zweimal haben wir tatsächlich bereits ein längeres Gespräch miteinander geführt."

„Das ist ja schön", entgegnete sie und lächelte erneut, aber dieses Mal wirkte ihr Lächeln gequält.

„Ich hoffe, Sie haben diese Unterhaltungen ebenso genossen wie mein Mann."

Sie nahm für einen Augenblick ihre Sonnenbrille ab, setzte sie aber sogleich wieder auf. Der kurze Moment hatte jedoch genügt, um mir ihr blutunterlaufenes rechtes Auge zu zeigen, das durch die Sonnenbrille verdeckt wurde. Mein entsetzter Blick dürfte ihr nicht entgangen sein.

Als wolle sie eine diesbezügliche Bemerkung meinerseits unterbinden, fragte sie rasch: „Und, haben Sie die Unterhaltungen mit meinem Mann genossen?"

Ich antwortete nicht sogleich.

„War er der scharfsinnige, geistreiche Moralist, der nur Verachtung für das ungehörige Verhalten seiner Mitmenschen übrig hat? Der mit unbestechlichem, klarem Verstand analysiert und richtet? – Er genießt nichts mehr als einen geduldigen Zuhörer. Jemanden, in dem er einen Gleichgesinnten vermutet oder den er zumindest in die Rolle eines Gleichgesinnten drängen kann. Sie müssen seiner Erwartung sehr nahe gekommen sein. Sonst hätte er sich nicht so begeistert über die Unterhaltungen mit Ihnen geäußert. Aber bilden Sie sich nur nicht ein, er habe in Ihnen einen adäquaten Gesprächspartner gesehen. Sie waren für ihn lediglich ein willkommenes Publikum."

„Walalarm! Wale steuerbord, zwei Uhr!", dröhnte die Durchsage von der Brücke über die Bordlautsprecher.

Im Nu strömten von allen Seiten Passagiere herbei, bewaffnet mit Ferngläsern und Kameras, um die Meeressäuger zu entdecken.

Das Gespräch mit Hekla nahm hierdurch ein abruptes Ende.

Bei dem Hinweis auf Wale hatte ich mich unwillkürlich der Wasserfläche zugewendet und sie in der angegebenen Richtung bis zum Horizont mit den Augen abgesucht. Als ich mich zwischendurch kurz umdrehte, um Hekla zu bedeuten, dass wir unser Gespräch gleich gerne fortsetzen könnten, war sie bereits verschwunden.

Abends ließ ich in meiner Kabine die Ereignisse des Tages Revue passieren, insbesondere das Gespräch mit Hekla. Es hatte eine leichte Verwirrung in mir ausgelöst.

Obgleich die letzten Sätze – „Aber bilden Sie sich nur nicht ein, er habe in Ihnen einen adäquaten Gesprächspartner gesehen. Sie waren für ihn lediglich ein willkommenes Publikum." – als grobe Unhöflichkeit mir gegenüber hätten aufgefasst werden können, hatte ich es doch nicht so empfunden. Ich hatte vielmehr die Empfindung gehabt, es handele sich um eine wenig schmeichelhafte Charakterisierung ihres Mannes. In diese Richtung waren bereits ihre vorherigen Aussagen zu deuten gewesen.

Ich grübelte darüber nach, warum sie mir das alles gesagt hatte, warum sie mich überhaupt angesprochen hatte.

War es Interesse an meiner Person gewesen?

Wollte sie denjenigen, mit dem sich ihr Mann während der Reise ausgetauscht hatte, einfach etwas näher kennenlernen? Oder war ihr daran gelegen gewesen, das von ihr vermutete Selbstbild, das ihr Mann in den Gesprächen mit mir entworfen hatte, zu revidieren, gar zu zerstören?

Doch in welcher Absicht?

Ein so harmonisches Paar, wie ich bisher vermutet hatte, schienen die beiden jedenfalls nicht zu sein.

Und dann Heklas blutunterlaufenes Auge, das sie mir für einen Augenblick – bewusst? unbeabsichtigt? – zugänglich gemacht hatte.

War sie gestürzt oder rührte es von einer Gewalttätigkeit ihres Mannes her?

Fragen über Fragen, die mir durch den Kopf gingen.

Während die „Albatros“ am fünfzehnten Tag in Kristiansund vor Anker lag, regnete es in Strömen, als schütte die gesamte himmlische Putzkolonne ihre Eimer aus. Ich begnügte mich mit einem kurzen Rundgang durch die Stadt und fand mich recht bald wieder auf dem Schiff ein. Bis zum Abendessen blieb noch reichlich Zeit, deshalb setzte ich mich mit einem Buch in eine Ecke der Atlantik Lounge, in der abends die Shows stattfanden, die aber um diese Zeit kaum frequentiert war.

In mein Buch vertieft, schrak ich auf, als eine mir wohlbekannte Stimme sagte: „Es freut mich, Sie hier anzutreffen. Ich hoffe, ich störe Sie nicht zu sehr in Ihrer Lektüre.“

Dies war mehr als Aussage denn als Frage vorgebracht. Der „Baron“ stand vor mir und blickte auf mich herab.

Autor und Titel des Buches, das ich mittlerweile zugeklappt hatte, schienen seine Billigung zu finden, denn er erklärte umgehend: „Sie sind einer der wenigen Menschen auf diesem Schiff, den ich bei einer vernünftigen Buchlektüre antreffe. Die meisten lesen belangloses Zeugs, um sich zu zerstreuen. Das scheint bei unseren lieben Mitpassagieren sowieso an erster Stelle zu stehen – Unterhaltung, Zerstreuung, Entertainment. Das Bedürfnis, rund um die Uhr bespaßt zu werden, sei es durch Sport, Spiele, Filme, Vorträge, Fitnesskurse oder Abendshows. Das Schlimmste, was den Leuten passieren kann, ist offenbar, sich selbst überlassen zu werden. Da entsteht plötzlich eine innere Leere, die sie nicht ausfüllen können. Sehen Sie das nicht auch so?“

Ich antwortete nicht, weil ich wusste, dass das für den mir zugewiesenen Part als geduldiger Zuhörer nicht erforderlich war. Allerdings erhob ich mich von meinem Sitz, weil es mir unerträglich geworden war, von dem

„Baron“ von oben herab betrachtet zu werden. Zumindest körperlich wollte ich auf Augenhöhe sein.

„Wahrscheinlich gibt es nicht wenige Menschen auf diesem Schiff und auf allen Kreuzfahrtschiffen dieser Welt“, fuhr er fort, „die solche Fahrten nur deshalb machen, um vor sich selbst und ihrer inneren Leere davonzulaufen. Und dafür nehmen sie es in Kauf, sich wie Kinder behandeln zu lassen. Oder wie soll man es sonst bezeichnen, wenn bei den Ausflügen die Menschen in Gruppen eingeteilt werden und dann jede Gruppe demjenigen hinterherläuft, der das Schild mit der passenden Zahl hochhält? Betrachten Sie das einmal mit den Augen eines Außenstehenden. Dann käme es Ihnen mit Sicherheit auch wie im Kindergarten vor. – Nichts für ungut, ich will Ihre kostbare Zeit nicht länger in Anspruch nehmen.“

Er nickte mir leicht zu und ging.

Ich wollte mich wieder setzen und weiterlesen, aber aus einem mir zunächst unerklärlichen Grund konnte ich das nicht. Ich war innerlich aufgewühlt. Ich versuchte, mir Rechenschaft über meine Gefühle abzulegen. Und musste mir eingestehen, dass sich meine anfängliche Sympathie für den „Baron“ beinahe in ihr Gegenteil verkehrt hatte.

Warum hatte er mir bislang Gespräche förmlich aufgedrängt?

Ich war allem Anschein nach nur ein notwendiger Teil seiner Selbstinszenierung. Diesbezüglich hatte mir seine Frau schließlich die Augen geöffnet.

Darüber hinaus war er ein Spötter, der neben seiner eigenen Meinung kaum eine andere gelten ließ.

Andererseits hatte ich auch nie einen ernsthaften Versuch unternommen, argumentativ dagegenzuhalten.

Wie dem auch sei, mich machte seine Art, wie er rücksichtslos auf mich zugriff, um das Verhalten seiner Mitmenschen mit Hohn und Spott zu überziehen, wütend. Ich fühlte mich von ihm degradiert, benutzt, ausgenutzt.

Ich verspürte keinerlei Lust dazu, lediglich die Staffelei für seine zynische Weltsicht zu verkörpern.

Allerdings war ich ehrlich genug zu mir selbst, um zu hinterfragen, ob dies alles eine ausreichende Erklärung für das völlige Umschlagen meiner Empfindungen in Bezug auf seine Person war. Und die Antwort lautete, dass dies nicht der Fall war. Es steckte mehr dahinter, nämlich sie, seine Frau, Hekla.

Bereits bei ihrem erstmaligen Anblick war ich von ihr fasziniert gewesen, trotz der vielleicht zehn Jahre, die sie älter sein mochte als ich. Doch weil sie als Gattin des „Barons“ vergeben war und ich die Ehe für harmonisch gehalten hatte, waren meine Gedanken nie in eine Richtung gegangen, die ich mit meinem Gewissen nicht mehr hätte vereinbaren können. Das hatte sich seit meiner Unterhaltung mit Hekla schlagartig geändert.

Eine glückliche Ehefrau hätte anders über ihren Ehemann gesprochen, zumal ich in keiner Weise ihre Ausführungen veranlasst hatte. Oder irrte ich mich an diesem Punkt?

Hatte sie mich deswegen angesprochen, weil sie auch eine gewisse Zuneigung zu mir empfand?

War ich möglicherweise der Anlass zu einem Streit zwischen den Eheleuten gewesen, in dessen Verlauf der „Baron“ seiner Frau das Auge blau geschlagen hatte?

Allmählich steigerte ich mich in wilde Spekulationen. Was hätte der „Baron“ wohl zu meinen wirren Gedankengängen gesagt?

Als die „Albatros“ am frühen Morgen des nächsten Tages am Ende des Geirangerfjords vor Anker ging, hatte sich das Wetter ein wenig gebessert. Zwar war es noch regnerisch und trüb, doch goss es nicht mehr wie aus Kübeln. Allerdings stellte sich der von mir gebuchte Ausflug zum Gipfel des Berges Dalsnibba als nicht sehr lohnend heraus. Oben angekommen, umhüllte uns dichter Nebel, so dass es statt des erhofften beeindruckenden Blicks über

Gletscher, Hochgebirgsgipfel und den im Tal liegenden Fjord überhaupt nichts zu sehen gab. Die Ausflügler nahmen es gelassen zur Kenntnis. Gutes Wetter und klare Sicht lassen sich nun einmal nicht mitbuchen.

Mehr als entschädigt wurden wir dafür am Tag danach, dem siebzehnten und vorletzten Tag der Reise, als unser Schiff ganztägig im Hafen von Bergen lag. Bergen, die „regenreichste Großstadt Europas", zeigte sich von ihrer schönsten Seite und empfing uns mit strahlendem Sonnenschein. Bereits bei der Einfahrt in den Hafen bot das Hanseviertel „Bryggen" mit den bunten Fassaden seiner Holzhäuser einen malerischen Anblick.

Ich schlenderte durch die schmalen Altstadtgässchen und fühlte mich teilweise in ein biedermeierliches Spitzweg-Idyll versetzt. Im Kontrast hierzu stand das lebhafte Treiben auf dem Fischmarkt. Mit der Standseilbahn fuhr ich auf den Berg Fløyen und genoss von dort die Aussicht über Stadt und Inselwelt.

Auf dem Rückweg zum Schiff setzte ich mich auf eine Bank in der weitläufigen Anlage der Festung Bergenhus, um ein wenig auszuruhen und die vielfältigen Eindrücke zu verarbeiten.

Da erblickte ich den „Baron" und Hekla. Sie gingen nebeneinander. Zwar nicht händchenhaltend oder gar eng umschlungen, aber dennoch versetzte es mir einen Stich. Ich missgönnte dem „Baron", an der Seite dieser für mich begehrenswerten Frau zu sein.

Wäre sie in meiner Begleitung, dachte ich, wäre das heute ein perfekter Tag.

Da die beiden an meiner Bank vorbeikommen mussten, schloss ich die Augen und stellte mich schlafend. Auf diese Weise wollte ich verhindern, von dem „Baron" angesprochen oder auch nur gegrüßt zu werden. Und ich wollte der Gefahr entgehen, vielleicht in zwei zufrieden lächelnde Gesichter eines glücklichen Ehepaares zu schauen und damit meine Hekla-Träumereien zerplatzen zu sehen. Denn Hekla vereinnahmte mittlerweile einen

Großteil meiner Gedanken. Das melancholische Gefühl, das ich heute durch diesen wunderschönen Sommertag in Bergen mit mir herumgetragen hatte, hing nicht nur damit zusammen, dass sich die Kreuzfahrt und somit mein Urlaub unweigerlich dem Ende näherten. Es war vielmehr Teil einer Sehnsucht, die ich zuletzt verspürt hatte, als ich in der Oberstufe des Gymnasiums unsterblich in eine Mitschülerin verliebt gewesen war – und genau gewusst hatte, dass diese Sehnsucht unerfüllt bleiben würde. Beinahe zwanzig Jahre war das her. Ich hätte es nicht für möglich gehalten, dass mich ein derartiges Verlangen in dieser Heftigkeit noch einmal heimsuchen würde.

Und auch dieses Mal war es genauso hoffnungslos wie damals. Oder doch nicht?

Hatte ich nicht Grund genug zu der Annahme, dass es zwischen dem „Baron" und seiner Frau nicht mehr stimmte?

Vielleicht sollte die Kreuzfahrt ja ein letzter Versuch sein, das zerrüttete Verhältnis zwischen den Eheleuten wiederherzustellen – und er war gescheitert.

Aber war er tatsächlich gescheitert?

Offenbar hatten sie den heutigen Tag doch gemeinsam verbracht.

Und ob das Verhältnis zwischen ihnen tatsächlich zerrüttet war, ging über unbewiesene Mutmaßungen von mir nicht hinaus. Möglicherweise mehr Wunschdenken als Realität.

Ich warf einen Blick auf meine Armbanduhr. Bis zum spätesten Rückkehrzeitpunkt an Bord waren es noch anderthalb Stunden.

Abermals hing ich meinen Fantasien und Tagträumen nach. Rief mir noch einmal alle Situationen, in denen ich den „Baron" und Hekla gesehen oder mit ihnen gesprochen hatte, in Erinnerung, analysierte ihre Worte, ihre Körpersprache, um schließlich wieder bei jenem Gespräch zu verweilen, das ich mit Hekla geführt hatte – genauer: sie mit mir. Wenn es ein Indiz für die Berechtigung meiner Vermutungen, Wünsche und heimlichen Hoffnungen gab: In dieser Szene lag es begründet.

„Kommen Sie mit uns zum Schiff?“

Zwei der Ehepaare von meinem Tisch im Bordrestaurant standen vor mir.

„So schrecklich viel Zeit bis zur Abfahrt bleibt nicht mehr. Oder wollen Sie angesichts dieses tollen Tages Ihren Aufenthalt in Bergen verlängern?“

Ich stand auf und lächelte unbefangen.

„Nein, obwohl man beinahe versucht wäre, es zu tun. Aber ich gehe mit Ihnen zum Schiff zurück.“

Nach dem Abendessen besuchte ich die Showveranstaltung. Danach ging ich auf einen Absacker in eine der Bars, in der auch der „Mitternachtssnack“ gereicht wurde. Es erstaunte mich einmal mehr, mit welchem Appetit, beinah Heißhunger, manche Mitreisenden nach einem Sechs-Gänge-Abendmenü wenige Stunden später wieder essen konnten.

Was würde der „Baron“ wohl dazu sagen?, huschte es mir unwillkürlich durch den Kopf – und schon war ich erneut bei meinem mich quälenden Thema.

Eigentlich konnte es mir doch fürchterlich egal sein, was der „Baron“ zu diesem oder jenem sagen würde. Überhaupt konnte mir der „Baron“ insgesamt doch völlig gleichgültig sein – war er aber nicht. Zumindest nicht insofern, als er der Ehemann von Hekla war.

Als ich mich auf den Weg zu meiner Kabine machen und die Treppe Richtung Deck 3 nach unten gehen wollte, bemerkte ich auf dem nächsthöheren Treppenabsatz noch soeben ein Ehepaar nach oben gehen – den „Baron“ und Hekla. Sie hatten mich nicht gesehen. Einer spontanen Eingebung folgend beschloss ich, ihnen zu folgen. Sie stiegen die Treppe bis zu Deck 9 hinauf und durchquerten das Schiff zum Bug hin. Dann nahmen sie den Weg über die schmalen Eisenstufen, an deren Ende eine

Tür nach draußen auf das Sonnendeck, das oberste Deck der „Albatros", führte. Ich wartete eine Weile am Fuß der Eisentreppe, überlegte, ob ich meine „Verfolgung" nicht abbrechen sollte.

Was wollten die beiden hier oben, zu mitternächtlicher Stunde?

Frische Luft schnappen? Noch etwas Bewegung haben, indem sie einige Runden über das Deck drehten? Oder gar wilden, hemmungslosen Sex im Freien als – im wahrsten Sinne des Wortes – Höhepunkt ihrer Versöhnungskreuzfahrt?

Schon drehte sich das Karussell meiner peinigenden Fantasien in meinem Kopf. Ohne weiter nachzudenken, öffnete ich die Tür und betrat Deck 10.

Mir war kalt, denn ich war nicht darauf eingestellt gewesen, mich zu dieser Stunde noch auf einem Außendeck aufzuhalten. Ich sah mich suchend um. Schließlich entdeckte ich die beiden. Sie schienen heftig miteinander zu diskutieren, wie ich ihrem gegenseitigen Gestikulieren entnahm, obgleich ich ihre Umrisse in der Dunkelheit nur schemenhaft wahrnehmen konnte. Dabei entfernten sie sich immer weiter nach achtern. Dann gingen sie über die Außentreppen hinunter.

Jetzt wäre es für mich spätestens an der Zeit gewesen, auf kürzestem Weg in die Wärme des Schiffes und meine Kabine abzutauchen, doch stattdessen schlich ich in gebührendem Abstand hinter dem Ehepaar her. Auf Deck 7 gingen sie an der Reling entlang, wo sie etwa mittschiffs stehenblieben.

Diese nächtliche Wanderung der Eheleute über die „Albatros" diente keinerlei amourösen Zwecken, denn es war mittlerweile offenkundig, dass sie sich stritten. Aus der Entfernung wirkte es gar wie ein Handgemenge.

Sollte ich eingreifen, den ritterlichen Helden spielen? Unschlüssig biss ich mir auf die Unterlippe.

Plötzlich drang ein Schrei an mein Ohr, nicht laut, weil der Wind den Schall von mir wegtrug, aber doch vernehmbar, und ich sah eine Gestalt über die Reling stürzen.

„Mein Gott, er hat ihr was angetan!“, durchfuhr es mich, und ich stürzte zu der Stelle, an der der „Baron“ noch immer über die Reling gebeugt stand und nach unten starrte, auf die schwarze, wellengekräuselte, undurchdringliche Wasseroberfläche.

Als ich ihn beinahe erreicht hatte, brüllte ich wie von Sinnen: „Was haben Sie getan!?“

Die Person drehte sich langsam um. Es war nicht der Baron, es war Hekla. Ich stierte sie an, zunächst erleichtert, doch dann voller Entsetzen.

„Wir müssen der Besatzung Bescheid geben, Mann über Bord!“, rief ich. Sie entgegnete nichts. In ihrer Rechten hielt sie ein Messer, von dessen Klinge Blut tropfte. Wortlos holte sie aus und schleuderte die Waffe in die Tiefe. Sie sah mich einen Augenblick an, mit ausdrucksloser Miene. Dann ging sie an mir vorbei und verschwand im Innern des Schiffes.

Mir grauste. Ich traute mich nicht, über die Reling zu schauen. Panikartig verließ ich das Außendeck und schlich mich wie ein Dieb durch das Schiff zu meiner Kabine. Dort angekommen, warf ich mich auf das Bett und vergrub mein Gesicht in das Kopfkissen.

„Mann über Bord, Mann über Bord“, murmelte ich immer wieder. Und machte doch keinerlei Anstalten, Hilfe herbeizuholen.

Der achtzehnte und letzte Tag der Reise war im Programm mit „Erholung auf See“ umschrieben. Von „Erholung“ konnte für mich allerdings keine Rede sein, da ich unter einer permanenten Anspannung stand. Zwar versuchte ich, den Tag so normal wie möglich an Bord des Schiffes zu verbringen, lebte aber in der permanenten Furcht, das Verschwinden des „Barons“ würde zu umfangreichen Ermittlungen führen. Doch nichts dergleichen geschah. Anscheinend war das „Unglück“, wie ich den Vorfall für mich nannte, noch nicht bekannt geworden.

Indes vermied ich es, den Außenbereich von Deck 7 zu betreten, um ja nicht auf Spuren des nächtlichen Geschehens zu stoßen.

Nach dem Einlaufen am Morgen des folgenden Tages in Bremerhaven geschah ebenfalls nichts Außergewöhnliches. Während die Passagiere interessiert das Entladen ihrer Koffer verfolgten, wurde die „Albatros“ neu betankt und mit frischen Lebensmittelvorräten versehen. Die anschließende Ausschiffung der Passagiere ging reibungslos vonstatten.

Als ich über die Gangway das Schiff verließ, sah ich für einen kurzen Moment Hekla, die sich noch an Bord befand. Ihre Augen hatte sie wieder hinter ihrer Sonnenbrille verborgen.

Waldfrieden

„Kenne ich. Dort, wo ich wohne, ganz in der Nähe, gibt es auch so etwas."

„Ich bin mir nicht sicher, ob wir von derselben Sache reden", sagte der stämmige Mann am Steuer und lenkte den Combi geschickt um ein tiefes Schlagloch herum.

„Sie haben es doch selbst gesagt, Waldbestattung", entgegnete der elegante Herr auf dem Beifahrersitz. „Eine durchaus immer mehr in Mode kommende Form der Bestattung. Hat ja auch für die Angehörigen den Vorteil, dass keine individuelle Grabpflege mehr nötig ist. Und die Verstorbenen haben eine durchaus würdevolle Grabstätte, dazu noch Bio." Er ließ ein meckerndes Lachen hören.

„Ich glaube nicht, dass wir von derselben Sache reden", wiederholte der Fahrer.

Wumms. Der Kopf des eleganten Herrn schlug heftig gegen das Glas des Seitenfensters. Dieses Mal war es dem Fahrer nicht gelungen, das Schlagloch gänzlich zu umfahren.

„Die Straße ist wirklich in einem hundsmiserablen Zustand", knurrte er entschuldigend.

Nachdem der Wagen mit quietschenden Bremsen zum Stehen gekommen war, stiegen die beiden Männer aus. Der elegante Herr sah sich verwundert um. „Hier ist aber doch gar kein Wald", stellte er überrascht fest und folgte dem Fahrer, der mit weit ausholenden Beinbewegungen rasch voranschritt. Nach wenigen Metern hatten sie eine hohe Betonmauer erreicht. Diese gingen sie ein Stück entlang, bis sie an ein eisernes Tor kamen. Der Fahrer schlug mehrmals energisch mit der Faust gegen das Tor. Von innen knirschte ein Schlüssel im Schloss. Als die beiden Männer das Tor passiert hatten, wurde es augenblicklich wieder verschlossen. Die beiden Neuankömmlinge standen einer Gruppe von ca. zehn Personen gegenüber, darunter drei Frauen.

„Das ist Herr König", stellte der Fahrer seinen Fahrgast vor. „Angenehm, König", sagte dieser und gab den Anwesenden die Hand. Auch diese murmelten ihre Namen. Dann ergriff ein hochgewachsener Mittfünfziger mit exakt gescheiteltem grauem Haar das Wort.

„Herr König, ich freue mich, Sie heute hier begrüßen zu dürfen. Sie haben Interesse an unserem – Modell bekundet. Bevor wir es Ihnen in der Örtlichkeit zeigen, wird Frau Johannsen zunächst einen kurzen Einführungsvortrag halten. Aber dazu sollten wir hinein gehen." Er wies auf ein flaches Gebäude hinter sich, das von außerhalb der Mauer nicht zu sehen gewesen war. Sie gingen in das Gebäude hinein, das im Wesentlichen aus einem großen Sitzungssaal zu bestehen schien. Auf den zu einem Rechteck angeordneten Tischen waren Getränke und Gebäck bereitgestellt.

Frau Johannsen, eine, wie Herr König sich eingestehen musste, „durchaus attraktive Person" in dunklem Hosenanzug, wandte sich ohne Umschweife „unserem heutigen Thema" zu.

„Sie werden verstehen", sprach sie Herrn König direkt an, „dass wir Ihnen keine Präsentation im sonst üblichen Stil bieten können. Also weder Dia- noch PowerPoint-Vortrag. Sie werden sich mit meinen dürren Worten begnügen müssen." Dabei lächelte sie Herrn König an.

„Eine durchaus reizende Person, wenn auch etwas kokett", dachte der. Ihm war allerdings keineswegs klar, warum sich das „heutige Thema" einer bildhaften Präsentation entziehen musste. Schließlich war an einer naturnahen Bestattung doch nichts Anstößiges.

Frau Johannsens Stimme, die nach Herrn Königs Empfinden eine Spur zu hart klang, schnitt seine weiteren Gedankengänge ab.

„Unser Projekt basiert auf der Idee der Waldbestattung, oder, anders ausgedrückt, es ist von dieser Idee inspiriert. Ausgangspunkt waren intensive Überlegungen, wie wir das demographische Problem in den Griff bekommen können. Dass dieses Problem dringend gelöst werden muss, steht wohl außer Frage. Wenn das weitere Ansteigen der Alterspyramide nicht unterbunden wird, sind die finanziellen Lasten für die jungen Generationen nicht mehr tragbar. Eine tödliche Gefahr für unser Gemeinwesen."

Sie lächelte Herrn König erneut gewinnend zu.

„Es gibt nach unserer Überzeugung nur zwei erfolgversprechende Lösungsansätze: Entweder, man setzt an dem einen Ende der Skala an, besser gesagt, am Anfang, nämlich durch eine Erhöhung der Geburtenrate. Das würde jedoch bedeuten, die Frauen im gebärfähigen Alter zu mehr Geburten zwingen zu müssen. Politisch nicht durchsetzbar. Geburtanreize ja, Zwang hingegen – undenkbar in unserer Gesellschaft. Und die Anreizsysteme haben sich bisher als völlig unzureichend erwiesen."

Sie machte eine kunstvolle Pause.

„Oder aber", sprach sie weiter, „man setzt an dem anderen Punkt des Lebenszyklus an, also tatsächlich am Ende."

Sie blickte Herrn König aufmerksam an.

„Eine durchaus interessante Erwägung", gab dieser fast im Flüsterton von sich.

„Es ist zunächst nur das Ergebnis eines Brainstorming, ein Modell oder, wenn Sie so wollen, ein Gedankenspiel", fuhr Frau Johannsen fort. „Aber wir werden es mit hoher Priorität auf seine Realisierbarkeit untersuchen. Der von uns beabsichtigte ‚Waldfrieden' – dieser Begriff für unser Projekt ist allerdings lediglich ein vorläufiger Arbeitstitel – wird geprägt durch hohe Bäume. In den Baumspitzen wollen wir Plattformen errichten, sozusagen eine ganz einfache Art von Baumhäusern. Ausgestattet mit etwas Trinkwasser und einigen Essvorräten. In diese Baumhäuser wollen wir die Alten bringen. Zunächst die Kranken und Pflegebedürftigen, dann nach und nach auch die Gesunden ab dem 80. oder 85. Lebensjahr. Es gilt natürlich noch, etliche offene Fragen zu klären. Zum Beispiel, wie wir die Leute hinauf bekommen. Denkbar wären Flaschenzüge oder der Einsatz eines Krans oder eines Helikopters. Das muss noch genauer untersucht werden, auch unter Kostengesichtspunkten."

„Und was geschieht dort oben mit den alten Menschen?", warf Herr König beinah schüchtern ein.

Frau Johannsen lächelte erneut. „Nun, das kommt darauf an. Die Trink- und Essvorräte sind jedenfalls nach wenigen Tagen erschöpft. Wie lange dann ein Mensch, zumal in fortgeschrittenem Alter, noch leben kann …" Sie machte mit ihren sorgfältig manikürten Händen eine unbestimmte Geste.

„Aber so weit muss es natürlich nicht kommen. Wir beabsichtigen, jedes Baumhaus mit einem – Medikament zu bestücken. Mit garantierter Wirkung in kürzester Zeit, Sie verstehen. Auch eine andere Möglichkeit ziehen wir ernsthaft in Betracht. Den freiwilligen Sprung vom Baum. Der erfordert zwar Mut, den nicht jeder aufbringen wird. Aber im Sinne eines selbstbestimmten Lebens bis zum Schluss – und die freie Willensentscheidung hat für uns absoluten Vorrang – werden wir zumindest die denkbar besten Voraussetzungen schaffen: Die Äste und Zweige der Bäume werden entfernt, im Gespräch sind auch um die Baumstämme herum anzulegende Betongruben, damit der Sturz in die Tiefe auf jeden Fall das gewünschte Resultat hat. Hierbei müssen wir natürlich darauf achten, dass die Bäume nicht absterben. Sie sehen, ein grobes Konzept haben wir bereits erarbeitet, doch viele Details müssen noch bedacht werden.

Ich schlage vor, wir zeigen Ihnen nun draußen unser Demonstrationsobjekt, damit Sie sich einen Eindruck verschaffen können."

Frau Johannsen nickte lächelnd in Herrn Königs Richtung, doch fast gleichzeitig versteinerte sich ihre Miene.

„Was ist mit ihm?", rief sie entsetzt aus.

Herr König war auf seinem Stuhl zusammengesackt. Der hochgewachsene Mittfünfziger war bereits aufgesprungen und fühlte seinen Puls: „Es scheint ein Schwächeanfall zu sein, ich hoffe, nichts Ernstes."

Der Ingenieur

Es war einmal ein Mann, der war Ingenieur von Beruf und lebte mit seiner Frau und seiner Tochter Svenja in einer Neubausiedlung am Rande der Stadt. Die Siedlung bestand aus frei stehenden Einfamilienhäusern mit gepflegten Vorgärten und Gartenanlagen rund um die Häuser. Die Grundstücke waren nicht sehr groß, aber ausreichend zum Spielen für die Kinder und zum Anlegen von Blumenbeeten und dem Pflanzen einiger Obstbäume. Die Leute in der Siedlung waren nicht reich, hatten aber ihr gutes Auskommen. In jeder Garage stand ein Auto, und vor vielen Häusern parkten noch Zweitwagen. Die Nachbarn zur Linken der Ingenieursfamilie waren ein kinderloses Ehepaar; zur Rechten wohnte eine Familie mit zwei Kindern, einem Jungen und einem Mädchen.

Die Tochter des Ingenieurs und das Nachbarsmädchen gingen in dieselbe Schulklasse und waren außerdem miteinander befreundet.

Die Ingenieursfamilie lebte in bestem Einvernehmen mit den anderen Bewohnern der Siedlung. Eines Tages kam es jedoch zu einer Meinungsverschiedenheit zwischen dem Ingenieur und seinem Nachbarn zur Rechten. Während der Ingenieur nicht einmal einen Grill besaß, konnte sein Nachbar den Beginn der Grillsaison kaum erwarten. Häufig saß dann die Nachbarsfamilie um den Grill versammelt. Obwohl seine Tochter des Öfteren mit dabei war, hatte sich der Ingenieur schon manches Mal über den „unerträglichen Gestank, der ständig über mein Grundstück zieht und sich auch in meinem Haus ausbreitet, sobald ein Fenster offen steht“, beschwert. Insbesondere die Grillpartys an den Wochenenden, bei denen die Nachbarn mit Gästen bis in den späten Abend fröhlich feierten, waren ihm ein Dorn im Auge. Hierbei fühlten sich der Ingenieur und seine Frau durch lautes

Lachen und die Musik vom Nachbargrundstück in ihrer Nachtruhe gestört. In so einer Situation war der Ingenieur einmal wutschnaubend an den Gartenzaun gerannt und hatte über die Hecke hinübergebrüllt, dass es doch allmählich mit dem Lärm reiche. Es gäbe auch Menschen, die solide lebten und nicht nur Feiern, Fressen und Saufen im Sinn hätten. Seiner Tochter, die ebenfalls Anteil an der lustigen Partystimmung hatte, befahl er, sofort nach Hause zu kommen und sich nicht weiter an dem „nächtlichen Gegröle" zu beteiligen.

Nach diesem peinlichen Auftritt hatte nicht nur die Freundschaft der beiden Mädchen einen Knacks bekommen, von der sie sich nie mehr völlig erholte; vor allem der nachbarliche Friede zwischen den Familien war dahin. Nun verging kaum eine Woche, in der nicht ein Wort das andere gab. Auslöser konnte alles sein: Das Rasenmähen in der Mittagszeit, das Zuparken der Garageneinfahrt, die „kitschigen Tierfiguren, die eine Beleidigung für das Auge sind" im Vorgarten des einen, die „hässliche Sonnenuhr" im Vorgarten des anderen, sonntags zum Trocknen im Garten aufgehängte Wäsche und vieles mehr. Man beschuldigte sich gegenseitig heimtückischer Anschläge auf das jeweilige Nachbargrundstück: Ein bewusst ausgesetzter Maulwurf auf der einen, das Deponieren von Katzenkot auf der anderen Seite.

Eines Tages brach ein großes Unglück über die Familie des Ingenieurs herein. Die Tochter erkrankte an einem bösartigen Tumor. Die Ärzte gaben ihr nur noch wenige Monate. Eine Operation war wegen der zahlreichen Metastasen aussichtslos. Der Ingenieur und seine Frau waren am Boden zerstört.

Da erschien dem Ingenieur im Traum eine weise Alte, die sprach zu ihm: „Was jammerst du?"

„Siehst du nicht mein Elend? Meine Tochter liegt sterbenskrank danieder und wird uns bald für immer verlassen. Das ertragen wir nicht. – Warum trifft gerade mich ein solcher Schicksalsschlag?“ Die weise Alte hatte Mitleid mit ihm.

„Du hast drei Wünsche frei.“

„Dann möchte ich, dass meine Tochter wieder gesund wird.“ Die Alte wiegte ihren Kopf. „Dieser Wunsch ist sehr schwierig zu erfüllen. Es geht nur, wenn anstelle deiner Tochter ein anderer ihre Krankheit übernimmt. Bist du bereit dazu, das Kreuz dieser Krankheit auf dich zu nehmen, oder kennst du jemanden, der es tragen soll?“ Der Ingenieur dachte nicht lange nach. Er selbst mochte die Krankheit nicht bekommen, aber wie wäre es ...?

„Die Tochter meines Nachbarn“, erwiderte er rasch. Im selben Augenblick war die Alte aus seinem Traum verschwunden.

Die Ärzte sprachen von einem Wunder. Sie hatten keine medizinische Erklärung dafür, dass sich der Tumor und die Metastasen immer weiter zurückbildeten. Svenja erholte sich zusehends von ihrer Krankheit und war auf dem Weg zu völliger Genesung. Unterdessen ging es ihrer früheren Freundin immer schlechter. Diese litt an einer rasch fortschreitenden unheilbaren Erkrankung. Binnen eines halben Jahres war sie tot.

Jahre vergingen. Der Nachbarschaftsstreit schwelte weiter. Es war in der Weihnachtszeit, als die elektrische Beleuchtung im Haselnussstrauch des Ingenieurs eines Morgens kaputt war: Etliche Kerzen der Kette waren zerstört. Der Ingenieur hatte sofort die Nachbarn in Verdacht, wenn er auch nichts beweisen konnte.

Wenige Wochen darauf wurde seine Frau in einen Verkehrsunfall verwickelt und schwer verletzt. Nach langem Krankenhausaufenthalt und anschließender Reha kam sie im Rollstuhl nach Hause. Die Ärzte bezweifelten, dass sie je wieder würde laufen können.

Und erneut erschien dem Ingenieur im Traum die weise Alte, der er sein Leid klagte. Wiederum fragte er: „Warum trifft gerade mich ein solcher Schicksalsschlag?“

Die Alte hatte abermals Mitleid mit ihm und sprach: „Noch hast du zwei Wünsche frei." Daraufhin wünschte er sich: „Meine Frau soll wieder laufen können."

Doch auch dieses Mal gab die weise Alte vor, diesen Wunsch nur erfüllen zu können, falls er eine andere Person benennen würde, die stattdessen im Rollstuhl sitzen müsste. Spontan entgegnete er: „Die Frau meines Nachbarn zur Rechten."

Und augenblicklich war die Alte nicht mehr im Traum gegenwärtig.

Die Frau des Ingenieurs überwand ihre Erkrankung und lernte, sich ohne Rollstuhl zu bewegen. Bald sah man ihr kaum noch an, dass sie eine Zeitlang auf den Rollstuhl angewiesen gewesen war. Stattdessen litt die Ehefrau des Nachbarn unter einer schleichend fortschreitenden Muskelerkrankung, die sie binnen Jahresfrist dauerhaft an den Rollstuhl fesselte.

Wieder vergingen einige Jahre. Svenja hatte ihr Jurastudium beendet und war als Rechtsanwältin tätig, der Sohn des Nachbarn lebte auch nicht mehr bei seinen Eltern. Niemand wusste jedoch ganz genau, was er machte. Nachdem er zwei Mal eine Lehre abgebrochen hatte, war er aus der Siedlung verschwunden. Die einen erzählten, er sei auf die schiefe Bahn geraten und säße im Knast, andere wollten wissen, dass er als Obdachloser in der nahen Großstadt herumvagabundiere.

Der Ingenieur sah bereits mit gewisser Vorfreude seinem Ruhestand entgegen und schmiedete mit seiner Frau eifrig Zukunftspläne. Unerwartet warf ihn ein Schlaganfall aus der Bahn und drohte alle Pläne zunichte zu machen. Im Krankenhaus konnten die Ärzte nicht zuverlässig sagen, ob die halbseitige Lähmung je wieder zurückgehen würde.

Da erschien ihm im Traum nochmals die weise Alte.

„Warum trifft gerade mich ein solcher Schicksalsschlag?", fragte er erneut. Die Alte erinnerte ihn daran, dass er noch einen Wunsch frei habe. Er wünschte sich, vollständig zu genesen. Doch auch dieses Mal forderte ihn die Alte auf, einen Stellvertreter zu nennen, den an seiner Stelle das Schicksal schlagen würde.

Der Ingenieur überlegte lange. Seinem Nachbarn mochte er so viel Unglück nicht wünschen, der war mit seiner an den Rollstuhl gefesselten Frau, der in der Blüte ihres Lebens verstorbenen Tochter sowie seinem missratenen Sohn schon genug gestraft. Der Gedanke, für immer halbseitig gelähmt zu sein, war ihm jedoch ebenfalls unerträglich.

Da die Alte darauf beharrte, sein Wunsch könne nur in Erfüllung gehen, wenn er einen Ersatz stellen würde, sagte er schließlich: „Dann möge es der Sohn des Nachbarn sein. Um diesen Nichtsnutz dürfte es am wenigsten schade sein."

Kaum hatte er diese Worte gesprochen, war die Alte aus seinem Traum verschwunden.

Die halbseitige Lähmung bildete sich im Lauf der nächsten Monate fast vollständig zurück; lediglich seinen rechten Arm konnte er nicht mehr bis über seinen Kopf heben.

Schon seit Wochen genoss der Ingenieur seinen Ruhestand in vollen Zügen. Eines Abends, seine Frau war mit ihrer besten Freundin im Kino, der Ingenieur selbst gerade in die Planungen der nächsten Urlaubsreise vertieft, klingelte es an seiner Haustür. Er wollte sich bei den Reiseplanungen nicht stören lassen. Doch als das Schellen kein Ende zu nehmen schien, ging er zur Haustür und öffnete. Im selben Moment traf ihn ein Schlag mit einem dicken Holzknüppel an der Schläfe und streckte ihn nieder. Über sich sah er seinen Nachbarn stehen, mit versteinerter Miene, die von weither auf ihn herabblickte. Er hörte den Mund des Nachbarn reden: „Warum ich, warum ich? Warum trifft gerade mich immer wieder ein so fürchterlicher Schicksalsschlag? Erst stirbt meine Tochter in jungen Jahren, dann wird meine Frau schwer verletzt und sitzt seitdem im Rollstuhl, und jetzt ist auch noch mein Sohn zum Pflegefall geworden, weil er in einer U-Bahnstation von jugendlichen Schlägern halb totgeprügelt worden ist. Warum gerade immer ich und meine Familie, während bei dir alles im Leben glatt läuft. Womit hast du so viel Glück und ich so viel Unglück verdient? Ich kann das nicht länger ertragen!“

Der Ingenieur sah die Ausholbewegung und wollte schützend die rechte Hand über seinen Kopf halten, während er sich mit der Linken am Boden aufstützte. Aber er konnte seinen rechten Arm nicht so hoch heben. Und so sauste der Knüppel ungebremst auf seinen Schädel nieder, mit all jener brutalen Gewalt, mit der jahrelang aufgestauter Hass sich nun entlud. Wie von Sinnen schlug sein Nachbar zu, wieder und immer wieder. Es war niemand da, der ihm hätte Einhalt gebieten können. Doch selbst dann hätte es dem Ingenieur nichts mehr genutzt.

Verliebt

Verliebt zu sein, ist der Wahnsinn.

Waren Sie schon einmal richtig verliebt?

Wahrscheinlich werden Sie sagen, ja, natürlich.

Ich kann es Ihnen nicht verübeln, wenn Sie so denken. Jeder Mensch, der seiner Kindheit entwachsen ist, wird von sich behaupten, schon einmal verliebt gewesen zu sein. Weil jeder Mensch in seiner eigenen Welt lebt, hält jeder Mensch ein bestimmtes Gefühl, das er schon einmal empfunden hat, für Verliebtheit. Das ist durchaus verständlich. Dennoch bezweifle ich, dass es stimmt. Ich bin mir sogar ziemlich sicher, dass es nicht stimmt.

Woher will der das wissen, werden Sie fragen. Wenn Sie höflich sind.

Was maßt der sich an, über meine Gefühlswelt zu urteilen, der Spinner, werden Sie sagen, wenn Sie weniger höflich sind.

Beide Reaktionen kann ich nachvollziehen. Aber ist es mehr als gekränkte Eitelkeit, so zu antworten? Nur weil jeder Mensch weiß, dass es das Gefühl des Verliebtseins gibt, bedeutet das doch nicht automatisch, dass auch jeder dieses Gefühl schon einmal erlebt hat. Jeder redet darüber, aber das ist etwas anderes. Wir reden häufig über Dinge, von denen wir keine Ahnung haben.

Wenn zum Beispiel jemand Verliebtheit mit „Schmetterlinge im Bauch“ umschreibt, ist das für mich ein untrügliches Zeichen, dass er keinen blassen Schimmer davon hat, wie sich Verliebtsein tatsächlich anfühlt. Stellen Sie sich nur einmal vor, in Ihrem Bauch würden tatsächlich Schmetterlinge herumflattern. Das wäre doch eklig, oder? Erst recht die Vorstellung, Schmetterlinge zuvor lebend herunterschlucken oder sich sonstwie einverleiben zu müssen, damit sie anschließend in Ihrem Inneren fliegen können. Ich bekäme da einen Würgereiz.

Als noch schlimmer empfinde ich das Bild von den

„Flugzeugen im Bauch“. Oder möchten Sie etwa kerosinverseuchte Innereien haben? Ich nicht.

Eine weitere gebräuchliche Redensart ist „auf Wolke sieben zu schweben“. Mag diese nun von der Theorie des griechischen Philosophen Aristoteles und seiner Einteilung des Himmels in sieben Schalen abzuleiten sein oder nicht, auf jeden Fall drückt das Schweben auf einer Wolke Entrücktsein aus. Aber wer möchte denn dem Objekt seiner Begierde entrückt sein? Ganz im Gegenteil: Man will ihm nahe sein.

All diese Überlegungen haben mich zu dem Schluss kommen lassen, dass das wahre Verliebtsein ein weithin unbekanntes Phänomen ist. Allen landläufigen Meinungen zum Trotz.

Warum ich das so ausführlich thematisiere?

Weil ich Ihnen von meiner Verliebtheit erzählen will. Damit Sie eine Ahnung davon erhalten, was Verliebtsein wirklich bedeutet.

Als ich Elena das erste Mal sah, war ich von ihr sofort fasziniert. Ich fühlte mich so stark von ihr angezogen, dass ich meine Schüchternheit, die mich von Jugend an begleitete, über Bord warf und ihre Nähe suchte. Das war nicht ganz einfach, weil Elena Verkäuferin in einer Damen-Boutique war. Auf sie aufmerksam geworden war ich zufällig, als sie rauchend neben dem Eingang stand.

„Wow, was für eine Frau“, dachte ich. „Der helle Wahnsinn.“

Im Folgenden ging ich fast täglich nach Büroschluss zu dem Geschäft, postierte mich möglichst unauffällig im Nahbereich und wartete, bis Elena, deren Namen ich zu jenem Zeitpunkt selbstverständlich noch nicht kannte, für eine Zigarettenlänge vor die Tür kam. Für mehr als einen verstohlenen Blick auf sie fehlte mir allerdings lange der Mut. Bis ich mir eines Tages ein Herz fasste und die Boutique betrat. Elena war nicht die einzige Verkäuferin dort. Da sie sich im Bereich der Jacken aufhielt, trat ich an den Jackenständer und musterte die Kleidungsstücke.

„Das sind aber Damenjacken, junger Mann“, sprach sie mich an. „Wir führen ausschließlich Mode für Damen“, setzte sie leicht spöttisch hinzu.

„Ja, ja, ich weiß“, beeilte ich mich zu erwidern. „Ich suche etwas für meine Mutter.“

Sie sah mich erstaunt an. „Sie suchen für Ihre Mutter eine Jacke aus? Hat Ihre Frau Mutter denn keine Gelegenheit, selber vorbeizuschauen? Es wäre schon besser. Selbst wenn Sie den Geschmack Ihrer Mutter kennen, sollte sie die Jacke auf jeden Fall anprobieren.“

„Sie haben recht“, stammelte ich und floh aus dem Geschäft.

Viel erreicht hatte ich nicht, aber zumindest ein paar Worte mit Elena gewechselt. Das war immerhin ein Anfang. In die Boutique traute ich mich jedoch nicht mehr hinein. Stattdessen beschloss ich, Elena am nächsten Tag nach Feierabend abzupassen.

Elena verließ das Geschäft in Begleitung einer Kollegin. An der Bushaltestelle trennten sie sich. Während die Kollegin weiterging, wartete Elena auf den Bus.

Ich gesellte mich zu ihr. „Erkennen Sie mich?“

Sie blickte auf. „Sie sind der junge Mann, der gestern für seine Mutter eine Jacke kaufen wollte.“

„Nicht wirklich.“

„Was heißt das? Sind Sie es nicht, oder wollten Sie keine Jacke kaufen?“

„Letzteres.“

„Und weswegen sind Sie dann in unser Geschäft gekommen?“

Als sie *unser* Geschäft sagte, lief mir ein Schauer über den Rücken. Auch wenn sich das Pronomen nicht auf uns beide bezog, klang es für mich doch nach Gemeinsamkeit zwischen ihr und mir. „Ich wollte Sie kennenlernen“, entgegnete ich, obgleich mich dieses Eingeständnis große Überwindung kostete.

Sie lachte kurz auf. „Eine sehr originelle Art der Anmache, wenn auch nicht ganz geglückt. Eine meiner Kolleginnen witzelte schon, dass Sie vermutlich transvestitische Neigungen hätten."

Normalerweise wäre ich vor Scham in den Boden versunken, doch sie lächelte mir augenzwinkernd zu.

„Heute Abend habe ich keine Zeit, aber wenn Sie wollen, können Sie mich morgen zu einem Kaffee einladen. Ich habe morgen meinen freien Nachmittag."

Da in jenem Moment der Bus kam, konnte ich gerade noch eine Uhrzeit und einen Treffpunkt mit ihr vereinbaren.

In der Nacht fand ich kaum Schlaf. Ich war voller Vorfreude, gleichzeitig aber auch voller Zweifel, ob sie sich an unsere Verabredung halten würde.

Nun, sie hielt sich daran. Und in der Folge begann die schönste Zeit meines Lebens. Meine Verliebtheit in Elena stieg von Tag zu Tag, wie eine auflaufende Flut. Mein Denken kreiste nur noch um Elena, ich wollte ihr so nah sein wie möglich und so häufig es irgend ging. Ich teilte meine Zeit mit ihr, meine Hobbys, sogar meine Gedanken und Gefühle. Wir waren ein harmonisches Paar, wir hatten gemeinsame Interessen und spannenden, ausgefallenen Sex. Ohne Elena konnte ich mir mein Leben gar nicht mehr vorstellen.

Eines Tages, nach einer genussvollen körperlichen Vereinigung, sagte ich zu ihr: „Empfindest du es wie ich, dass wir nicht nur beim Geschlechtsakt vereint sind, sondern auch darüber hinaus? Dass wir nur zusammen eine Ganzheit sind? Jeder von uns für sich allein nicht vollständig ist?"

Ich hatte erwartet, dass Elena mir begeistert zustimmen würde. Aber sie runzelte nur leicht die Stirn.

Ich war enttäuscht.

„Warum antwortest du nichts?", drängte ich ungeduldig. Sie schwieg noch immer, runzelte erneut die Stirn.

„Bitte sag doch etwas“, flehte ich.

„Ich sehe es nicht so.“ – Ich starrte sie mit weit aufgerissenen Augen ungläubig an.

„Wir sind zwei eigenständige Menschen. Diese grenzenlose Nähe, die du bei mir suchst, dieses Einfordern von inniger Verbundenheit, erdrückt mich allmählich. Das ertrag ich auf Dauer nicht.“

Ich war wie vom Donner gerührt, unfähig, etwas zu erwidern.

„Gibt es einen anderen Mann?“, stieß ich nach einer Weile keuchend hervor.

„Du kapierst es nicht. Es gibt keinen anderen Mann. Aber immer öfter wünsche ich mir, dass es überhaupt keinen Mann in meinem Leben gäbe. Du hast mittlerweile so stark von mir Besitz ergriffen, dass ich fast kein eigenes Leben mehr habe!“

„Aber wir haben doch *unser* gemeinsames Leben“, warf ich ein.

„Genau das ist mein Problem“, entgegnete sie. „Unsere Beziehung beginnt mich zu zerstören. Sie nimmt mir jede Luft zum Atmen. Verstehst du das nicht?“

Ich schüttelte entsetzt den Kopf.

Elena schien nun wild entschlossen, mir ihre Sicht der Dinge ein für alle Mal zu verdeutlichen.

„Manchmal kommst du mir vor wie eine Schmeißfliege, die sich einfach nicht verscheuchen lässt. Weißt du, so ein dicker, scheußlicher Brummer.“

Mir brummte plötzlich der Schädel. Das alles war zu viel für mich. Umso mehr, da es mich gänzlich unvorbereitet getroffen hatte.

Wenn Sie nun glauben, dass ich eine Szene gemacht hätte, getobt und gebrüllt hätte oder gar handgreiflich geworden wäre, muss ich Sie enttäuschen. Ich war viel zu verliebt in Elena, die ich anbetete, als dass ich mich zu einer solchen Unbeherrschtheit hätte hinreißen lassen. Doch nach dem, was sie mir an den Kopf geworfen hatte, konnte ich unmöglich bei ihr bleiben. Ich stand auf und verließ ihre Wohnung.

Natürlich hoffte ich, dass Elena mich bald anrufen würde, um mir zu sagen, wie leid es ihr tue. Aber das geschah nicht. Weder an jenem Tag, noch an den beiden darauffolgenden. Ich selbst griff auch nicht zum Handy. Ich hatte mir nichts vorzuwerfen und vertrat den Standpunkt, der erste Schritt müsse von Elena gemacht werden. Aber in der Zwischenzeit litt ich Höllenqualen. Je mehr ich versuchte, wütend auf Elena zu sein, je mehr ich mir einreden wollte, vielleicht habe sie einen Mann wie mich gar nicht verdient, desto stärker wurde meine Sehnsucht nach ihr, steigerte sich beinahe ins Unermessliche. Ich hielt es nicht länger ohne sie aus. Deswegen ging ich am dritten Tag nach unserem Streit, einem frühlingshaften Freitagabend, zu ihr. Ich klingelte an der Wohnungstür und wartete mit klopfendem Herzen, ob sie da sein und mir öffnen würde. Endlich ging die Tür auf und Elena strahlte mich an. Ich fiel ihr freudetrunken in die Arme. Wir schliefen miteinander, leidenschaftlich und wild. Als Elena im Bett ihre Zigarette danach rauchte, brachte ich ganz behutsam das Gespräch auf uns, auf unsere gemeinsame Zukunft. Elenas Blick war starr gegen die Zimmerdecke gerichtet, sie blies feine Rauchkringel in die Luft. Sie schien nach Worten zu ringen. Ich war mir nicht sicher, ob ich die hören wollte.

„Ich habe mich neulich dir gegenüber nicht fair verhalten“, begann sie schließlich. „Dafür entschuldige ich mich. Aber in der Sache hat sich an meiner Einstellung nichts geändert. So wie bisher, kann es mit uns nicht weitergehen. Offensichtlich sind deine Gefühle mir gegenüber – intensiver als es umgekehrt der Fall ist. Du bist ein netter Kerl und wir hatten eine prima Zeit miteinander. Ganz bestimmt. Aber je mehr du von einer gemeinsamen Zukunft sprichst, umso beklemmender wirkt diese Vorstellung für mich. Ich möchte einfach nicht in einem

Beziehungsgefängnis landen. Nimm mir das bitte nicht übel."

Sie hatte den Kopf in meine Richtung gedreht, sah mich mit melancholischem Blick an und drückte mir einen flüchtigen Kuss auf die Wange. Mir stockte der Atem, ich spürte einen stechenden Schmerz in der Seite.

„Bedeutet das, du möchtest unsere Beziehung beenden?"

„Was heißt, unsere Beziehung beenden?", entgegnete sie. „Von mir aus können wir uns gerne noch ab und zu sehen, meinetwegen auch Sex miteinander haben. Aber viel mehr sollte es nicht sein. Bitte, versteh das nicht falsch."

Obgleich mein Herz raste, blieb ich völlig ruhig neben ihr liegen. Ich schrie sie nicht an, verlor nicht die Fassung. Warum auch?

Ich hatte keinen Grund zur Eifersucht, denn es war kein anderer Mann im Spiel.

Oder sollte ich sie dafür hassen, dass meine Gefühle von ihr nicht mehr erwidert wurden?

Das konnte ich nicht. Vielleicht war sie gar nicht fähig, richtig verliebt zu sein. Vielleicht war es ihr nicht gegeben, vor Verlangen nach einem geliebten Menschen zu verbrennen. Die Gewissheit zu haben, ohne diesen geliebten Menschen nicht leben zu können.

Aber mir war natürlich klar, dass sie mir entglitten war, dass ich sie verloren hatte.

Tränen rannen mir die Wangen herab.

Elena legte tröstend den Arm um mich. „Nimm es doch nicht so schwer", flüsterte sie mir ins Ohr.

Nach einer Weile stand ich auf, um ins Bad zu gehen.

„Bringst du auf dem Rückweg das Zigarettenetui mit?", rief sie mir hinterher. „Das befindet sich in der obersten Schublade des Küchenschranks!"

Als ich ins Schlafzimmer zurückkam, lag Elena auf der Seite, den Rücken mir zugewandt.

„Hast du es gefunden?", fragte sie.

„Hab ich“, entgegnete ich knapp. Ich kniete mich hinter sie aufs Bett, hielt ihr mit der linken Hand den Mund zu und stach mit dem Messer, das ich statt der Zigaretten aus dem Küchenschrank geholt hatte, auf sie ein. Nicht wie ein Rasender, denn ich war nicht von Sinnen. Ich agierte kühl und überlegt, bei klarem, wachem Verstand. Und dieser Verstand hatte die Situation unbarmherzig analysiert, ohne falsche Sentimentalität. Elena, die Frau, in die ich unsterblich verliebt war, konnte ich nicht gehen lassen. Selbst wenn ich es gewollt hätte, ich hätte es nicht gekonnt. Doch wie anders als auf diese blutige Art und Weise hätte ich sie halten können? Mir blieb keine andere Wahl.

Ich hoffe, ich habe Ihnen vermitteln können, dass richtiges Verliebtsein der reine Wahnsinn ist. Und dass alle Gefühle unterhalb dieser Schwelle den Namen Verliebtheit nicht verdient haben.

Andererseits ist es vielleicht gut, dass die meisten Menschen lediglich die Illusion haben, verliebt zu sein.

Schrei einer gequälten Seele

Es ist wirklich erstaunlich, welch dominierende Rolle das Denken plötzlich spielte. Es wurden alle möglichen Leute befragt, die mal irgendwann etwas mit mir zu tun gehabt hatten, die mich aus irgendeinem Zusammenhang heraus zu kennen glaubten.

Viele dieser Statements begannen mit: „Ich habe schon immer gedacht, mit dem stimmt was nicht." „Manchmal habe ich gedacht, das kann mit dem auf Dauer nicht gutgehen." „Ich denke, so etwas konnte niemand voraussehen." „Der lebte in seiner eigenen Welt. Der hatte weder Freunde noch Familie. Ich denke, hier liegt die Ursache." „Der lebte so zurückgezogen. Da hatte er wahrscheinlich zu viel Zeit, zu denken. Er hat sich verrannt. So denke ich es mir jedenfalls." Und so weiter, und so fort. Es wurde gedacht auf Teufel komm raus, und dieses Denken wurde in Zeitungen, Zeitschriften und im TV ausführlich verbreitet. Dabei hätte ich manchem Befragten so viel Denkvermögen gar nicht zugetraut.

Manchmal waren es auch wildfremde Menschen, die sich über mich äußerten, die sogenannten Experten. Deren Dozieren und Besserwissen ging mir jedoch am Arsch vorbei. Sie waren von Berufs wegen dazu verdammt, ihre Theorien und abenteuerlichen Konstrukte zu verkünden. Das interessierte mich nicht.

Ich werde mich hüten, an dieser Stelle all die wilden Spekulationen, verletzenden Äußerungen, herabsetzenden Werturteile und sonstigen Spinnereien wiederzugeben, die ich über mich lesen und hören musste. Von der großen Internetgemeinde, dem Fluch unserer Zeit, ganz zu schweigen. Wünschen Sie sich, dieser amorphen Masse niemals in die Finger zu fallen, dieser Ausgeburt geifernder Teufel, Dummköpfe, Idioten und Sprücheklopfer. Denn wer sich hinter der Maske seiner Anonymität verbergen kann, kennt kein Tabu mehr.

Ich will mit diesem Bericht versuchen, das in der Öffentlichkeit verzerrte Bild von mir ein wenig geradezurücken. Sofern jemand so gutwillig ist, mir zuzuhören.

Natürlich habe ich in meiner eigenen Welt gelebt. Aber wer lebt nicht in seiner eigenen Welt? Ein jeder von uns. Jeder hat sich seine Sicht der Dinge zurechtgelegt. Gespeist aus vielen Quellen. Seinen Anlagen und Erfahrungen, seinen Wünschen und Träumen, seinen Hoffnungen und Illusionen, seinen Enttäuschungen und Ängsten, seinen Sehnsüchten und Befürchtungen und vielem mehr. Solange wir nicht geklont, sondern Individuen sind, nehmen wir die Welt mit unseren individuellen Sinnen wahr, sowohl die innere als auch die äußere Welt. Und leben demzufolge jeweils in unserer eigenen Welt oder, bezogen auf die Außenwelt, in unserer eigenen Vorstellung von dieser. Die Feststellung, ich hätte in meiner eigenen Welt gelebt, sollte mich möglicherweise aus Sicht des Sprechers diskriminieren, drückte in Wahrheit aber lediglich eine Selbstverständlichkeit aus. Um zu erklären, wie diese meine Welt beschaffen war, muss ich ein wenig ausholen.

Als Kind war ich von fröhlicher, aufgeschlossener Natur, besaß, wie meine Eltern zu sagen pflegten, ein sonniges Gemüt. Dies zusammen mit der Tatsache, an einem Sonntag geboren, also ein Sonntagskind zu sein, bestärkte meine Eltern in der Erwartung, „aus dem Jungen wird mal etwas Besonderes“.

Ich erwies mich als passabler Schüler, der weder durch schlechte Noten noch durch Ärger mit den Lehrern auffiel. Doch zu den Mitschülern fand ich keinen wirklichen Zugang. Oder sie nicht zu mir. Nicht etwa, dass ich mich von gemeinsamen Unternehmungen ausgeschlossen hätte. Ich machte schon mit, war aber dennoch nie richtig dabei. Fühlte mich nie so wirklich gelitten, nie voll akzeptiert. Allenfalls geduldet. Wie der fünfte Spieler in einer Doppelkopfrunde. Wenn er dabei ist, dann spielt man eben so, dass in jeder Runde einer aussetzt. Ist er aber nicht dabei, wird er nicht vermisst, weil die Doppelkopfrunde auch ohne ihn vollzählig ist.

Mit der Zeit verallgemeinerte ich diese Erfahrung dahingehend, für andere eigentlich keine Bedeutung zu haben. Und sprach mir irgendwann selbst den Wert ab. Zog mich immer mehr in meine Welt zurück. Machte immer seltener den Versuch, meine Fühler in die Außenwelt auszustrecken, um nicht zurückgewiesen zu werden. Igelte mich ein, kapselte mich ab. Vereinsamte.

Ob meine Eltern es bemerkten, weiß ich nicht. Darüber gesprochen mit ihnen habe ich jedenfalls nie.

Da ich mich nirgendwo zugehörig fühlte, entwickelte ich allmählich eine Menschenscheu. Kreiste in meinem Denken, Handeln und Fühlen zunehmend um mich selbst. Verlor nach und nach die letzten Bindungen zu meinem schulischen Umfeld.

Zu Beginn des Studiums war ich bei meinen Eltern ausgezogen und bewohnte eine kleine Studentenbude. Doch auch an der Universität gelang es mir nicht, nachhaltige Kontakte zu knüpfen. Ich empfand immer eine unsichtbare Mauer der Ablehnung um mich herum, die mich daran hinderte, aktiv auf Kommilitonen zuzugehen. Dies galt gleichermaßen in Bezug auf das weibliche Geschlecht.

Der einzige Kommilitone, mit dem ich – zumindest bei großzügiger Auslegung – befreundet war, feixte häufig beim Anblick attraktiver Studentinnen: „Die würde ich auch nicht von der Bettkante schubsen."

Mir gelang es nicht einmal, mich locker und ungezwungen mit einer von ihnen zu unterhalten, geschweige sie auch nur in die Nähe meiner Bettkante zu bekommen. Sobald ich einmal einen interessierten Blick von einer Frau, die mir begehrenswert schien, wahrnahm, bekam ich Panik. Ich glaubte, ihrer nicht würdig zu sein. Wollte sie vor einer Enttäuschung mit mir bewahren. Und ließ die Chance verstreichen.

Meine Situation legte sich wie ein düsterer Schatten auf mein Gemüt und raubte mir den Lebensmut. Von meinem Hausarzt ließ ich mir über einen längeren Zeitraum hinweg wegen angeblicher Schlafstörungen Tabletten verschreiben, die ich sammelte. Eines Nachts schüttete ich sie zusammen in ein Glas Wasser und spülte sie herunter. Legte mich auf die Schlafcouch. Ohne einen Abschiedsbrief geschrieben zu haben. Wenn ich lebend niemanden interessiert hatte, würde ich auch tot niemanden interessieren. Und damit auch die Umstände meines Todes nicht oder gar Motive.

Vielleicht hätte ich an meine Eltern denken sollen. Es nicht getan zu haben, war wahrscheinlich ein Fehler. Der sich jedoch im Ergebnis nicht auswirkte.

Durch lautes Klopfen an meiner Tür wurde ich am nächsten Morgen geweckt. Mein Freund wollte mich zu einer bereits früh startenden Exkursion abholen, zu der wir uns angemeldet hatten. Er brachte mich ins Krankenhaus. Das rettete mir das Leben. Ich weiß nicht, ob ich ihm hierfür dankbar gewesen bin. Auf alle Fälle war es mir furchtbar peinlich und ich war froh, keinen Abschiedsbrief hinterlassen zu haben. Auf diese Weise konnte ich es zumindest so darstellen, aus Versehen zu viele Tabletten eingenommen zu haben. Meine Eltern waren erschüttert. Ich musste ihnen versprechen, meine Schlaflosigkeit nicht mehr mit Tabletten zu bekämpfen. „Probiere es lieber mit autogenem Training, Junge“, riet mein Vater.

Nach Abschluss meines Studiums trat eine deutliche Verbesserung in meiner Befindlichkeit ein. Bald hatte ich in meinem Beruf Fuß gefasst und mich als Fachmann etabliert. Selbst zu den Kollegen und Kolleginnen fand ich plötzlich Zugang. Sie respektierten mich als tüchtigen Kollegen, mit dem man neben beruflichen auch private Probleme besprechen konnte. Diese Erfahrung, anerkannt zu werden, war für mich geradezu überwältigend. Sie gab mir ungeahnte innere Kraft und Selbstsicherheit.

Ich mutierte zu einem eloquenten Mann mit Witz und Charme. Diese Verwandlung, die ich nie für möglich gehalten hätte, mutete mir wie ein Wunder an. Und ein nicht zu unterschätzender Nebeneffekt bestand auch in meinem veränderten Umgang mit Frauen. Machte mir eine Avancen, stieß ich sie nicht mehr durch mein schroffes Verhalten vor den Kopf wie früher, sondern ging entschlossen auf den Flirt ein. Auch ergriff ich häufiger selbst die Initiative. Und so wuchs die Anzahl an Frauen, die ich nicht von der Bettkante geschubst hatte. Ich empfand eine solche Leichtigkeit des Seins, eine solche Lebensfreude, gar Lebensgier, dass kein Raum mehr blieb für düstere Gedanken. Die Zeit zwischen meinem dreißigsten und vierzigsten Lebensjahr gehörte zur glücklichsten Zeit meines Lebens. Beruflich erfolgreich, Erfolge bei den Frauen, so schwamm ich auf einer Welle des Wohlbefindens. Eine Familie gründete ich zwar nicht, auch wäre mir eine Heirat nicht in den Sinn gekommen, aber das Dolce Vita mit wechselnden Lebensabschnittspartnerinnen übte auf mich einen mächtigen Reiz aus, der mich beinahe süchtig machte. Endlich schien ich auf der Sonnenseite des Lebens angelangt zu sein.

Leider war diese Hochphase nicht von Dauer. Es begann mit dem Unfalltod meiner Eltern, denen ein Geisterfahrer auf der Autobahn zum Verhängnis wurde. Der Verlust traf mich mit ungeheurer Wucht, schlang sich als Trauerflor um meine Gefühle und Gedanken. Das Lachen fiel mir immer schwerer, die Unbekümmertheit verflog. Die Kollegen kamen immer seltener mit ihren Fragen zu mir. Anfangs wunderte ich mich darüber, doch dann hörte ich zufällig, wie ein Kollege zu einer Kollegin sagte: „Findest du nicht auch, dass er sich verändert hat? Er wirkt irgendwie mürrisch und in sich gekehrt, als wolle er signalisieren: Lasst mich mit eurem Kram gefälligst in Ruhe."

„So empfinde ich das auch", entgegnete die Kollegin. „Natürlich verstehe ich, dass der tragische Tod seiner Eltern ein Schicksalsschlag für ihn gewesen ist. Aber langsam sollte er sich wieder fangen. Zumindest zu uns könnte er etwas freundlicher sein. Schließlich sind wir nicht schuld am Tod seiner Eltern."

„Das sehen die anderen hier auch so", pflichtete der Kollege bei.

Trotz dieser Information, die ich auf diese Weise ungewollt erhalten hatte und die mir das Verhalten meiner Kollegen mir gegenüber erklärte, blieb ich ein einsilbiger Griesgram. Die Leichtigkeit des Seins war dahin, ich konnte nicht dagegen an.

Dies hatte natürlich auch Auswirkungen auf meine Privatsphäre. Keine meiner Partnerinnen hielt es mehr lange mit mir aus. Anlässlich eines hitzigen Wortgefechtes warf mir eine an den Kopf: „Du verbreitest eine unangenehme Aura um dich. Du bist durch und durch ungenießbar."

Irgendwann zog ich die Konsequenzen, wechselte Arbeitsplatz und Wohnort und lebte allein. So hoffte ich, meine innere Balance wiederzufinden.

Mein neues Umfeld lernte mich jedoch in dieser Phase kennen – und nicht schätzen. Bei den Nachbarn galt ich bald als kauziger, verschrobener Eigenbrötler. An meiner neuen Arbeitsstelle erledigte ich meinen Job beanstandungsfrei, die Anerkennung und Bestätigung meiner vorherigen Tätigkeit blieb mir jedoch versagt.

Eine seltsame Nervosität machte sich allmählich breit. Ich fühlte mich in meine Studentenzeit versetzt, in der ich auch meist allein in meiner Studentenbude gehockt hatte. Die Uhr schien sich rückwärts zu drehen. Auch die düsteren Gedanken kehrten zurück und waberten in mir wie dichter Nebel, durch den kein Sonnenstrahl dringt. Immer häufiger drängte sich die Erinnerung an meinen Suizidversuch in mein Hirn, fragte, ob ich denn überhaupt noch eine Daseinsberechtigung hätte.

„Eigentlich hättest du doch schon seit fast fünfundzwanzig Jahren tot sein müssen, wenn es nach deinem

Willen gegangen wäre", flüsterte die innere Stimme. Ich versuchte, mich dagegen aufzubäumen, die Stimme zum Schweigen zu bringen.

Doch sie meldete sich abermals: „Hat sich denn viel für dich geändert? Zum Positiven? Was macht dein Leben jetzt lebenswerter als damals, als du zu den Tabletten gegriffen hast? Stehst du nicht wieder ganz am Anfang? Welche Perspektiven bleiben dir? Wie willst du es schaffen, zu einem neuen Höhenflug anzusetzen? Dein Leben ist grau, der Tod schwarz, der Unterschied ist nicht groß, besteht lediglich in Nuancen. Und deine Unruhe würde sich legen, du würdest den Frieden finden, nach dem du dich immer gesehnt hast."

Manchmal gelang es mir, die innere Stimme zu übertönen, durch wahllosen Aktionismus, durch Fernseh- oder Alkoholkonsum. Zum Verstummen brachte ich sie nicht. Latent war sie immer da, als permanenter Dauerton, ähnlich einem Tinnitus. Nur saß dieser Ton nicht in meinem Ohr. Er hatte sich in meinen Hirnwindungen eingenistet und war nicht bereit, das Feld zu räumen. Hilflos musste ich zusehen, wie er immer stärker von mir Besitz ergriff. Kampflos wollte ich mich dennoch nicht geschlagen geben.

„Kann es sein, dass mein Leben wirklich nur dazu bestimmt ist, ihm ein vorzeitiges Ende zu setzen?", grübelte ich.

Mein Verstand sagte nein, aber die innere Stimme drängte mich in eine andere Richtung. Einen Ausweg sah ich nicht. Es gab auch niemanden in meinem privaten oder beruflichen Umfeld, dem ich mich hätte anvertrauen mögen. Und den Weg zu einer professionellen Hilfe erwog ich niemals ernsthaft. Das ließ mein Stolz nicht zu.

Zwischendurch gab es Momente, in denen ich eine gewisse Stabilität erreicht hatte und in denen die Schönheit des Lebens aufblitzte. In denen sich gar ein Hauch von Euphorie bemerkbar machte. In denen ich mir zurief: „Genieße das Leben!"

In einer derartigen Anwandlung wählte ich eines Tages die Nummer einer Kontaktanzeige, die ich in der Tageszeitung gelesen hatte. Ich verabredete mich mit der Frau für den Abend in ihrer Wohnung.

Als sie mir die Tür öffnete, war ihr Anblick für mich ein Schock. Da stand statt einer „gut gebauten, knackigen Frau in den besten Jahren", wie es der Anzeigentext versprochen hatte, eine fette, verlebt aussehende Schlampe mit schlaffen Brüsten und Orangenhaut. Die Wohnung stank nach kaltem Zigarettenrauch.

Richtig wäre es gewesen, meinem ersten Impuls folgend auf dem Absatz kehrt zu machen. Doch verpasste ich den entscheidenden Moment, und schon stand ich im Flur der Wohnung und die Tür schloss sich hinter mir. Ohne Umschweife ging die Frau vor mir her in das Schlafzimmer. Völlig abgeturnt blieb ich am Fußende des Bettes stehen, während sie sich auf die Bettkante setzte. Neben dem Bett stand ein kleines Nachttischchen, auf dem neben einer Leuchte mit Stoffschirm ein Teller mit einem halben Apfel und ein Obstmesser lagen. Angewidert nahm ich es zur Kenntnis.

Auf Sex war mir endgültig der Appetit vergangen.

„Was ist?", fragte die Frau und nestelte bereits an ihrem BH-Verschluss.

Als sie den BH abnahm, fielen ihre Möpse wie zwei Mehlsäcke nach unten.

„Zieh dich aus und komm", forderte sie mich auf. „Oder bist du schüchtern?"

Bei dem Gedanken, mich zu diesem Weib ins Bett zu legen, stieg ein Würgereiz in mir hoch. Dennoch zog ich Hose und Hemd aus und legte sie auf einen vor dem Bett stehenden Stuhl.

„Das machst du aber ordentlich", höhnte die Frau. „Daran erkennt man den gut dressierten Ehemann. – Na, dann komm jetzt her zu Mutti."

Das Wort „Mutti" hätte sie nicht aussprechen sollen, denn so hatte ich meine Mutter genannt. Und deren Andenken wollte ich mir durch diese Schlampe nicht beschädigen lassen. Aber ich ging trotzdem um das Bett herum und nahm neben ihr Platz.

„Jetzt entspannen wir uns erst mal“, sagte sie. „Du bist doch verheiratet, oder?“, wollte sie wissen. Ich nickte nur, um mir weiteres Gerede von ihr zu ersparen.

„Hab ich es doch gewusst“, fuhr sie fort.

„Na schön, dann mach mal etwas Urlaub von zu Hause. Schauen wir mal, wie der Lümmel in Form ist“, plapperte sie weiter und langte so unvermittelt in meine Unterhose, dass ich es nicht verhindern konnte. Ihre Finger fuhren tastend umher. Sie blickte mich leicht vorwurfsvoll an.

„Viel regt sich da aber noch nicht“, stellte sie fest und umschloss mit festem Griff meinen Schwanz, der ebenso schlaff wie ihre Brüste war. Mit geübten Bewegungen begann sie, ihn zu massieren. Das war zu viel für mich.

Ich sprang auf. Eine Springflut an Ekel überrollte mich. Ekel vor dieser Frau, Ekel vor mir selbst, Ekel vor diesem Leben.

„Dieses Leben ist wirklich nichts mehr wert“, hämmerte es in meinem Kopf.

In den Abscheu mischte sich Wut.

Wut über mich, nicht auf der Schwelle kehrt gemacht zu haben, Wut über diese Frau, die sich in der Kontaktanzeige unter Vorspiegelung falscher Tatsachen angepriesen hatte, Wut über mich, darauf hereingefallen zu sein, Wut über diese Frau, den Begriff „Mutti“ benutzt und damit die Assoziation an meine Mutter in dieser niveaulosen Umgebung in mir hervorgerufen zu haben.

Ich hatte kaum bemerkt, dass auch diese Schlampe aufgestanden war und etwas von Geld faselte, das ich ihr ja wohl nicht vorenthalten wolle. Ich stieß sie wutentbrannt zurück aufs Bett. Nun begann sie erst recht zu keifen und zu drohen, ohne dass ich verstanden hätte, was sie sagte.

Um diesem unwürdigen Spektakel ein Ende zu bereiten, hielt ich ihr den Mund zu. Dabei konnte ich eine Berührung ihrer abscheulichen Titten nicht vermeiden. Erneut durchflutete mich eine Welle von Ekel.

Ich griff nach dem Obstmesser und begann, wild und hemmungslos zuzustoßen. Ich wollte mich auslöschen, meiner nutzlosen Existenz ein Ende bereiten. Der Körper dieser Frau vor mir auf dem Bett stand stellvertretend für meinen eigenen Körper, auf den ich immer wieder einstach.

Schließlich bemerkte ich meine Erregung. Ich streifte wie in Trance ihren Slip ab, zog meine Unterhose aus und drang rücksichtslos in die Sterbende ein. Den Gipfel des Ekels auf dem Höhepunkt der jäh erwachten Lust zu überwinden, brachte mich schier zur Raserei.

Als ich wenig später ernüchtert wieder bei klarem Verstand war, wurde mir bewusst, was ich angerichtet hatte. Überall Blut, an der Leiche, auf dem Bett, auf dem Boden, an der Wand und an mir. Ich ging ins Bad, duschte, zog meine Kleidung, an der ebenfalls Blutspritzer waren, an und verließ den Ort des Grauens.

Zwei Tage später prangte es in Großbuchstaben auf den Titelseiten der Zeitungen:

Brutaler Frauenmord

Mit mehr als achtzig Messerstichen ist eine Frau am Dienstagabend ermordet worden. Die Leiche wurde am Mittwoch im Laufe des Vormittags entdeckt, weil die Frau zu einer Verabredung mit ihrer Freundin nicht erschienen war und auch auf Anrufe nicht reagiert hatte. Daraufhin öffnete der Hausmeister die Wohnung. „Ich habe noch nie in meinem Leben solche furchtbaren Verletzungen gesehen", sagte der Leiter der Mordkommission auf einer Pressekonferenz. Zweiundachtzig Mal war auf den Körper der allein lebenden, als Gelegenheitsprostituierte arbeitenden Frau eingestochen worden, in Hals, Kopf, Brust und Bauch. Hinweise auf Motiv oder Täter gebe es noch keine, erklärte der Ermittler. „Die Umstände deuten nicht auf die Tat eines Profis hin. Vielmehr ist von einem wilden, furchtbaren, unbegreiflichen

Angriff auszugehen, möglicherweise einer Beziehungstat. Es dürfte eine gewisse Zeit in Anspruch genommen haben, jemandem Verletzungen dieser Größenordnung zuzufügen.

Natürlich dauerte es nicht lange, bis ich verdächtigt wurde. Es gab ja genügend DNA-Spuren sowie meine Telefonnummer auf dem Handy der Getöteten.

In der Öffentlichkeit bin ich seitdem die Bestie, der Psychopath, der Lustmörder, der Schlächter und was es mehr an derlei Bezeichnungen gibt. Dabei habe ich nur vollendet, was ich damals in meiner Studentenbude vergeblich versucht hatte: Mein überflüssiges Dasein zu beenden, mein Leiden an der Welt.

Sie werden einwenden, dass ich ja noch am Leben sei. Das stimmt zwar, wenn man es rein physikalisch betrachtet. Aber meine bürgerliche Existenz habe ich vernichtet. Und meine Freiheit. Ziehen Sie das einmal von Ihrem Leben ab und überlegen Sie, was dann noch übrig bleibt. Mir tut sogar das Opfer leid. Das sage ich nicht deshalb, um meine Richter milder zu stimmen. Es entspricht der Wahrheit. Ich habe seit dem verhängnisvollen Tag immer deutlicher erkannt, dass mein plötzlicher Hass auf diese Frau der lang aufgestaute Selbsthass gewesen ist. Die Frau hatte mir schließlich nichts getan, nichts, was die Todesstrafe verdient gehabt hätte. Wenn ich den Ablauf des Abends noch einmal vor meinem geistigen Auge abspulen lasse wie einen Film und das Geschehen aus der Sicht eines unbeteiligten Dritten betrachte, hatte mir die Frau keinen Anlass gegeben, derartig zu reagieren. Deswegen kann ich der Einschätzung des Leiters der Mordkommission, der von einer unbegreiflichen Tat gesprochen hat, in gewisser Weise zustimmen. Für den Außenstehenden muss es sich so darstellen. Blendet man jedoch meine Welt, insbesondere meine Innenwelt, nicht aus, wird die Tat vielleicht begreifbar. Zumindest für diejenigen, die nicht nur an der Oberfläche bleiben, sondern bereit sind, in die Abgründe der menschlichen Seele hinabzusteigen.

Würde mich jemand fragen, wie ich meine Tat charakterisieren würde, schlüge ich vor: *Schrei einer gequälten Seele*. Wenn das nur nicht so schwülstig klingen würde.

Doppelkopf

Spiele jedweder Art waren mir – abgesehen von meiner frühen Kindheit, in der ich mit meinen Großeltern liebend gerne „Mensch-ärgere-dich-nicht“ gespielt hatte – stets ein Gräuel. Mit einer Ausnahme: Doppelkopf.

So zögerte ich nicht lange, als Stefan mich bat, ausnahmsweise für Thomas einzuspringen. „Der muss kurzfristig auf eine dreitägige Fortbildung.“

Stefan, Thomas, Joachim, Michael und ich waren seit Schulzeiten eine verschworene Doppelkopfgemeinschaft gewesen. Seit meiner Heirat mit Anne vor drei Jahren hatten sich unsere Interessen allerdings rapide auseinanderentwickelt, bis es vor einigen Monaten zum Bruch zwischen uns gekommen war. Nachdem mir meine Kumpel immer häufiger zu verstehen gegeben hatten, dass der Einfluss von Anne mir offensichtlich nicht gut tue, hatte ich die Konsequenzen gezogen.

Mein Austritt hatte die Doko-Runde natürlich nicht gesprengt, aber anfälliger gemacht.

Das vierzehntägige Doppelkopfspiel gehörte nach wie vor zu den unantastbaren Ritualen. Nur in Notfällen, wenn einer von den vieren verhindert war und kein Ersatzmann zur Verfügung stand, fiel es aus. Ein derartiger Notfall drohte, als ich Stefan an jenem Augusttag über den Weg lief.

„Wir haben schon Andreas und Franz gefragt, aber die haben keine Zeit“, beschwor mich Stefan und appellierte an unsere gemeinsame Doko-Tradition. „Vielleicht kannst du ja für einen Abend über die unerfreulichen Dinge der jüngsten Vergangenheit hinwegsehen.“

Ich überlegte kurz.

„Gut“, stimmte ich zu, „am Mittwochabend ist Anne sowieso bei ihren Eltern.“

Stefan grinste hocherfreut und schlug mir krachend

auf die Schulter. „Also, dann sehen wir uns übermorgen bei mir."

Wir hatten fast vier Stunden gespielt. Es war ein sehr netter Abend gewesen, bei dem es sehr entspannt zugegangen war. Das lag vermutlich an der Abwesenheit von Thomas.

Thomas war nicht nur der leidenschaftlichste Spieler der Runde, er duldete auch keine Fehler, zumindest keine Fehler seiner Mitspieler. Führte ein Fehler gar dazu, dass für Thomas das betreffende Spiel verlorenging, konnte er fuchsteufelswild werden. Dann musste sich derjenige, der ihm das eingebrockt hatte, teilweise üble Beschimpfungen gefallen lassen. Über eigene Fehler hingegen sah Thomas mit einer gewissen Großzügigkeit und dem Spruch „das kann ja jedem mal passieren" hinweg.

Wir ließen den Abend mit etwas Small Talk ausklingen.

„Thomas hätte sicherlich lieber Doppelkopf mit uns gespielt, als jetzt irgendwo in einem Hotel im Sauerland zu hocken, in Attendorn oder so", erzählte Michael und konnte sich einen Anflug von Schadenfreude nicht verkneifen.

Stefan bedankte sich bei mir dafür, dass ich trotz der Querelen in der Vergangenheit bereit gewesen sei, „die heutige Doko-Runde zu retten", wie er es ein wenig melodramatisch nannte. „Vielleicht steigst du ja irgendwann wieder bei uns ein", zeigte Joachim eine mögliche Zukunftsperspektive auf.

„Wer weiß", beließ ich es im Bereich des Ungewissen, aber nicht von vornherein Aussichtslosen.

Als ich zu Hause war, fand ich eine Nachricht auf dem Anrufbeantworter unseres Telefons vor: „Ich wollte nur kurz Bescheid sagen, dass ich gut bei meinen Eltern angekommen bin. Leider habe ich dich nicht erreicht. Ich melde mich morgen noch einmal. Küsschen, Anne."

Wir hatten vereinbart, dass Anne während des Aufenthaltes bei ihren Eltern mich anrufen sollte, nicht umgekehrt. „Du weißt ja, meine Mutter bekommt immer einen Schreck, wenn unerwartet das Telefon bimmelt", hatte Anne mir nachdrücklich in Erinnerung gerufen.

In der Tat geriet meine Schwiegermutter schnell aus dem Häuschen, wenn das Telefon ging, weil sie stets mit dem Schlimmsten rechnete.

Und aus Erfahrung wusste ich, dass Anne ihr Handy meistens ausgeschaltet hatte und somit auf diesem Weg auch nicht ständig erreichbar war.

Den Abend des nächsten Tages verbrachte ich zu Hause. Aß eine Kleinigkeit, las die Tageszeitung, schaltete den Fernseher ein. Doch so richtig konnte ich mich auf den Film nicht konzentrieren, da mich allmählich eine innere Unruhe ergriffen hatte.

„Mittlerweile hätte sich Anne ja melden können", dachte ich mit Blick auf die Uhr.

Gegen Ende des Films lief ich zum Telefon und wählte die Nummer meiner Schwiegereltern. Auf die Befindlichkeit meiner Schwiegermutter konnte ich jetzt keine Rücksicht nehmen.

Am anderen Ende der Leitung meldete sich mein Schwiegervater. „Du bist es, Junge", sagte er in seiner bedächtigen Art. „Mutter hat einen mächtigen Schreck bekommen, als das Telefon geklingelt hat. – Ist alles in Ordnung bei euch?"

Ich wunderte mich über das „euch".

„Ja, hier ist alles in Ordnung", erwiderte ich gedehnt. „Bei euch auch? Und habt ihr mit eurer Tochter viel unternommen?"

„Bei uns ist Gott sei Dank auch alles in Ordnung", entgegnete mein Schwiegervater. „Aber deine Frage, ob wir mit unserer Tochter viel unternommen haben, verstehe ich nicht. Wir haben, wie dir bekannt ist, nur eine Tochter, und dass wir Anne zuletzt vor vier Wochen gesehen haben, als ihr bei uns wart, weißt du doch." Ich schluckte, mein Hals schien völlig ausgetrocknet zu sein.

„Dann muss ich Anne falsch verstanden haben", antwortete ich rasch. „Ich dachte, sie hätte euch besucht."

„Nein, mein Junge, hier ist sie nicht. Ist sie denn noch nicht zu Hause?"

„Nein, aber ich schätze, dass sie jeden Moment kommen wird", log ich, um meine Schwiegereltern nicht zu beunruhigen. „Wahrscheinlich hat sie mit ‚meine Eltern' die Eltern ihrer Schüler gemeint und ist zu einem Elternstammtisch gefahren. – So entstehen Missverständnisse. Grüß die Mutter von mir. Ich wünsche euch einen schönen Abend."

„Den wünsche ich euch auch."

Mit zitternder Hand legte ich den Hörer auf die Gabel. Schweiß brach mir aus, ich musste mich setzen.

Ich wusste nicht, ob mir die Schwiegereltern das mit dem Elternstammtisch abnahmen, immerhin waren noch Sommerferien. Aber es war die einzige Ausrede, die mir spontan eingefallen war.

Viel drängender beschäftigte mich die Überlegung, wo Anne wirklich war. Und warum sie mir gesagt hatte, sie wolle für drei Tage zu ihren Eltern fahren.

Ich ging nicht davon aus, dass ihr etwas zugestoßen war. Hiergegen sprach ihre Mitteilung auf dem Anrufbeantworter, sie sei gut bei ihren Eltern angekommen. Sie hatte mich, so viel schien mir sicher, bewusst hinters Licht führen wollen. Aber aus welchem Grund?

Aus diesen Grübeleien riss mich das Klingeln des Telefons. Das Display zeigte Annes Handynummer an. Ich nahm den Hörer ab.

„Guten Abend, Schatz. Ich hoffe, du warst noch nicht im Bett?" Annes Stimme klang fröhlich und aufgekratzt.

„Nein, nein, ich war noch nicht im Bett, schlafen könnte ich sowieso nicht", entgegnete ich mit einem Kloß im Hals.

Ich hörte, wie Anne stutzte.

„Was soll das heißen?“, erkundigte sie sich.

„Das soll heißen, dass ich mir zurzeit eine Menge Gedanken mache. Beispielsweise darüber, wo du wohl gerade steckst. Jedenfalls nicht bei deinen Eltern.“

Ich wunderte mich selbst, wie sachlich und unaufgeregt ich das hervorbrachte.

Anne räusperte sich. Das tat sie immer dann, wenn sie verlegen war.

„Ich werde dir morgen, wenn ich zurück bin, alles erklären. Jetzt am Telefon geht das nicht. Also bis morgen.“ Und damit legte sie auf.

Ich war konsterniert, spürte mein Blut in den Adern pochen. Sie hatte mich wie einen dummen Jungen einfach stehen lassen, mit dem Telefonhörer in der Hand. Ich wählte ihre Handynummer, doch sie hatte das Handy ausgeschaltet.

In der Nacht konnte ich tatsächlich nicht einschlafen. Mein Kopf war erfüllt von einer Gedankenflut, der ich nicht Herr zu werden vermochte. Bislang hatte ich Anne stets vertraut, hätte meine Finger für sie ins Feuer gelegt. Doch mit einem Schlag war das vorbei.

Was konnte eine Frau dazu bewegen, für drei Tage unter Vorspiegelung falscher Tatsachen wegzufahren? Was oder – davon ging ich mittlerweile aus – wer steckte dahinter? Natürlich ein Mann, ein Lover.

Oder doch nicht? Konnte es nicht eine andere Erklärung geben? Aber welche?

Nach dem Aufstehen am nächsten Morgen fühlte ich mich wie gerädert. Mein Kopf schmerzte, als wolle er zerspringen, obwohl ich bisher frei von Migräneattacken gewesen war.

Dem Impuls, mich krank zu melden, widerstand ich, denn wie hätte ich den Tag ohne die Abwechslung des Berufsalltags überstehen sollen?

Als ich am späten Nachmittag nach Hause kam, stand

Annes Wagen vor der Tür. Sie selbst hielt sich im Garten auf. Ich ging zu ihr hinaus, doch sie zog mich wieder zurück ins Haus.

„Die Nachbarn brauchen ja nicht mitzubekommen, was zwischen uns zu besprechen ist", begründete sie.

„Gibt es denn etwas zu besprechen?", fragte ich, in meinen Emotionen hin und her gerissen zwischen Erleichterung über die Rückkehr meiner hübschen Frau und der quälenden Ungewissheit über das, was in den letzten Tagen passiert war.

Sie sah mich zweifelnd an, als wolle sie herausfinden, ob ich meine Frage ernst gemeint habe.

„Gestern Abend am Telefon hatte ich schon den Eindruck, als hättest du Gesprächsbedarf", flüsterte sie, wobei ich ihr ihr Unwohlsein deutlich anmerkte.

Und da platzte es aus mir heraus: „Natürlich habe ich Gesprächsbedarf, das steht doch wohl außer Frage. Oder soll ich es als normal hinnehmen, wenn du mich anlügst, für drei Tage zu deinen Eltern zu fahren, und dich dann irgendwo herumtreibst. Dürfte ich vielleicht erfahren, wo du gewesen bist?"

Den letzten Satz hatte ich mit aller mir zu Gebote stehenden Ironie hervorgestoßen.

Aus ihren großen, braunen Augen blickte mich Anne verzweifelt an. Plötzlich warf sie sich an meine Brust, schlang ihre Arme um meinen Hals und begann zu schluchzen.

„Es tut mir leid, wirklich", brachte sie unter Tränen heraus.

Ich drückte sie von mir, um ihr ins Gesicht schauen zu können. „Was tut dir leid? Was tut dir leid? Sag schon!" Anne wurde von Weinkrämpfen geschüttelt.

Ich sah, dass sie im Moment nicht sprechen konnte, fuhr sie jedoch erneut an: „Rück endlich mit der Sprache heraus! Wo warst du – oder sollte ich direkt fragen: Mit welchem Kerl bist du zusammen gewesen?"

Anne hatte sich auf das Sofa fallen lassen und war in

sich zusammengesunken. Sie schnäuzte sich die Nase, wischte ihre Tränen weg, starrte ins Leere und wimmerte. Wie ein Häufchen Elend saß sie dort.

Unter normalen Umständen hätte sie mir leidgetan, aber nach derlei sentimentalen Anwandlungen war mir weiß Gott nicht zumute.

Ich setzte mich in einen Sessel ihr gegenüber und sagte mit schneidender Stimme: „Ich höre!"

Es dauerte eine Weile, die mir wie eine Ewigkeit vorkam, ehe Anne leise zu reden begann.

Jeder ihrer Sätze traf mich wie ein Peitschenschlag. Dennoch zwang ich mich dazu, ruhig zu bleiben. Obwohl *zwingen* nicht ganz stimmt: Mein Inneres war zu Eis gefroren; deshalb konnte ich gar nicht anders, als auf meinem Platz zu verharren und fast andächtig dem zu lauschen, was für mich den Super-GAU bedeutete.

Ich hätte es ja wohl schon geahnt, begann Anne und räumte ein, dass sie sich in der Tat mit einem Mann getroffen habe. Es sei halt passiert, vor zwei, drei Monaten, dass sie sich in diesen Typen verknallt habe. Und er ihr dann den Vorschlag gemacht habe, doch zwei gemeinsame Nächte in einem kleinen Hotel in Attendorn zu verbringen.

Attendorn, Attendorn, durchzuckte es mich. Diesen Ort hatte neulich schon einmal jemand erwähnt, und mir fiel auch ein, wer es gewesen war: Michael, als er bei der Doko-Runde über Thomas gesprochen hatte.

„Du hast dich mit Thomas getroffen?!", unterbrach ich meine Frau, halb fragend, halb feststellend.

Anne schien überrascht.

„Woher weißt du das?"

Ich erzählte ihr von dem Doko-Abend.

„Das hattest du mir vorher nicht gesagt, dass du Doppelkopf spielen würdest."

„Genauso wenig wie du mir vorher gesagt hast, dass du es mit Thomas treiben würdest", erwiderte ich und löste mich allmählich aus meiner Schockstarre.

Ich sprang auf und tigerte im Wohnzimmer auf und ab. Ich spürte, wie sich ein explosives Gefühlsgemisch in mir zusammenbraute.

„Ich hoffe, du hattest wenigstens viel Spaß“, setzte ich bedrohlich leise an, um jäh loszubrüllen: „Wahnsinn! Das darf doch alles nicht wahr sein! Meine Frau, angeblich glücklich verheiratet, sucht sich einen Lover! Nicht für einen einmaligen Ausrutscher, oder wie man das nennen könnte, sondern gleich für ein paar Tage und Nächte am Stück! Ein Liebesnest irgendwo im Sauerland!“

Ich machte zwei schnelle Schritte auf das Sofa zu, packte Anne an den Armen, riss sie hoch und schüttelte sie.

„Und ich Trottel von Ehemann“, schleuderte ich ihr ins Gesicht, „habe nicht nur nichts bemerkt, sondern springe auch noch für diesen Mistkerl beim Doppelkopf ein, während er dich vögelt!“

Anne machte sich mit einer energischen Bewegung frei. „Fass mich nicht an“, fauchte sie mit solchem Nachdruck, dass ich ein wenig zurückwich. „Wir können über alles reden, auch über die Konsequenzen, aber lass deine Hände von mir.“ Ich lächelte ungläubig.

„Willst du mir drohen? Erst fremdficken und mir dann drohen?“

Ich streckte erneut die Hände nach ihr aus, besann mich aber und verschränkte die Arme vor der Brust.

„Du hast ganz recht. Ich werde mir nicht die Hände an dir schmutzig machen, du mieses kleines Flittchen!“, schrie ich, drehte mich um und lief aus dem Haus.

Seit jenem Tag ist gut ein Vierteljahr vergangen. Anne und ich leben noch zusammen. Wir haben uns ausgesöhnt, wollen einen Neuanfang. Aber ich bin mir nicht sicher, ob der gelingt. Das unbedingte Vertrauen zueinander, das bisher das Fundament unserer Ehe war, ist zerstört. Doch da ich Anne immer noch liebe, hoffe ich, dass sich neues Vertrauen bildet.

Thomas wollte ich zur Rede stellen, als ich ihn inmitten einer Menschentraube an einer breiten Kreuzung vor einer roten Ampel stehen sah. Durch die wartende Menge schob ich mich unbemerkt an ihn heran. Als ich mich direkt hinter ihm befand, drehte er sich um, sah mich an. Ich denke, er hat sich erschrocken, denn er riss die Augen weit auf und geriet ins Wanken. In diesem Augenblick näherte sich von links ein Lastzug. Thomas stolperte, fiel vor den LKW. Mag sein, dass ich ihn noch berührt, gar gestoßen habe, so genau weiß ich es nicht. Alles spielte sich schließlich in einem Bruchteil von Sekunden ab.

„Tragischer Unfall mit einem Toten" stand später in der Zeitung.

Anne habe ich natürlich nicht erzählt, dass ich Zeuge dieses Unfalls gewesen bin.

Unser Leben geht – zumindest rein äußerlich – seinen gewohnten Gang. Nur eine Kleinigkeit hat sich geändert: Mittwochs spiele ich alle vierzehn Tage mit Stefan, Joachim und Michael wieder Doppelkopf. Das hat sich so ergeben. Ich kann doch die Jungs nicht hängenlassen.

Das Wiedersehen

Ihr Anblick traf mich mit ungeheurer Wucht. Die Erinnerung an sie war tief in meinem Innern verschlossen gewesen, wie ein Tumor, der sich verkapselt hat. Nun brach eine Flut längst vergessen geglaubter Bilder über mich herein, überschwemmte mich mit einer schier unendlichen Fülle von Eindrücken, dass ich mich setzen musste, um dem Ansturm der Emotionen Herr zu werden.

Sie stand vor einem großformatigen abstrakten Gemälde, das sie aufmerksam betrachtete. Ich hatte nur noch Augen für sie. Die Ausstellung war für mich schlagartig ohne Belang, lediglich ein Rahmen für das einzige Werk von Interesse: Ellen.

Ich verfolgte sie mit meinen Blicken, ging in einigem Abstand hinter ihr die breite gewendelte Treppe in den oberen Stock. Als sie sich unvermittelt umschaute, bemerkte sie mich.

„Andy, bist du es?“ Sie sprach mit leiser Stimme, als fürchtete sie sich davor, einem Irrtum erlegen zu sein und einen Fremden angesprochen zu haben.

„Hallo Ellen“, entgegnete ich und reichte ihr die Hand. Sie ergriff sie und hielt sie fest, einen Moment länger, als für einen Händedruck erforderlich gewesen wäre.

„Wie geht es dir?“, wollten wir fast gleichzeitig wissen und mussten beide herzhaft lachen. Sofort war die alte Vertrautheit wieder da.

„Willst du dir die Ausstellung erst noch zu Ende ansehen, oder sollen wir irgendwo einen Kaffee trinken gehen?“, fragte ich.

„Ich bin extra wegen dieser Ausstellung in meine alte Heimatstadt gekommen“, erwiderte sie.

Ich weiß nicht, ob sie meine enttäuschte Miene wahrgenommen hatte oder ob es aus eigenem Antrieb geschah, jedenfalls fügte sie hinzu: „Ich bin mit meinem Rundgang fast fertig. Und unser unverhofftes Wiedersehen ist schließlich auch ein Grund ... Lass uns einen Kaffee trinken gehen."

Wir verließen das Museum und setzten uns an einen im Freien stehenden Tisch eines Innenstadtcafés.

„Schön, dich nach all den Jahren wiederzusehen", begann ich unsere Unterhaltung, und dann tauchten wir ein in vergangene Zeiten.

Ellen und ich kannten uns seit ewigen Zeiten. Wir waren als Nachbarskinder im selben Wohnblock aufgewachsen, hatten zusammen im Sandkasten gespielt, waren gemeinsam in den Kindergarten und in die Grundschule gegangen. Dann war es nicht mehr cool, sich mit Mädchen abzugeben, doch irgendwann auf dem Gymnasium erwischte es mich umso mehr. Ich verliebte mich unsterblich in Ellen, diesem feingliedrigen, blauäugigen Wesen mit den lockigen, langen blonden Haaren. Doch hatte ich nie eine Chance bei ihr, wenigstens keine richtige Chance. Über einen kumpelhaft-vertrauten Umgang mit ihr gelangte ich nicht hinaus. Stets fühlte ich mich in ihrer Gegenwart merkwürdig gehemmt, als sei es unanständig, die unschuldige Spielkameradin von einst zum Objekt der Begierde zu machen. Nach dem Abitur verlor ich sie aus den Augen. Auf den hin und wieder stattfindenden Klassentreffen tauchte sie nie auf, und Konkretes über ihren weiteren Lebensweg konnte ich nicht in Erfahrung bringen.

In der Folgezeit verdrängte ich die Erinnerung an sie so gründlich es ging. Und so war es mir gelungen, Ellen aus meinem Bewusstsein in das dunkle Schattenreich des Unbewussten zu verbannen.

„Hast du auf dem Gymnasium nie bemerkt, dass ich schrecklich verliebt in dich war?"

Sie lächelte ein wenig kokett. „Nein. Für mich warst du immer Andy, der Spielkamerad, der Kumpel, der gute Bekannte, der Brudersatz. Aber als meinen Lover hätte ich dich mir nicht vorstellen können. Mir wäre auch nie in den Sinn gekommen, dass du es so sehen würdest."

Ich fühlte mich beschämt. „Nun, das ist Vergangenheit", beeilte ich mich zu sagen und versuchte ein unverfängliches Grinsen.

Ellen blickte mich aus halbgeschlossenen Augen durch ihre langen Wimpern an. „Schade eigentlich."

„Wie meinst du das?", erkundigte ich mich, ganz unsouverän. Wie zu Gymnasialzeiten machte sich bei mir wieder diese Unsicherheit, fast Scheu, ihr gegenüber bemerkbar.

Sie blies den Rauch ihrer Zigarette in meine Richtung. „Einfach so. Es hätte doch was, wenn du deine Angebetete nach Jahren wiedertriffst – und nicht nur deine ehemalige Flamme."

Sie tat einen tiefen Zug und blies den Rauch erneut in meine Richtung.

„Ich würde mich zumindest geschmeichelt fühlen."

Ihr Blick ruhte forschend, geradezu sezierend, auf mir.

Ich schluckte und legte beide Hände um die Kaffeetasse. Warum befiel mich bloß diese blödsinnige Verlegenheit? Ich war schließlich kein Teenager mehr. Ich bemühte mich, meine Irritation zu überspielen.

„Das ehrt mich natürlich, dass du dich geschmeichelt fühlen würdest."

Ich machte eine kurze Pause.

„Ob ich noch etwas für dich empfinde, bedürfte einer genauen Prüfung. Dazu müsste ich tief in mich hineinhorchen."

Trotz dieses etwas gestelzten Statements gelang es mir allmählich, auf Flirtmodus umzuschalten und meine Unbefangenheit zurückzugewinnen. Da schien sich ein reizvolles Spiel anzubahnen, und wer weiß, mit welchem Ausgang? Immerhin sah Ellen nach wie vor klasse aus, wenngleich ihre einst elfenhafte Zartheit einer fraulicheren Erscheinung gewichen war.

„Wenn ich die Signale in meinem Innern richtig deute", fuhr ich fort, fest entschlossen, mich auf dieses Spiel einzulassen, „dann ..."

Ellen sah auf ihre Armbanduhr. „Oh, schon so spät!“, rief sie aus. „Ich muss zahlen.“

Konsterniert über dieses abrupte Ende unseres Gesprächs schwieg ich betroffen.

„Wenn du es eilig hast, kannst du gehen“, fand ich meine Sprache wieder. „Betrachte dich als eingeladen.“

Ich war verletzt über ihre Taktlosigkeit, mich mitten im Satz unterbrochen zu haben, wollte mir das aber nicht anmerken lassen.

Sie stand auf. „Es tut mir leid. Aber wir bleiben in Kontakt. Gib mir doch deine Telefon- oder Handynummer, dann melde ich mich. Versprochen.“

Ich schrieb ihr die Nummern auf eine Serviette, wir umarmten uns flüchtig, dann lief sie raschen Schrittes über den Platz und tauchte in der Menschenmenge unter. Ich winkte die Kellnerin heran, nicht zum Bezahlen, sondern um mir noch einen Kaffee zu bestellen. Meine Verwirrung war komplett. Ich brauchte Zeit, um in Ruhe meine Gedanken zu ordnen. Außerdem hatte ich in der letzten halben Stunde eine Achterbahnfahrt der Gefühle durchlebt. Als sich diese Gefühle in eine angenehme, erwartungsvolle Richtung zu entwickeln begannen, hatte sie Ellen mit ihrem überstürzten Aufbruch im Keim erstickt. Zwar hatte sie meine Handy- und Telefonnummer, was einem winzigen Hoffnungsschimmer Raum gab. Allerdings besaß ich keine Möglichkeit, von meiner Seite aus Kontakt zu ihr aufzunehmen. Das hatte ich früher schon einmal erfolglos versucht. Aber unter ihrem Mädchennamen war sie weder auf Telefon-CDs noch in sozialen Netzwerken ausfindig zu machen gewesen. Wahrscheinlich trug sie längst nicht mehr ihren Geburtsnamen, sondern den Namen ihres Ehemannes. Oder war sie gar nicht verheiratet?

Erst jetzt fiel mir auf, dass wir uns ausschließlich in der Vergangenheit bewegt, aber kein Wort über die Gegenwart verloren hatten. Ich hatte es bewusst vermieden, um den letzten Rest an Illusion nicht zu zerstören. Und sie? Hatte es sie einfach nicht interessiert? Wollte sie nur nicht indiskret sein? Oder waren ihre Beweggründe den meinen ähnlich? Eher unwahrscheinlich, war sie doch nach eigener Aussage nie verliebt in mich gewesen. Andererseits ihre Bemerkung, sie würde sich geschmeichelt fühlen, falls ich noch immer verliebt in sie wäre: War das lediglich Ausdruck weiblicher Eitelkeit? Oder steckte doch mehr dahinter?

So sehr meine Gedanken auch um diese Fragestellungen kreisten – ach was, wirbelten! –, ich kam zu keinem befriedigenden Ergebnis meiner Überlegungen. Nur eines wurde mir schmerzlich klar: Der Flaschengeist, den ich so sorgfältig verkorkt hatte, war aus seiner Flasche entwichen. Oder, um bei dem eingangs benutzten Bild zu bleiben: Der Tumor, der sich über Jahre verkapselt hatte, begann wieder zu wachsen. Noch konnte ich nicht einschätzen, ob es ein gut- oder bösartiger Tumor war.

Als die Kellnerin fragte, ob es noch etwas sein dürfe, weil ich bereits seit einiger Zeit vor meiner zweiten leeren Kaffeetasse saß, verneinte ich, beglich die Rechnung und ging.

In den darauffolgenden Tagen beschäftigte mich nichts mehr als Ellen. Sehnsüchtig wartete ich auf einen Anruf von ihr. Der blieb jedoch aus.

„Wie konntest du auch nur so naiv sein, zu glauben, dass sie sich noch einmal meldet?“, schalt ich mich selbst einen Narren.

Unterdessen wurde Ellen zu meiner Obsession, meiner fixen Idee. Allmählich verfluchte ich unser Wiedersehen, ohne das ich nicht um meinen Seelenfrieden gebracht worden wäre.

Dann, etwa vierzehn Tage nach unserer Begegnung im Museum, rief Ellen mich tatsächlich an. Ohne Umschweife fragte sie mich, ob wir uns am kommenden Samstag treffen könnten, dieses Mal würde sie auch mehr Zeit mitbringen. Eigentlich hatte ich für das Wochenende eine Radtour mit Freunden geplant, aber was war das im Vergleich zu der Aussicht, mit Ellen den Samstag verbringen zu dürfen. Für mich gab es überhaupt keine Frage, wie hier die Prioritäten zu setzen waren. Deswegen sagte ich Ellen zu und die Fahrradtour ab.

Am frühen Samstagnachmittag holte ich Ellen, die mit dem Zug kam, vom Bahnhof ab. Sie sah atemberaubend aus, trug ein enges schwarzes T-Shirt zu einer ebenso eng anliegenden schwarzen Jeans. Als Gepäck hatte sie einen kleinen Rucksack dabei.

Wir bummelten durch die Innenstadt, tranken einen Kaffee und aßen Eis im Hörnchen.

„Die Sorten hast du früher schon immer ausgewählt", sagte ich und deutete auf die drei Kugeln Mocca-, Nuss- und Vanilleeis in ihrem Hörnchen.

„Das weißt du noch?", gab sie sich erstaunt. „Da muss ja wirkliches Interesse im Spiel gewesen sein."

Sie hielt das Eishörnchen in der rechten Hand und hakte sich mit der Linken unvermittelt bei mir unter. Als ich die Wärme ihres Körpers an meiner Seite spürte, lief es mir eiskalt den Rücken hinunter und ich bekam eine Gänsehaut. Der Duft ihres Parfüms tat ein Übriges, um mich in eine Stimmung des Entrücktseins zu versetzen. Langsam schlenderten wir auf den Stadtpark zu.

„Die Zugfahrt hat mich ein wenig ermüdet", sagte Ellen. „Lass uns im Stadtpark ein schattiges Plätzchen suchen, wo wir uns ausruhen können. Einverstanden?"

Und ob ich einverstanden war.

Als wir auf einer Bank unter einer weit ausladenden Buche Platz nahmen, rückte Ellen so dicht an mich heran, dass ich gar nicht umhin kam, meinen rechten Arm um sie zu legen. Sie schmiegte ihren Kopf an meine Schulter. So saß sie schweigend mit geschlossenen Augen da. Ich sprach auch kein Wort, um ja nicht diesen magischen Moment zu zerstören.

Irgendwann wanderte ihre linke Hand von meinem

Knie zur Innenseite meines Oberschenkels, wo sie verharrte. Das ermutigte mich dazu, meine rechte Hand, die auf ihrem Oberarm ruhte, leicht über ihre Brust gleiten zu lassen. Sie ließ es geschehen.

Ich versank in einen Zustand zwischen Traum und Wirklichkeit.

Als ich mich allmählich zu fragen begann, ob sie nicht vielleicht doch ein geistreiches Gespräch von mir erwartete, und ich über ein passendes Thema nachgrübelte, flüsterte sie mir plötzlich ins Ohr: „Gäbe es eventuell eine Gelegenheit, dass wir die Nacht zusammen verbringen?"
„Meinst du, wir sollten die Nacht zum Tag machen und um die Häuser ziehen?", fragte ich vorsichtig, um sie bloß nicht misszuverstehen.

„Das wäre eine Möglichkeit", entgegnete sie und lächelte vieldeutig.

„Und was wäre die andere Möglichkeit?"

„Ach Andy, fällt dir da nichts ein? Oder bist du nicht mehr frei?"

Bei dieser Frage löste sich ihr Kopf von meiner Schulter und sie sah mich eindringlich an. Bislang hatten wir noch nicht über unseren jeweiligen Beziehungsstatus gesprochen. Mich hätte gereizt, ihre Reaktion zu beobachten, wenn ich gesagt hätte, ich sei gebunden. Aber so viel spielerische Leichtigkeit brachte ich nicht auf, also erwiderte ich wahrheitsgemäß: „Ich bin Single, ohne Anhang, wenn du das meinst."

Sie lehnte sich erneut gegen mich und schnurrte wie ein Kätzchen. „Dann ist es ja gut", hauchte sie.

Damit schien der weitere Verlauf unseres Beisammenseins, zumindest was den nächtlichen Teil anbelangte, vorgezeichnet zu sein.

„Und was machen wir mit dem angebrochenen Abend?", fragte ich nach einer Weile in das Schweigen hinein.

Nicht, dass mir dieses stumme Idyll langweilig geworden wäre. Schon früher, als wir als Kinder miteinander gespielt hatten, hatte ich an Ellen geschätzt, dass sie nicht ununterbrochen redete. Aber die verlockende Aussicht auf eine gemeinsame Nacht ließ mich ein wenig ungeduldig werden.

„Wäre es in Ordnung, wenn wir etwas essen gehen und danach – zu mir?"

„Das wäre sehr in Ordnung", flüsterte sie und gab mir einen flüchtigen Kuss auf die Wange.

Nachdem wir in einem gemütlichen Lokal zu Abend gegessen und eine Flasche Wein getrunken hatten, wollte ich die Rechnung bezahlen, doch Ellen bestand darauf, ihren Teil selbst zu begleichen.

„Selbst ist die Frau", lächelte sie, um süffisant hinzuzufügen: „Nicht dass du denkst, ich wäre käuflich!"

Mit der S-Bahn fuhren wir einige Stationen weit. Danach waren es nur noch wenige Meter bis zu dem Haus, in dem meine Wohnung lag.

Ellen inspizierte aufmerksam sämtliche Räume und stellte anerkennend fest: „Du bist geschmackvoll eingerichtet."

Erfreut über dieses Lob fragte ich, mutiger werdend: „Gilt das auch fürs Schlafzimmer?"

„Dem ersten Eindruck nach zu urteilen ja", entgegnete sie. „Einen endgültigen Eindruck hoffe ich mir in den nächsten Stunden verschaffen zu können."

Ihr Lächeln war eine einzige Verlockung. Dennoch bot ich ihr noch einen Drink an. Sie entschied sich für Champagner: „Zur Feier des Tages und der Nacht", erklärte sie mit ironischem Pathos.

Im Anschluss ging sie als erste ins Bad. Als ich aus dem Bad kam, lag sie bereits auf dem Bett, bekleidet nur noch mit einem Hauch von BH und einem Tanga-Slip. Der Anblick ihrer kaum noch verhüllten Nacktheit erregte mich in höchstem Maße. Das blieb ihren forschend musternden Augen nicht verborgen.

„Entweder, du bist völlig ausgehungert, oder du fährst

tatsächlich voll auf mich ab", bemerkte sie. „Beides", erwiderte ich, legte mich zu ihr und zog sie an mich.

Es war schon später Vormittag, als ich erwachte. Zunächst befürchtete ich, Ellen sei gegangen, doch dann hörte ich sie in der Küche hantieren.

„Guten Morgen, Langschläfer. Schön war`s", begrüßte sie mich. Sie hatte den Frühstückstisch bereits eingedeckt.

„Als ob du hier zu Hause wärst", staunte ich.

„Na, so schwierig ist es nun auch nicht, sich in einer fremden Küche zurechtzufinden. Ich hoffe, du verübelst mir meine Eigenmächtigkeit nicht."

„Natürlich nicht", entgegnete ich und genoss den Kaffeeduft, der durch die Küche zog.

„Wie lange bleibst du?", fragte ich sie.

„Nach dem Frühstück wird es Zeit für mich", erwiderte sie.

Ich versuchte, sie umzustimmen, doch sie beharrte darauf, den Zug in anderthalb Stunden nehmen zu müssen.

„Keine Chance, es geht nicht anders."

Als sie meinen verzweifelten Blick registrierte, fuhr sie mir – in diesem Moment hatte ich die Empfindung, wie eine Mutter ihrem Kind – mit der Rechten durchs Haar: „Nicht traurig sein, unser Abschied ist ja nicht für immer."

Als die Wohnungstür hinter ihr ins Schloss fiel, breitete sich eine Mischung aus Enttäuschung und abgrundtiefer Leere in mir aus. Mir wurde deutlich, dass ich noch immer nichts über ihr jetziges Leben wusste. Und nach wie vor keine Möglichkeit besaß, von mir aus Kontakt zu ihr aufzunehmen. Damit begann erneut eine Zeit quälender Ungewissheit. Doch nach ein paar Tagen rief Ellen mich an, und wir verabredeten unser nächstes Treffen. So wiederholte es sich mehrere Male. Aber nie gab mir Ellen eine Handy- oder Telefonnummer von sich. Ebenso wenig wollte sie mir verraten, wo sie wohnte. Auf meine bohrenden Nachfragen erwiderte sie lediglich:

„Glaub mir, es ist besser so."

Genau das wollte ich nicht einsehen, denn je häufiger ich Ellen sah, desto verrückter wurde ich nach ihr.

„Es kann doch nicht sein, dass das Ganze eine Einbahnstraße ist. Dass ich nur von deinem Goodwill abhänge, ob du dich meldest oder nicht. Wo bleibt da die Gleichberechtigung?"

Sie lächelte über meinen Eifer. „Ach Andy, was soll das heißen, dass du von meinem Goodwill abhängst? Wenn ich dich nicht mehr sehen wollte, könntest du es selbst dann nicht erzwingen, wenn du mich in irgendeiner Weise kontaktieren würdest. Unter dem Aspekt hättest du nicht viel gewonnen."

„Aber kannst du nicht nachvollziehen, wie ich mich fühle, wenn ich händeringend auf ein Lebenszeichen von dir warte und nicht weiß, ob und wann eines kommt?", fragte ich mit einer Spur Niedergeschlagenheit.

„Nimm es doch einfach als ein Geschenk, wenn ich dich anrufe", versuchte sie mich zu trösten, obgleich diese Antwort sie selbst nicht zu überzeugen schien.

Ich nahm ihr Gesicht in meine Hände, blickte ihr in die Augen.

„Ist es denn wirklich so einseitig zwischen uns? Empfindest du es nicht auch als schön, wenn wir zusammen sind?"

Ein melancholischer Zug, den ich vorher noch nie an ihr wahrgenommen hatte, legte sich um ihre Mundwinkel.

„Selbstverständlich bin ich auch gern bei dir, sonst würde ich mich doch nicht mit dir treffen." Sie drückte einen raschen Kuss auf meine Nasenspitze.

„Aber es gibt nun einmal gewisse Zwangspunkte in meinem Leben, die müssen wir beide akzeptieren."

Die böse Ahnung, die mich schon seit langem umgetrieben hatte, wurde für mich zur Gewissheit.

„Du bist verheiratet“, stellte ich fest. „Hast du auch Kinder?“

Ich war einige Schritte zurückgewichen, als vertrüge ich die Nähe zu Ellen nicht mehr.

„Ich habe keine Kinder“, antwortete sie.

Mittlerweile lief ich wie ein Tiger durchs Wohnzimmer.

„Dann gibt es also keine gemeinsame Zukunft für uns?“

Sie zuckte die Schultern. „Ich kann es dir im Moment nicht sagen. Lass uns doch einfach Geduld haben und abwarten. Und das genießen, war wir zurzeit aneinander haben.“

Aber nach Genießen war mir nicht zumute. Enttäuschung stieg in mir hoch wie blubbernde Blasen kurz vor der Eruption eines Geysirs. Obgleich Ellen mich nicht angelogen hatte. Sie hatte niemals behauptet, frei zu sein. Ich hatte mich bislang nicht getraut, sie direkt danach zu fragen. Weil ich mit der möglichen Wahrheit nicht konfrontiert werden wollte. Weil ich die Zukunft meiner Illusion nicht zerstört wissen wollte. Und nun war es geschehen. Ich versank in ein Gefühlschaos. Dieses Gemisch aus Wut, Frust und Traurigkeit brach sich Bahn und ergoss sich in unkontrollierten Wortkaskaden aus meinem Mund, bis Ellen in einer wahren Sturzflut aus Vorhaltungen, Anschuldigungen, Beschimpfungen und üblen Beleidigungen zu versinken drohte. Ich kann mich nicht mehr erinnern, was ich ihr alles an den Kopf geworfen habe. „Wahrscheinlich war ich für dich lediglich eine nette Abwechslung zum grauen Ehealltag, eine willkommene Gelegenheit zum Fremdficken“, war noch eine der harmloseren Aussagen meiner Tirade.

Ich kam erst wieder zur Besinnung, als Ellen sagte: „Dann gehe ich jetzt am besten“ und die Wohnungstür energisch hinter sich zuzog.

Vielleicht hätte ich ihr nachlaufen sollen, doch dazu war ich nicht in der Lage.

In der Nacht machte ich mir bittere Vorwürfe. Wie hatte ich bloß so unbeherrscht reagieren können? Ich hatte doch nicht allen Ernstes annehmen können, Ellen habe nur darauf gewartet, mich eines Dienstagnachmittags zufällig in einem Museum ihrer Heimatstadt wiederzutreffen. „Wie kindisch bist du eigentlich?“, rief ich mir zu.

Die Reue kam spät, aber nicht zu spät, hoffte ich. Zerknirscht wartete ich auf einen Anruf von Ellen. Auch nachts schaltete ich mein Handy nicht aus, um ja keinen Anruf zu verpassen.

Eines Sonntagmorgens klingelte mein Handy. Unterdrückte Rufnummer, wie bei allen bisherigen Anrufen von Ellen. Mit zitternder Hand führte ich das Handy ans Ohr. Eine Männerstimme meldete sich: „Ich nehme an, Sie kannten Ellen. Sie sind doch Andy?“

„Der bin ich. Was wollen Sie?“, rief ich aufgeregt.

„Sie werden Ellen nicht mehr wiedersehen, nie mehr.“

So musste es kommen, dachte ich bestürzt. Ihr Ehemann ist hinter unsere Beziehung gekommen und will mir jeden weiteren Umgang mit seiner Frau verbieten.

„Lassen Sie uns doch einmal in Ruhe miteinander sprechen“, sagte ich, mich bemühend, meiner Stimme einen festen Klang zu geben.

„Da gibt es nichts zu besprechen“, entgegnete der Unbekannte. „Glauben Sie, ich ließe mir einfach meine Frau wegnehmen?“

„Natürlich nicht, das will ich auch gar nicht“, antwortete ich.

„Halten Sie den Mund!“, unterbrach mich mein Gesprächspartner barsch. „Was Sie wollen oder nicht, interessiert mich nicht. Entscheidend ist, was Sie mit Ihrer Affäre angerichtet haben. Ellen ist tot. Ich habe sie heute Morgen im Streit erwürgt. Sie wollte mir Ihre Adresse nicht nennen. Hätte sie es getan, ich schwöre, dann hätte ich *Sie* umgebracht.“

Die Verbindung brach ab. Ich starrte verständnislos auf mein Handy, bevor mir schwarz vor Augen wurde.

Ein schöner Tag

„Hallo Liebling."

„Tag Schatz. Schön, dass du da bist. Ich habe mir bereits Sorgen gemacht." Jens geht auf seine Frau zu und gibt ihr einen Kuss auf die Wange.

„Bist du schon lange hier?" fragt Silke.

„Seit ungefähr zwei Stunden. Und wo kommst du so spät her?" Silke lacht und befreit sich aus der Umarmung ihres Mannes.

„So spät ist es nicht. Es ist noch hell draußen. Noch dürfen kleine Mädchen alleine unterwegs sein."

Und sie macht dieses Gesicht, eine Mischung aus Unschuldsengel und Lolita, das Jens immer schwach werden lässt. Wenn sie so guckt und ihre Hüften dabei ganz leicht, fast unmerklich, nach vorne schiebt, kann er ihr nicht widerstehen. Er schließt sie erneut in seine Arme, drückt sie an sich, presst seine Lippen fest auf ihren Mund.

„Warte", haucht sie, als sie seine Erregung spürt. „Ich finde unser Doppelbett viel bequemer." Und sie zieht ihn hinter sich her ins Schlafzimmer.

Die Sonne scheint schon zum Fenster herein, als die Beiden allmählich aufwachen. Jens schaut auf die Uhr.

„Es ist fast Mittag", konstatiert er gähnend.

Silke nickt. „Es war ja auch eine lange, anstrengende Nacht für uns", lacht sie.

„Gut, dass heute Samstag ist", entgegnet Jens.

Er schlägt die Decke zurück und lässt seine Beine aus dem Bett gleiten. Seine Füße tasten nach den Sandalen. Im Aufstehen hält er plötzlich inne.

„Ich weiß noch immer nicht, warum du gestern so spät nach Hause gekommen bist", sagt er und dreht sich zu seiner Frau um. Die liegt noch eingekuschelt unter der Decke.

„Ich habe etwas besorgt, um dich bei deinen Hausmanntätigkeiten zu entlasten", antwortet sie geheimnisvoll.

„Was ist es denn?" will Jens wissen.

„Warts ab. Es befindet sich noch in meinem Auto. Aber zuvor lass uns erst mal ordentlich frühstücken. Ich habe einen Mordshunger."

Nach dem ausgiebigen Frühstück kann es Jens kaum erwarten: „Spann mich bitte nicht länger auf die Folter."

Silke steht auf und nimmt ihren Autoschlüssel.

„Ich hol das große Geheimnis jetzt aus dem Auto", erklärt sie mit theatralisch-feierlicher Stimme. „Der Herr möge sich noch ein klein wenig gedulden."

Daumen und Zeigefinger der in die Luft gestreckten linken Hand hält sie etwa vier bis fünf Zentimeter auseinander, um zu verdeutlichen, dass ihr Mann tatsächlich nur noch einen winzigen Moment Geduld aufbringen muss.

Als sie nach kurzer Zeit wieder die Wohnung betritt, hat sie ein Paket unter den rechten Arm geklemmt.

„So, das ist Mr. Geheimnisvoll", sagt sie und stellt den Karton auf den Wohnzimmertisch.

Jens betrachtet das farbige Bild auf der Oberseite der Verpackung. *Robotersauger*, liest er laut. Unter dem fettgedruckten Schriftzug zeigt sich ein rotes rundes Ding mit zwei großen Rädern. Jens lacht lauthals heraus: „Das ist ja ein uriges Teil. Erinnert mich an das Cockpit eines Ferrari Formel 1 – Wagens."

„Und sieh mal, was der alles kann", sagt Silke und deutet auf die Textzeilen unterhalb der Abbildung.

Jens liest erneut laut:

Reinigt selbstständig und erkennt Hindernisse und Stufen (sensorgesteuert) / Leistungsstarke Batterie / Saug- und Bürstfunktion / Für glatte Böden und Kurzhaarteppiche geeignet / Passt auch unter Möbel.

Jens grinst breit übers ganze Gesicht.

„Der kann ja wirklich eine Menge", sagt er und packt

bereits das Paket aus. Vorsichtig stellt er den Roboter auf den Boden.

„Ich weiß ja, wie ungern du staubsaugst“, erläutert Silke den Grund des Geschenks, „und da dachte ich, dieser Roboter kann dir die ungeliebte Arbeit abnehmen.“

Gerührt nimmt Jens seine Frau in die Arme und verpasst ihr einen dicken Schmatz auf die Stirn.

„Danke, das ist lieb von dir. – Ich will ihn gleich einmal ausprobieren.“

Er überfliegt die Gebrauchsanleitung, doch Silke kommt ihm zuvor.

„Ich habe ihn mir gestern genauestens vom Verkäufer erklären lassen.“

Sie schiebt die Akkubatterien in das Fach und startet den glänzenden roten Saugroboter. Mit leisem Surren setzt der sich in Bewegung. Geschickt umkurvt er dank des eingebauten Sensors den Wohnzimmertisch und reinigt mit rotierenden Bürsten den Boden. Fasziniert beobachtet Jens das Gefährt. Silke lächelt.

„Du erinnerst mich an einen kleinen Jungen, der mit seiner elektrischen Eisenbahn spielt“, frotzelt sie. Dann greift sie nach einer kleinen Fernbedienung, die Jens beim Auspacken des Roboters gar nicht bemerkt hatte.

„Hiermit kannst du einige Extrafunktionen des Roboters bedienen“, erklärt sie und drückt auf eine Taste. Mit leichtem Knacken öffnen sich auf beiden Seiten des Roboters Fächer, aus denen metallene Greifarme ausklappen. Silke hat aus dem Karton noch zwei Bürstenaufsätze gefischt, die sie auf die Enden der Greifarme steckt. „Hiermit kann er auch noch Staub aus Ecken und Winkeln holen, in die er nicht mehr hineinpasst“, erläutert sie. „Außerdem kann man die Greifarme auch schwenken, anheben, absenken und zusammenführen.“ Sie betätigt einen anderen Knopf der Fernbedienung. „Aber wie gesagt, das sind alles Extras. Zum normalen Saugen kann man ihn einfach starten und gewähren lassen.“

Jens ist sichtlich beeindruckt von diesem „technischen

Meisterwerk". Silke geht in die Küche. Nach wenigen Minuten kommt sie mit zwei gefüllten Sektgläsern zurück. Sie reicht eines ihrem Mann. Der schaut verwundert auf.

„Lass uns anstoßen", sagt Silke. „Auf die gelungene Überraschung mit dem Roboter. Und auf diesen schönen Tag." Hell klingen die Gläser gegeneinander, ehe Jens und Silke sie in großen Schlucken leeren.

Jens beobachtet immer noch voller Interesse den durch den Raum fahrenden Staubroboter. Doch er ist mit einem Mal ziemlich müde geworden. Ob das an dem Sekt liegt? Andererseits hat er reichlich gefrühstückt, so dass er eine ausreichende Unterlage haben müsste. Silke hat die leeren Sektgläser in die Küche getragen und ist danach im Bad verschwunden. Jens setzt sich auf den Boden. Die Augen fallen ihm zu. Das leise Surren des Roboters wirkt zusätzlich wie Einschlafmusik. Dann liegt er mit halb geöffnetem Mund und regelmäßigen Atemzügen sanft schnarchend ausgestreckt auf dem Wohnzimmerteppich. Er bekommt nicht mehr mit, wie der rote Roboter auf ihn zurollt und direkt hinter seinem Kopf stehen bleibt, wie die beiden Greifarme mit leichtem Knacken ausfahren, sich über seinen Kopf heben, sich absenken und um seinen Hals schließen. Dann drücken die Enden der Greifarme, an denen die Bürstenaufsätze wieder abgezogen sind, gleichmäßig zu. Silke steht mit der Fernbedienung in den Händen einige Schritte entfernt. Jens beginnt zu röcheln, während die Greifarme des Roboters unbarmherzig weiter zudrücken.

„Wo das kleine Teil nur diese Kraft hernimmt?", wundert Silke sich. Ihr Blick gleitet kurz zum Fenster, durch das in breiten Bahnen das Sonnenlicht flutet. „Welch ein schöner Tag", murmelt sie, ohne die Taste der Fernbedienung loszulassen.

Als sich die männliche Stimme am anderen Ende meldet, spricht Silke ein wenig atemlos vor Aufregung in den

Hörer: „Es hat geklappt. Du hast mir gestern alles perfekt gezeigt. Nun bin ich frei für dich. Komm bitte und hilf mir, die Leiche zu entsorgen."

Das Interview

Die junge Frau lächelte ihm freundlich zu.

Fast hatte es den Anschein, sie würde ihn kennen, doch Markus kam ihr Gesicht nicht bekannt vor. Ein wenig irritiert grinste er und sagte: „Hallo."

„Hallo", erwiderte die blonde Schönheit.

Sie hatte schulterlanges Haar, ein schmales, verträumtes Gesicht, große, rehbraune Augen, eine fein geschnittene Nase, einen sinnlichen Mund und eine zierliche Statur.

Markus erfasste sofort, dass sie in sein Beuteschema passte.

„Hätten Sie ein wenig Zeit für mich?" Die hübsche Blonde strahlte ihn an.

Normalerweise hätte Markus erwidert: „So schnell geht das bei Ihnen?" oder etwas Ähnliches. Doch diese unverhoffte Frauenoffensive mitten in der Einkaufsstraße erstickte jegliche Forschheit in ihm, worüber er sich insgeheim ärgerte.

Statt schlagfertig zu antworten, räusperte er sich verlegen und fragte ohne eine Spur Ironie: „Zeit wofür?"

Die Blondine zeigte beim Lachen ihre makellos weißen Zähne, als sei sie einer Zahnpastawerbung entsprungen.

„Nun, nicht dafür, woran Sie vielleicht denken. Wenn Sie etwas Zeit haben, werde ich es Ihnen gerne erklären." Sie sah ihn mit einer solch entwaffnenden Offenherzigkeit an, dass Markus gar nicht anders konnte, als zustimmend zu nicken.

„Es geht um ein Interview. Aber keines, bei dem ich Passanten bitte, mir ein paar Fragen quasi im Vorübergehen zu beantworten, sondern eines, das etwas mehr Zeit in Anspruch nimmt. Wir müssten wahrscheinlich drei Termine machen."

Sie schwieg, musterte ihn aufmerksam. „Neugierig

geworden?“ Markus räusperte sich erneut. Die Situation war für ihn undurchsichtig, das verunsicherte ihn.

„Wenn Sie den Schleier des Geheimnisses ein klein wenig lüften würden, wäre das für meine Entscheidungsfindung hilfreich“, versuchte er es mit Sarkasmus.

„Kein Problem“, flötete seine Gesprächspartnerin. „Es handelt sich um eine Exploration zur Erkundung bestimmter Sachverhalte.“

„Sind Sie von einem Meinungsforschungsinstitut?“, erkundigte sich Markus, froh darüber, endlich festeren Boden unter den Füßen zu haben.

„Nein, ich schreibe an meiner Promotionsarbeit. Sollten Sie für die Termine zur Verfügung stehen, würden Sie mir sehr helfen.“

Ihrem Augenaufschlag, kokett und zugleich voll mädchenhafter Unschuld, konnte er nicht widerstehen.

„Ich helfe Ihnen. Wann soll es denn sein?“

„Ginge der erste Termin bei Ihnen sofort? Dann kann ich sicher sein, dass Sie tatsächlich mitmachen.“

Über ihren eindringlichen Blick musste er lachen. „Sie trauen mir nicht über den Weg, oder?“ Es war eher eine Feststellung als eine Frage.

„Doch, schon“, beeilte sie sich zu versichern, „aber manchmal überlegt man sich Dinge eben anders, wenn Termine langfristig geplant sind. Deswegen wäre es vorteilhaft, wenn wir direkt loslegen könnten. Sie wüssten dann auch, worauf Sie sich einlassen.“

Allmählich hatte er seine Lockerheit zurückgewonnen.

„Worauf ich mich einlasse, ahne ich nur in vagen Umrissen, aber auf wen ich mich einlasse, sehe ich – und dieser Anblick ist durchaus reizvoll.“

Ein derartiger Machospruch war ihm eigentlich zuwider, er half ihm aber, aus seiner Defensive herauszukommen.

Die Blondine lächelte. „Gut, dann gehen wir.“

Sie steuerte auf den Eingang eines nahen Geschäftshauses zu, in dem sich neben einer Arztpraxis und Büros auch Wohnungen befanden. Im vierten Stock schloss sie eine Tür auf.

Sie befanden sich in einem schmalen, fensterlosen Flur. Die attraktive Blonde wies auf die Garderobe.

„Wenn Sie Ihre Jacke dort ablegen wollen."

Markus zog seine Jacke aus und hängte sie über einen Edelstahlbügel.

Der Duft eines dezenten Parfüms stieg ihm in die Nase. Mit einem Mal war er davon überzeugt, dass die zierliche Frau ihn verführen wollte.

Schon öffnete sie die Tür zu ihrem Schlafzimmer. „Bitte, treten Sie ein."
Markus befand sich nun ganz im Flirtmodus und folgte ihr festen Schrittes in den Raum.

Statt mit Bett oder Sofa war der Raum jedoch mit einem Schreibtisch, einem Schreibtischstuhl dahinter und einem schlichten Korbstuhl davor möbliert. An den Wänden standen Bücherregale mit Fachliteratur. Auch einige belletristische Werke entdeckte Markus.

„Möchten Sie etwas trinken? Kaffee, Tee, Mineralwasser?"

Markus, dessen Hormonhaushalt schlagartig wieder geerdet war, schüttelte den Kopf. „Nein, danke. Im Moment nicht."

Er spürte, wie seine Ohren rot wurden, weniger aus Enttäuschung als aus Scham, wieder einmal über seine erotischen Fantasien gestolpert zu sein. Entsprachen Männer doch dem Klischee vom schwanzgesteuerten Triebwesen?

„Nehmen Sie Platz."

Die Blondine deutete auf den Korbstuhl, während sie sich auf den Schreibtischstuhl setzte und den Computer hochfuhr. Wie sie so dasaß, wirkte sie geschäftsmäßig kühl-distanziert, so dass sich der letzte Rest knisternder Erotik aus Markus Gedanken verflüchtigte.

„Ich heiße Corinna. Verraten Sie mir auch Ihren

Vornamen?“ Sie tippte seinen Vornamen, sein Alter, Geschlecht, Wohnort und Beruf in ihren PC ein.

„Ich brauche diese Daten lediglich, um Ihre Angaben zuordnen zu können, nicht zu Ihrer Identifikation. Deswegen“, und nun lächelte sie ihn wieder auf eine mädchenhaft-unschuldige Weise an, dass er hätte dahinschmelzen können, „müssen Sie nicht befürchten, irgendwann Werbe–E-Mails oder unerwünschte Post von mir zu erhalten.“

Er unternahm einen letzten Versuch, den charmanten Eroberer zu spielen: „Über Post von Ihnen ließe sich reden. Sofern es persönliche Post wäre, wäre sie mir nicht unerwünscht.“

Sie reagierte nicht auf die Bemerkung, und Markus wurde endgültig klar, dass es tatsächlich um eine wissenschaftliche Exploration ging und nicht um die Anbahnung eines Abenteuers.

„Ich möchte Ihnen kurz die Thematik darlegen.“

Obwohl sie sich mit ihren Vornamen vorgestellt hatten, blieb Corinna beim „Sie“.

‚Ist wahrscheinlich eine wichtige Rahmenbedingung für die Befragung, keine Nähe zuzulassen‘, mutmaßte Markus leicht frustriert.

„Ich habe mir zur Aufgabe gemacht, im Wege eines angeleiteten Gesprächs herauszufinden, wozu Menschen fähig sind. Und zwar der berühmte ‚Mann von der Straße‘, der allerdings auch eine Frau sein kann. Es geht mir hierbei nicht um Personen in einer besonderen beruflichen Rolle, wie zum Beispiel Soldaten, Polizisten usw., sondern um das Verhalten von Privatleuten, also von ganz ‚normalen‘ Menschen im Alltag; wenn auch nicht unbedingt in alltäglichen Situationen.“

Sie blickte ihn aufmerksam an, als wolle sie testen, ob er hierzu bereit sei.

Da er nichts sagte, fuhr sie fort: „Zunächst ist Ihre Selbsteinschätzung erforderlich. Wo sehen Sie Ihre Grenzen und etwaigen Hemmungen, und unter welchen Bedingungen können Sie sich vorstellen, diese Grenzen zu überschreiten." Sie machte eine längere Pause. Markus war unbehaglich zumute. Auf unangenehme Weise fühlte er sich in seine Schulzeit versetzt. Oder in die Zeit seiner Vorstellungsgespräche, als er auf Jobsuche gewesen war.

„Ist das in Ordnung für Sie?", riss ihn Corinnas Stimme aus seinen Assoziationen. „Und sind Sie damit einverstanden, dass ich unsere Gespräche aufzeichne?"

Er kam sich etwas überrumpelt vor, stimmte aber zögernd zu.

Corinna schien dieses Zögern wahrgenommen zu haben. „Ich schlage vor, wir beginnen mit den Aufzeichnungen beim nächsten Mal. Sie wissen jetzt, was Sie erwartet, und können sich alles noch einmal in Ruhe durch den Kopf gehen lassen."

Nachdem sie einen weiteren Termin in zwei Tagen verabredet hatten, erhob sich Corinna, reichte Markus die Hand und strahlte ihn zum Abschied so herzlich an, als sei sie aus der wissenschaftlichen Sphäre in die reale Welt zurückgekehrt.

„Sollte Ihnen etwas dazwischenkommen, sagen Sie mir bitte rechtzeitig Bescheid, damit ich nicht vergebens auf Sie warte." Sie schrieb rasch eine Telefonnummer auf einen leeren weißen Zettel und reichte ihn Markus.

‚Vielleicht lässt sich mit der Telefonnummer doch was privat arrangieren', zuckte ihm durch den Kopf.

Auf dem Weg zur Wohnungstür nahm er seine Jacke von der Garderobe und lief dann, immer zwei Stufen auf einmal nehmend, durch das Treppenhaus nach unten. Als er draußen stand, holte er tief Luft. Er wusste nicht, was er von dieser ganzen Sache halten sollte.

Zwei Tage später betrat er erneut das Geschäftshaus, um zu Fuß in den vierten Stock zu gehen, obwohl er jetzt das erste Mal bewusst wahrnahm, dass es einen Aufzug gab.

In den vergangenen achtundvierzig Stunden hatte er mehrfach mit dem Gedanken gespielt, den Termin abzusagen. Einmal war er schon im Begriff gewesen, die auf dem Zettel stehende Telefonnummer zu wählen, doch letztlich hatte er hiervon abgesehen: Warum sollte er sich nicht dieser Aufgabe stellen? Mehr als sich mit manchen Antworten schwer zu tun, zumindest wenn sie ehrlich sein würden, konnte ihm doch nicht widerfahren. Demgegenüber stand die Aussicht, Corinna wiederzusehen, und diese Aussicht erfüllte ihn mit, wenn auch gedämpfter, Vorfreude.

Corinna begrüßte ihn beinah überschwänglich, verwandelte sich jedoch am Schreibtisch, auf dem neben dem PC ein Aufnahmegerät stand, wiederum in die kühl agierende Wissenschaftlerin.

Dieses Mal nahm Markus das Angebot eines Kaffees dankend an.

„O.k., legen wir los!“, eröffnete Corinna den offiziellen Teil und schaltete das Aufnahmegerät ein.

Zunächst wollte sie wissen, wie hoch er auf einer Skala von 1 bis 10 sein Aggressionspotential einschätze, wobei 10 die höchste Stufe darstelle.

Markus überlegte kurz, dann entgegnete er: „Drei.“

„Das heißt, Sie schätzen sich als relativ friedfertigen Zeitgenossen ein, richtig?“

Markus nickte. „Stimmt.“

„Aber wie ist es in Ausnahmesituationen? Wenn Sie jemand bedroht, beispielsweise?“

„Da versuche ich erst einmal, die Situation verbal zu bereinigen. Wenn das nicht möglich ist, würde ich mich allerdings zur Wehr setzen.“

„Nur im unbedingt notwendigen Umfang, oder könnten Sie sich vorstellen, die Grenze der erlaubten Notwehr zu überschreiten?“

„Zum Glück kann ich nicht aus eigener Erfahrung sprechen. Aber rein hypothetisch gehe ich davon aus, dass ich dem Angreifer nicht mehr an körperlicher Gewalt antun würde, als zu meiner Selbstverteidigung erforderlich wäre.“

Corinna sah ihn während seiner Ausführungen zwar aufmerksam, aber ohne erkennbare Emotionen an.

‚Sie macht sich gut als kühle Wissenschaftlerin', dachte Markus anerkennend. ‚Ob sie sich auch als Liebhaberin so kühl gäbe?'

Für dieses unzulässige Abschweifen seiner Gedanken wurde er prompt bestraft, indem er die nächste Frage nicht mitbekam.

„Markus, haben Sie meine Frage nicht verstanden?"

„Entschuldigung, ich war ein wenig abgelenkt", erwiderte er rasch.

Sie schien es ihm nicht zu verübeln und sagte sachlich: „Versuchen Sie einfach, sich auf meine Fragen zu konzentrieren."

Er grinste verlegen. „Ich werde mir Mühe geben."

Der Hauch eines Lächelns huschte über ihr Gesicht.

Dann wollte sie wissen, ob er sich – mutmaßlich – anders verhalten würde, wenn ein ihm nahestehender Mensch bedroht oder gar angegriffen würde, etwa seine Frau, sein Kind, seine Eltern, ein enger Freund, ein Arbeitskollege etc., oder aber ein wildfremder Mensch.

Markus bemühte sich redlich, seine Antworten so ehrlich wie möglich zu geben, obwohl er einschränkte, dass er es mit Sicherheit natürlich nicht sagen könne, wie er in einer bestimmten Situation tatsächlich reagieren würde.

Weitere Fragen drehten sich darum, inwieweit es eine Rolle spiele, ob die Person des Aggressors jemand sei, den er überhaupt nicht, lediglich flüchtig, gut oder sogar sehr gut kenne, den er gut, weniger gut oder gar nicht leiden könne.

„Als nächstes wüsste ich gern, ob Sie es für ausgeschlossen halten, selbst zum Aggressor zu werden", fragte Corinna. „Zum Beispiel bei einer entsprechenden Erwartungshaltung Ihres sozialen Umfeldes, sagen wir als Mitglied einer Motorradgang."

Er verwies darauf, einer solchen Gang nicht anzugehören. Falls er aber Mitglied in einer derartigen Gang sei, wäre es für ihn zumindest denkbar, sich einem entsprechenden Gruppendruck zu beugen.

Corinna fragte, ob er glaube, dass die Hemmschwelle, Gewalt auszuüben, niedriger sei, wenn er aus einer größeren Menge heraus anonym agieren würde, ferner wollte sie wissen, ob es für ihn außerhalb jeder Vorstellung liege, gegenüber seiner Frau, seinen Kindern, seinen Eltern oder sonstigen ihm nahestehenden Personen gewalttätig zu werden.

Markus kämpfte immer häufiger mit Konzentrationsschwächen, eine gewisse Erschöpfung machte sich breit. Dies blieb Corinna offenbar nicht verborgen, denn nach einem Blick auf ihre Armbanduhr meinte sie: „Für heute sollten wir die Sitzung beenden. Aber *einen* Termin bräuchte ich noch."

Nachdem sie den für den kommenden Montag vereinbart hatten und sich voneinander verabschiedeten, fragte er augenzwinkernd: „Und – haben Sie bereits Erkenntnisse über mich gewonnen?"

Sie lächelte ihn äußerst liebenswürdig an.

„Einen Eindruck habe ich schon, aber die Auswertung kommt erst nach unserem Gesamtgespräch. – Dann bis Montag."

Während des Wochenendes ging Corinna Markus nicht mehr aus dem Kopf. Es war nicht nur die frappierende Verwandlung dieser zierlichen Person von mädchenhaftwarmherzig in kühl-distanzierte Fragestellerin, es war ihre Persönlichkeit, ihre Ausstrahlung, die ihn mittlerweile weit intensiver beschäftigte als die Thematik, über die sie sprachen. Er beschloss, nach dem Ende des Interviews, nachdem er ein williger Proband gewesen war und Corinna in ihrer Doktorarbeit hoffentlich ein gutes Stück vorangebracht hatte, eine Charmeoffensive zu starten, um von „Corinna – Sie" zu „Corinna – Du" zu kommen.

Er gestand es sich unumwunden ein: Er hatte sich in diese Frau verliebt.

So fieberte er dem letzten Termin mit angespannter Erwartung entgegen.

„Sehr schön, dass Sie auch heute pünktlich sind, Markus", strahlte ihn Corinna zur Begrüßung mit einer solchen Herzlichkeit an, dass es ihn nicht überrascht hätte, wenn sie ihm um den Hals gefallen wäre.

Das heißt, überrascht hätte es ihn schon, wusste er doch, dass sie sich im nächsten Augenblick wieder in eine sachlich Informationen sammelnde Wissenschaftlerin verwandeln würde; aber gewünscht hätte er es sich.

Er musste sich beherrschen, ihr lediglich fest die Hand zu drücken und sie nicht seinerseits in den Arm zu nehmen.

„Es freut mich, Sie zu sehen", sagte er und hoffte, sie würde merken, wie sehr das stimmte.

„Bevor wir anfangen: Einen Kaffee?"

„Gerne", bejahte Markus.

„Nachdem ich Sie beim letzten Mal nach Ihrem Aggressionspotential in unterschiedlichen Konstellationen befragt habe, möchte ich heute noch ein Stück weitergehen", eröffnete Corinna das Gespräch.

Sie legte eine effektvolle Pause ein, die Markus dazu nutzte, einen Schluck Kaffee zu trinken.

Er war etwas nervös. Über welche Dinge sollte er jetzt Auskunft geben? Über sein Sexualverhalten im Allgemeinen? Oder über Aggressionen beim Liebesspiel im Besonderen? Ob er eine Vorliebe für Sado-Maso-Spielchen habe? Oder ...

„Markus, sind Sie bei der Sache?"

Corinna sah ihn freundlich an, aber in ihrem Blick lag ein leichter Tadel.

Markus fühlte sich wie ein vom Lehrer beim Mogeln ertappter Schüler. „Alles in Ordnung, ich bin ganz Ohr", stammelte er.

„Also, ich möchte gerne von Ihnen wissen, ob Sie sich vorstellen können, einen Menschen zu töten? Und auch hier wieder unter der Voraussetzung, dass Sie in Ihrer konkreten privaten Lebenssituation gemeint sind, nicht etwa in einer ausgedachten beruflichen Rolle, etwa als Soldat oder Polizist. Und ich spreche natürlich nicht von einer fahrlässigen Tötung, beispielsweise im Straßenverkehr, sondern von einem absichtlichen Tötungsdelikt."

Markus griff noch einmal zur Kaffeetasse. Er hatte das Gefühl, dass sein Hals ausgetrocknet sei.

„Ich will Ihnen zum Einstieg auch dieses Mal wieder eine Skala von 1 bis 10 an die Hand geben, auf der Sie die Wahrscheinlichkeit, einen Menschen vorsätzlich zu töten, angeben, wobei die 10 für einen sehr hohen Grad an Wahrscheinlichkeit steht."

Markus nannte die „Eins".

„Sie halten es demnach für äußerst unwahrscheinlich, beinahe für ausgeschlossen, einen Menschen absichtlich zu töten. – Könnten Sie sich denn Situationen vorstellen, in denen Ihrer eigenen Einschätzung nach die Wahrscheinlichkeit steigt?"

Und nun ging Corinna, ähnlich wie beim vorigen Mal, unterschiedliche Konstellationen durch. Zunächst Notwehr- und Nothilfesituationen.

Dann kam, wie Markus mit einer gewissen Befriedigung feststellte, doch noch Sex ins Spiel, wenn auch nicht real zwischen Corinna und ihm, sondern in der Variante „Sex and Crime".

Ob er es unter allen Umständen ausschließen könne, in einer Liebesbeziehung zum Mörder zu werden, zum Beispiel aus Eifersucht? Und ob das Opfer eher seine Frau / Freundin / Geliebte oder aber der Dritte, also der Liebhaber seiner Frau / Freundin / Geliebten, sein könnte?

Markus Gedanken schweiften ab. Er suchte in Corinnas Gesicht nach Hinweisen für ein persönliches Interesse an ihm im Zusammenhang mit dieser Thematik. Wollte sie eventuell herausfinden, worauf sie sich bei einer Liaison mit ihm einlassen würde? Ob er zu den hochgradig unberechenbaren Typen zählte, die einer schlummernden

Zeitbombe glichen? Doch er konnte keine Regung in ihrem Mienenspiel entdecken, die eine solche Vermutung bestätigt hätte. ‚Wahrscheinlich auch bloß wieder eine Wunschvorstellung', gestand er sich ein, während er sich bemühte, den roten Faden von Corinnas Fragen nicht zu verlieren und wahrheitsgemäß zu antworten.

„O.k.", sagte Corinna schließlich mit leicht erhobener Stimme, „wir sind mit dem Interview durch. Ich bedanke mich für Ihre Geduld und Aufrichtigkeit, Markus. – Eine Bitte hätte ich allerdings noch."

‚Jetzt', triumphierte Markus in jäh aufkeimender Euphorie, ‚jetzt offenbart sie ihre Gefühle für mich. Happy End wie in einem verkitschten Liebesfilm: Als ihr Interviewpartner bin ich gekommen, als ihr Lover gehe ich.'

„Und die wäre?", säuselte er so schmalzig, als agiere er bereits in der männlichen Hauptrolle der imaginären Schnulze.

„Ich würde gerne zum Abschluss noch ein, zwei kurze Experimente mit Ihnen machen. Wären Sie dazu bereit?" Sie lächelte ihn mit ihrem entwaffnenden Jungmädchen-Charme an.

Markus war überrascht: „Experimente, was für Experimente?"

Er ging nicht davon aus, dass dieser Begriff eine Umschreibung für „Sex" sein sollte, obwohl Corinna für einen Moment aus der Rolle der analytischen Beobachterin herausgeschlüpft war.

Aber schon hatte sie wieder den sachlich-kühlen Gesichtsausdruck, als sie entgegnete:
„Ich möchte, dass Sie in ein, zwei Szenen zum Darsteller werden, zum Darsteller Ihrer selbst. Mit anderen Worten: Dass Sie in ein, zwei Szenen Ihre Emotionalität ausleben, spielen. Das brächte mir noch wesentliche Zusatzerkenntnisse."

Für einen Augenblick bedauerte es Markus, dass in dem gesamten Interview nie von einer Vergewaltigungsszene die Rede gewesen war.

Er hatte wohl wieder ein wenig zu lange mit der Antwort gezögert, denn Corinna sah ihn forschend an: „Einverstanden?"

„Einverstanden", ergab sich Markus ohne Begeisterung in sein Schicksal, denn einerseits wollte er Corinna diesen Gefallen tun, andererseits beabsichtigte er nicht, sich hier zum Affen zu machen.

„Also gut." Corinna schien erleichtert zu sein über seine Zustimmung. „Erste Szene: Stellen Sie sich vor, Sie wären mit mir befreundet."

‚Geht doch', dachte Markus, und ihm schoss das Blut in die Ohren.

Laut sagte er, Corinna unterbrechend: „Diese Vorstellung ist mir nicht unsympathisch."

Corinna ignorierte den Einwurf.

‚Na klar, sie ist ja wieder in ihrem Wissenschaftsmodus', bedauerte er.

„Wir beide sind auf dem Nachhauseweg", fuhr Corinna fort. „Es ist bereits dämmrig, die Straße beinah menschenleer. Plötzlich werde ich von einem Mann angerempelt und als Nutte beschimpft. Einfach so, aus heiterem Himmel. Spielen Sie jetzt einmal Ihre Reaktion."

„Dazu müsste ich aufstehen."

Corinna nickte aufmunternd. Markus erhob sich.

Zunächst kam er sich, so allein im Zimmer stehend, ziemlich bescheuert vor, dann überwand er sich und begann zu agieren, stellte den Rüpel zur Rede, drohte ihm eins in die Fresse zu hauen.

Corinna gab währenddessen kurze Regieanweisungen, die das Verhalten des Kontrahenten betrafen und darauf hinausliefen, die Situation stetig weiter eskalieren zu lassen. Markus reagierte immer heftiger, schleuderte dem Grobian in ehrlicher Empörung übelste Schimpfworte an den Kopf, bis er ihn schließlich am Kragen packte, um ihn zu verprügeln.

„O.k., vielen Dank!", rief Corinna.

„Wie fühlen Sie sich? Sind Sie erschrocken über sich

selbst, dass Sie doch anders reagiert haben, als Sie letzte Woche in Ihrer Selbsteinschätzung beschrieben haben? Immerhin haben Sie kaum versucht, zur Deeskalation beizutragen. Stattdessen haben Sie sich von Ihrem Gegenüber nicht nur ständig provozieren lassen, sondern haben auch von sich aus die Spannungen erhöht, ohne dass es objektiv zwingend erforderlich gewesen wäre. War Ihnen das in der Situation bewusst?"

Markus war von Corinnas Analyse überrascht, denn er hatte sich in der Szene tatsächlich anders erlebt. Für ihn war die Aggression ausschließlich von dem imaginären Unbekannten ausgegangen.

Nachdenklich und verblüfft räumte er dies nun ein.

„Jetzt möchte ich Sie noch eine Szene spielen lassen", sagte Corinna, „und zwar unsere heutige Thematik betreffend. Sind Sie bereit?"

Markus war noch voller Adrenalin. Deswegen hatte er kein Problem damit, eine weitere Szene darzustellen.

Ein flüchtiges Lächeln huschte über Corinnas Gesicht. „Gehen Sie davon aus, dass wir beide ein Paar sind. Sie haben soeben erfahren, dass ich Sie über mehrere Monate betrogen habe. Als Sie nach Hause kommen, sitze ich im Wohnzimmer auf dem Sofa. Sie fordern im barschen Ton eine Aussprache, indem Sie mich ohne Umschweife mit dem konfrontieren, was Ihnen zu Ohren gekommen ist."

In dieser Szene gab es also keine „Luftnummer" mit einem nicht anwesenden Dritten, nunmehr hatte er mit Corinna ein reales Gegenüber. Die Gewichtung lag für Markus allerdings anders: Er hatte ein reales Gegenüber, und dieses Gegenüber war Corinna. Und sie waren ein Paar, wenn auch in einer Krisensituation. Das war zumindest schon ein bisschen Wunscherfüllung. Immerhin ein erfolgversprechender Anfang ...

In dieser Konstellation musste Corinna auch keinerlei Regieanweisungen geben, denn sie spielte ja mit. Und sie spielte gut, fand Markus.

Zunächst stritt sie die Vorwürfe rundweg ab.

Er trieb sie jedoch immer mehr in die Enge, bis sie schließlich nicht anders konnte, als alles zuzugeben.

Seinen darauf folgenden Wutausbruch konterte sie, indem sie unvermittelt zum Gegenangriff überging. Sie beschimpfte ihn als Versager, als Waschlappen, als Weichei, als jemanden, mit dem nun wirklich in keiner Beziehung Staat zu machen sei. Das hätten ihre Freundinnen schon immer gesagt und sich gewundert, wie sie es mit ihm nur aushalten könne. Aber seit sie Johannes kennengelernt habe, wisse sie, was ein richtiger Kerl sei.

Markus geriet angesichts dieser höhnischen, fast brutal vorgetragenen Beleidigungen immer stärker in den Sog einer authentisch gefühlten Betroffenheit, so dass er die Szene nicht nur spielte, sondern geradezu durchlitt. Er empfand Corinnas Tiraden als reale Kränkungen seiner Person. Das schmerzte ihn umso mehr, als Corinna ja längst zum Objekt seiner Begierde geworden war.

Auf dem Gipfel der Demütigungen, die sie über ihn ausschüttete, war er tatsächlich im Begriff, sich auf sie zu stürzen.

„Stopp!", rief Corinna mit ungewohnt schneidender Stimme.

Markus hielt mitten in der Bewegung inne und blieb schwer atmend vor ihr stehen.

Corinna saß nach wie vor auf ihrem Schreibtischstuhl, den sie jedoch neben den Schreibtisch gerollt hatte, so dass der sich nicht mehr als Barriere zwischen ihnen befand. Leichte Schweißperlen auf ihrer Stirn verrieten, dass diese Szene auch an ihr nicht spurlos vorübergegangen war.

Stimmlich hatte sie sich aber sofort wieder unter Kontrolle, als sie fragte: „Und wie haben Sie diese Szene erlebt? Mit welcher Intention wollten Sie sich auf mich stürzen? Hegten Sie auch Mordgedanken?"

Es dauerte eine Weile, bis sich Markus so weit erholt hatte, dass er zu Protokoll geben konnte, was er in dieser Situation empfunden hatte. Seine persönliche Zuneigung zu Corinna verschwieg er. Die wollte er ihr erst beim Abschied offenbaren.

„Eine sehr intensive Szene ist das gewesen, auf die Sie sich toll eingelassen haben", lobte Corinna als Fazit ihrer Zusammenfassung. „Ganz zum Schluss, und dann haben wir es endgültig geschafft, noch eine kleine Abwandlung. Die Situation ist dieselbe. Nur sind Sie dieses Mal im Besitz einer Schusswaffe."

Bei diesen Worten zog sie eine Schublade ihres Schreibtischs auf, griff hinein und legte einen Revolver vor Markus auf die Schreibtischplatte.

„Ist der echt?", fragte er fast ängstlich.

Corinna schmunzelte. „Echt schon. Ein Erbstück meines Vaters. Aber nicht geladen."

Als sie seinen noch immer besorgten Blick registrierte, erläuterte sie: „Ohne dieses Requisit lässt sich die Szene nicht vernünftig darstellen. Worauf es mir jetzt ankommt, ist Folgendes: Sie sollen mir nachher sagen können, was Sie in den verschiedenen Phasen empfunden haben. Phase 2, Sie nehmen den Revolver und zielen auf mich."

Mit einer Handbewegung bedeutete sie ihm, die Waffe vom Schreibtisch zu nehmen und auf sie zu richten.

„Was ist denn Phase 1?", wollte Markus wissen.

„Berechtigte Frage. Phase 1 ist die Phase, in der Sie sich gleich, wenn wir die Szene noch einmal spielen werden, dazu entschließen, den Revolver zu zücken. Das ist ja noch keine endgültige Grenzüberschreitung, das kann ja eine reine Drohgebärde sein. Aber möglicherweise ist dies bereits ein Schritt, der in einer zugespitzten Situation die nächsten Schritte unausweichlich macht. Hierauf sollten Sie achten."

„Ich werde es versuchen", entgegnete Markus, „soweit es mir im Eifer des Gefechts möglich ist."

„Das wird sich zeigen", erwiderte Corinna, doch ihr Gesicht blieb ernst.

‚Sie hat sich wieder ganz in die Wissenschaftlerin zurückverwandelt, analytisch, kühl, persönlich unbeteiligt', dachte Markus. Er stand noch immer nur wenige Meter von Corinna entfernt. Er roch den Duft ihres Parfüms, sah ihre rehbraunen, kindlich-großen Augen, die ihn aufmerksam betrachteten. Am liebsten hätte er den Revolver, den er immer noch auf sie gerichtet hielt, weit weggeschleudert, hätte sie an sich gezogen und ihr gesagt, lass uns aufhören mit diesem Quatsch, wir haben Besseres zu tun. Doch die strenge, distanzierte Aura, die sie jetzt umgab, bannte ihn an seinen Platz.

„In Phase 2 horchen Sie gleich bitte in sich hinein, was es bewirkt, mit einer Pistole auf einen Menschen zu zielen. Löst es eine letzte Hemmung aus? – Und dann kommt Phase 3. Sie drücken ab."

Er stand da wie zuvor, hielt den Revolver in der rechten Hand, den Zeigefinger am Abzugszüngel, und zielte auf sie.

„Na, machen Sie schon", ermunterte sie ihn. „Sie verharren ja in Phase 2. – Phase 3 heißt: Abdrücken und schießen."

Ihre Stimme hatte etwas Suggestives, Befehlendes.

‚Albern, das auch noch zu üben', dachte Markus. Er schaute Corinna an. Ihr Gesichtsausdruck schien keinen Widerspruch zu dulden. Er krümmte den Zeigefinger und betätigte den Abzug.

„Sie sollten aufhören, sich Vorwürfe zu machen, junger Mann." Mit fast väterlicher Fürsorge sprach der Anwalt auf seinen Mandanten ein, der ihm leid tat.

Markus hockte leichenblass wie ein Häufchen Elend in dem ledernen Sessel, der vor dem riesigen schwarzen Schreibtisch, auf dem sich Berge von Akten türmten, stand.

Hinter dem Schreibtisch hatte der Jurist Platz genommen. Plötzlich sprang Markus auf und lief erregt auf und ab.

„Ich kann das nicht, ich kann das nicht", murmelte er.

„Beruhigen Sie sich", sagte der Anwalt mit leiser, beschwörender Stimme. Auch er hatte sich mittlerweile aus seinem ledernen Schreibtischstuhl erhoben, war um den Schreibtisch herumgekommen und legte besänftigend seine Hand auf die Schultern des gehetzt wirkenden jungen Mannes.

„Was können Sie nicht?“

Er blickte den jungen Mann mitfühlend an.

Markus hatte von durchwachten Nächten und quälenden Selbstanklagen dunkle Ringe unter den Augen. „Was können Sie nicht?“, wiederholte der Anwalt sanft. „So sitzen, vor Ihrem Schreibtisch“, entgegnete Markus und fügte tonlos hinzu: „Es erinnert mich zu sehr ...“

„Ich verstehe“, signalisierte der Anwalt, dass es keiner weiteren Erklärungen mehr bedürfe. „Dann setzen wir uns hierhin.“

Er wies auf den kleinen Tisch in der Ecke des luxuriösen Büros, um den vier leintuchbespannte Stühle gruppiert waren. Er zog für Markus einen der Stühle ein Stück zurück und wählte für sich den Stuhl rechts von ihm, so dass sie über Eck nebeneinander saßen statt sich gegenüber.

„Nach dem jetzigen Untersuchungsstand der polizeilichen Ermittlungen spricht alles dafür, dass die junge Dame aus dem Leben scheiden wollte und Sie nur als ausführendes Werkzeug benutzt hat. Das gesamte Interview, das ja glücklicherweise in voller Länge aufgezeichnet worden ist, einschließlich des dramatischen Endes, scheint sie lediglich zu diesem Zweck geführt zu haben. Von einer Promotion ist an der Universität jedenfalls nichts bekannt. Außerdem hat man eine Art Abschiedsbrief gefunden, in dem sie ausführlich von ihren Depressionen berichtet und den dringenden Wunsch äußert, zu sterben. Ihr fehle nur der Mut, diesen endgültigen Schritt ohne fremde Hilfe zu tun. Aber sie habe sich einen Plan überlegt.“

Der Anwalt seufzte tief.

„Vertrauen Sie sich einem Psychologen an, um dieses schreckliche Erlebnis verarbeiten zu können. Juristisch werde ich alles unternehmen, was erforderlich ist. Da seien Sie unbesorgt. Aber, auch wenn es der Toten gegenüber pietätlos klingen mag, das eigentliche Opfer ist nicht sie, die ihren Tod gewollt und bewusst herbeigeführt hat, sondern Sie, junger Mann. Und Sie sind aus meiner Sicht genauso unschuldig wie ein Lokführer, dem ein Selbstmörder vor den Zug gesprungen ist.“

Markus sah den Anwalt an. So wirklich überzeugt schien er nicht zu sein, doch immerhin umspielte ein leichtes, dankbares Lächeln seine Lippen.

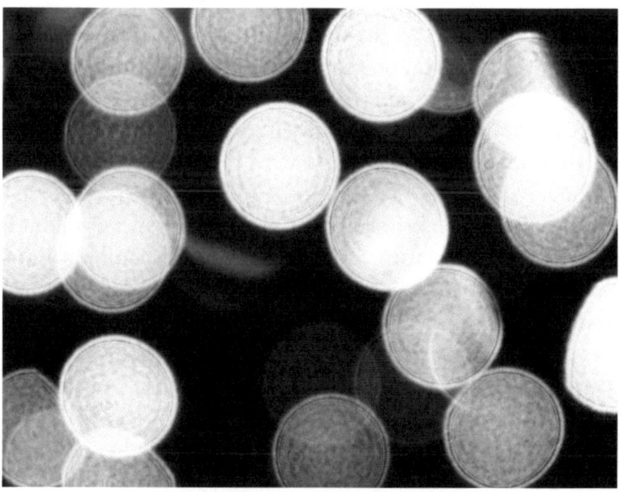

Seifenblasen

Anfangs lebten wir in einer bunten Blase, Caro und ich. Wer als Kind einmal Seifenblasen durch einen Blasring gepustet und fasziniert den zarten Gebilden mit den schillernden Oberflächen hinterhergeschaut hat, behält unauslöschlich diesen Eindruck von Leichtigkeit und Schönheit, überschattet von Flüchtigkeit.

Caro und ich schwebten in dieser fragilen Kugel, waren uns selbst genug, verzehrten uns in Leidenschaft füreinander, hatten das Gefühl, für den anderen geschaffen zu sein und mit ihm vollständig übereinzustimmen. Wir gaben uns einer großartigen Illusion hin: der Illusion der Liebe.

Schon bald nach unserer Heirat zerplatzte die Blase. Nein, sie zerplatzte nicht, denn es war ein schleichender Prozess. Wir bemerkten mit der Zeit, dass unsere bunte Kugel, in der wir so lange selbstvergessen eingehüllt gewesen waren, gehaltlos wurde, uns keinen Halt mehr bot. Alles, was uns an dem anderen wunderbar erschienen war, begehrens- und liebenswert, hielt der Nachprüfung im Alltag nicht stand. Hatte ich zunächst Caros Weglächeln von Problemen, über die ich mit ihr reden wollte, als einen charmanten Wesenszug empfunden, nervte es mich zusehends; ihr „alles wird gut" konnte ich nicht mehr hören.

Sie ihrerseits kritisierte immer häufiger an meinen Gewohnheiten herum, warf mir Unordentlichkeit, mangelndes Engagement im Haushalt und Egoismus vor. Statt gemeinsamer Aktivitäten mit mir zog sie es vor, etwas mit ihren Freundinnen zu unternehmen, während ich vermehrt Sport trieb und den Kontakt zu meinen Kumpeln von früher intensivierte.

Es war unübersehbar, dass wir uns möglichst aus dem Weg gingen. Und uns fragten, wie es weitergehen sollte. Diese Frage stellten wir nicht zur Diskussion, keiner sprach sie offen aus. Aber es war offenkundig, dass sie uns beide beschäftigte. Mich trieb sie geradezu um.

Machte ich den zaghaften Versuch, das Thema zur Sprache zu bringen, zeigte Caro ihr maskenhaft-starres Lächeln. Auf ein Gespräch ließ sie sich nicht ein.

Ich litt unter der Situation. So hatte ich mir das Leben an der Seite meiner Frau nicht vorgestellt. Dabei quälte mich vor allem das mir selbst auferlegte Schweigegelübde. Gestand ich mir unsere Eheprobleme kaum selber ein, war ich erst recht nicht in der Lage, irgendjemanden ins Vertrauen zu ziehen. So verdüsterte sich allmählich mein Gemüt.

Wir lebten nebeneinander her und raubten uns dabei gegenseitig die Luft zum Atmen. Mein Groll, den ich mittlerweile gegen Caro empfand, ängstigte mich. Auch Caros Miene heiterte sich in meiner Gegenwart nur noch selten auf.

Als ich eines Tages von der Arbeit nach Hause kam, telefonierte Caro. Sie hatte mein Kommen nicht bemerkt. Mir wurde rasch klar, dass sie mit ihrer besten Freundin Lilo sprach – über uns, unsere Ehe. Sie empfand offensichtlich keine Skrupel, sich jemandem zu offenbaren. Ich blieb eine Weile lauschend im Flur stehen.

„Welchen Wert hat eine solche Ehe noch? – Und das nach nicht einmal zwei Jahren. – Am Anfang habe ich ihn für meinen Märchenprinzen gehalten. Jetzt ödet er mich nur noch an."

Ich hatte genug gehört.

Zwischen grenzenloser Wut und unendlicher Traurigkeit hin und her gerissen schlich ich mich nach draußen. Das also war Caros Wahrheit, eine Wahrheit, die sie mir noch nie ins Gesicht gesagt hatte. Ich überlegte fieberhaft, wie ich darauf reagieren sollte. Als ich eine halbe Stunde später zurückkam und absichtlich geräuschvoll die Haustür aufschloss, erwähnte ich das Telefonat mit keiner Silbe. Stattdessen schlüpfte ich rasch in meine Sportkleidung, um zu joggen. Den Rest des Abends verbrachten wir nahezu schweigend.

Das Telefonat setzte mir mehr zu, als ich mir zunächst eingestehen wollte. Natürlich war ich nie so naiv gewesen, mir das Zusammensein mit Caro als ein permanentes „Schweben auf Wolke sieben" vorzustellen. Aber zu Beginn war ich mir sicher gewesen, die richtige Frau gefunden zu haben, mit der ich ein glückliches, erfülltes Leben führen konnte.

Sollte es so sein, dass – wie ich gelesen hatte – unser Selbstbild entscheidend davon abhängt, wie uns andere Menschen, insbesondere uns nahestehende, sehen, war der Blick in den Spiegel meiner Frau niederschmetternd, geradezu vernichtend gewesen.

„Jetzt ödet er mich nur noch an", dieser Satz ging mir aus zweierlei Gründen nicht mehr aus dem Kopf: Zum einen war es Caros ungeschminkte Sicht der Dinge, ohne die verfälschende Rücksichtnahme, die sie in einem persönlichen Gespräch mit mir an den Tag gelegt hätte. Zum anderen hatte sie keine Scheu gehabt, das offensichtliche Scheitern unserer Beziehung ihrer besten Freundin mitzuteilen und damit „publik" zu machen.

Doch wenn ich erwartet hätte, dass Caro in der Folgezeit eine Aussprache mit mir suchen würde, sah ich mich getäuscht. Und ich traute mich auch nicht. Ich fürchtete mich vor den Konsequenzen, weil ich Caro – trotz allem – nicht verlieren wollte. Ich wollte an unserer Ehe festhalten in der Hoffnung, es werde sich schon wieder einrenken zwischen uns.

Ein einziges Mal erwähnte Caro das Thema „Scheidung". Anlässlich einer Zeitungsmeldung über die Scheidungsrate in den westlichen Industriestaaten warf sie mir einen neugierigen Blick zu: „Käme das für dich auch in Betracht?" Ich schluckte, schüttelte den Kopf. „Nein. Denn für dich?" Sie vertiefte sich, ohne mir eine Antwort

zu geben, wieder in die Zeitungslektüre.
Unsere Ehe dümpelte vor sich hin, obgleich ich mir Mühe gab, Caro keinen Anlass zu berechtigter Kritik zu bieten: Ich übernahm häusliche Tätigkeiten und hielt im Haus die Ordnung, die Caro erwartete. Dennoch hatte ich selten das Gefühl, die alte Vertrautheit sei wiederhergestellt. Manchmal fragte ich mich, ob wir überhaupt jemals vertraut miteinander gewesen waren oder lediglich verblendet. Hatten wir uns tatsächlich in den jeweils anderen Menschen verliebt oder nur in unsere Wunschvorstellung von ihm?

Reden hierüber wäre bestimmt hilfreich gewesen. Aber nach wie vor eröffnete sich diese Möglichkeit für mich nicht. Wenn ich einmal den zaghaften Versuch unternahm, mit Caro über uns zu sprechen, um Wege aus der Krise zu suchen, gab sie bloß zur Antwort: „Bitte keine Grundsatzdiskussionen."

Und Dritten wollte ich die mich bedrückende private Situation nicht darlegen.

Völlig überraschend schlug Caro einen einwöchigen Wanderurlaub im Gebirge vor.

„Etwas kraxeln an der frischen Luft wird uns guttun." Sie lächelte so gelöst, wie ich es schon lange nicht mehr an ihr erlebt hatte.

Ich spürte eine solch dankbare Erleichterung, dass ich mit den Tränen kämpfte. „Eine prima Idee." Vor Rührung bekam ich weiche Knie und musste mich setzen. *Dann ist meine Beharrlichkeit der vergangenen Wochen, mich im Sinne Caros zu „bessern", doch nicht unbemerkt geblieben und zahlt sich nun aus*, frohlockte ich innerlich.

„Vielleicht wird das ja ein echter Neuanfang für uns", sprudelte es aus mir heraus.

„Ja, vielleicht", entgegnete Caro. Es klang recht nüchtern.

Ich genoss die Wanderungen, die wir täglich machten. Häufig waren wir bis zu acht Stunden unterwegs, Seite an

Seite, blieben uns aber gleichwohl fremd. Die unsichtbare Barriere, die zwischen uns stand, ließ sich nicht beiseite räumen. Mehrmals setzte ich dazu an, aber Caro reagierte zuerst spröde und mürrisch, schließlich gar abweisend und feindselig. Ich gab resigniert auf, fragte mich jedoch, aus welchem Grund Caro diesen Wanderurlaub hatte machen wollen. Eine Annäherung zwischen uns bewirkte er jedenfalls nicht. Auch wenn es widersprüchlich klingen mag, in gewisser Weise empfand ich unser Schweigen als wohltuend. Ich hing meinen Gedanken nach, erfreute mich an der imposanten Bergwelt und dem erhabenen Gefühl, das sie in mir auslöste. Derart intensiv hatte ich Natur bislang selten erlebt. Konzentriert nahm ich die vielfältigen Eindrücke in mich auf, die herbe Schönheit der Landschaft, den melancholischen Klang der Kuhglocken, der an meine Ohren wehte, das Zirpen der Grillen und den würzigen Duft der Gräser und Kräuter. Nur vereinzelt begegneten wir anderen Wanderern.

Als wir gegen Mittag des vierten Tages, einem Donnerstag, ein kleines Plateau erreicht hatten, stellte ich mich dicht an den Rand und sah in das weit unterhalb liegende Tal. Danach schweifte mein Blick in die Ferne. Das Wetter war heiter und klar, so dass eine fantastische Sicht bestand. Ich schloss die Augen und atmete ruhig ein und aus, um diese friedliche Idylle ungestört auf mich wirken zu lassen. Wärme durchströmte meinen Körper. Ich war eins mit mir und der Natur – ein Moment vollkommenen Glücks.

Ein Geräusch schreckte mich jäh aus meiner Meditation, das Knirschen kleiner Steinchen, hastige Schritte. Instinktiv drehte ich mich um, dabei zur Seite tretend. Ich spürte einen Luftzug. Etwas Hartes streifte meine Schulter, schoss über die Abbruchkante hinaus und fiel in die Tiefe, dreißig, vierzig Meter, dann schlug es auf felsigem Grund auf. Ich war konsterniert, ohne zu begreifen, was soeben vor sich gegangen war.

„Caro!“, rief ich, weil ich meine Frau nicht entdecken

konnte, weder auf dem Weg noch links oder rechts neben mir.

„Caro!“, schrie ich erneut, mehrmals hintereinander, bis ich in aufkommender Panik hysterisch ihren Namen brüllte. Nur das Echo meiner Stimme antwortete mir, wie zum Hohn.

Eine Ahnung bemächtigte sich meiner, eigentlich eine Gewissheit. Allerdings so ungeheuerlich, dass ich sie mir nicht eingestehen wollte. Wie in Trance zog ich mein Handy aus meinem Rucksack, um den Notruf zu wählen.

Tagelang war ich nicht mehr fähig, klar zu denken. Der Begriff ‚Schockstarre‘ kennzeichnet wohl zutreffend diesen Zustand. Ich bewegte mich wie auf einem unbekannten Planeten, isoliert von meiner realen Umwelt, aber auch abgespalten von mir selbst. Ich konnte immer noch nicht fassen, was geschehen war.

Caro war tot, so viel war klar. Sie war einen Berghang über vierzig Meter hinabgestürzt. Aber es blieb mir vollkommen rätselhaft, wie es zu diesem Unglück hatte kommen können. Mehr als einmal rief ich mir die Szene in Erinnerung, warf mir vor, selbst die Ursache für den tödlichen Sturz meiner Frau gesetzt zu haben: Wäre ich nicht, erschreckt durch die Geräusche hinter mir, zur Seite gesprungen, wäre Cora vermutlich nicht in die Tiefe gefallen. Ich hätte sie gestoppt. Aber gleichzeitig beunruhigte mich die Frage, was dann passiert wäre? Wäre ich eventuell …?

An diesem Punkt kamen meine Grübeleien regelmäßig ins Stocken.

Warum war Caro so ungestüm auf mich zugelaufen?

Sollte es eine spontane Versöhnungsgeste werden?

Oder wollte sie etwa ...?

Nein, solche Überlegungen durfte ich nicht ansatzweise in Erwägung ziehen, geschweige denn, zu Ende denken.

So sehr ich mir das Hirn zermarterte, ich blieb in einem Tunnel stecken, aus dem es kein Entrinnen gab.

Bis mir einer der Ermittler etwas zeigte, was man in Caros Jackentasche gefunden hatte. Es war ein zusammengefaltetes, computerbeschriebenes DIN A4-Blatt, ein Abschiedsbrief.

In dem Brief war von gravierenden Eheproblemen die Rede, von zunehmender Entfremdung und furchtbarer Verzweiflung. Schließlich davon, keinen Sinn mehr in diesem Leben zu sehen. Die letzten Worte lauteten: „Verzeiht mir."

Dann folgte die eigenhändige Unterschrift.

Aber nicht etwa Caros Name stand dort, sondern mein Name.

„Haben Sie den Brief verfasst?", fragte der Beamte.

Ich hatte einen dicken Kloß im Hals, der mich am Sprechen hinderte. Ich schüttelte fassungslos den Kopf.

„Haben Sie den Brief unterschrieben?"

Ich schüttelte wiederum stumm den Kopf.

„Das ist nicht Ihre Unterschrift?"

„Nein", brachte ich tonlos heraus. „Auch wenn sie meiner Unterschrift sehr ähnlich ist."

„Nun, das lässt sich klären", bemerkte der Beamte sachlich.

Das Gutachten des Schriftsachverständigen belegte eindeutig, dass Caro meine Unterschrift gefälscht hatte.

„Aber warum?", fragte ich den Ermittler.

„Es hat den Anschein, dass Ihre Frau Sie den Berghang hinunterstoßen und es wie einen Selbstmord aussehen lassen wollte. Offenbar hat sie ihr ganzes Körpergewicht in diesen Stoß gelegt. Dadurch, dass Sie instinktiv ausgewichen sind, als Sie das Geräusch in ihrem Rücken wahrgenommen haben, ist der Stoß ins Leere gegangen und Ihre Frau vom Schwung der eigenen Bewegung hinabgestürzt."

Ich blickte den Beamten mit ungläubigem Gesichtsausdruck an. – „Es tut mir leid, junger Mann, aber nur so ergeben die einzelnen Puzzlesteinchen ein stimmiges Bild des Geschehens.“

In der Nacht konnte ich, wie in den Nächten zuvor, nur schwer einschlafen. Als ich endlich in einen leichten Schlummer gefallen war, träumte ich von einem kleinen Jungen, der am Rand eines Berghangs stand und durch einen Blasring bunt schillernde Seifenblasen pustete. Sie schwebten durch die klare Luft, hoch über dem weit unten liegenden Tal.

Vollmondnacht

Als Jürgen sich mit einem Kuss von seiner Frau Marion verabschiedete, sagte er mit Bedauern in der Stimme: „Bis morgen. Spätestens morgen Abend bin ich zurück."

Marion strich ihm durchs Haar. Es war eine Angewohnheit von ihr, über die er sich manchmal ärgerte: *Wie eine Mutter ihren kleinen Buben behandelt*, dachte er dann. Heute ärgerte ihn diese Geste nicht, sondern rührte ihn beinah zu Tränen. Das bewirkte sein schlechtes Gewissen. Den Bruchteil einer Sekunde erwog er, von seinem Vorhaben zu lassen. Doch schnell verwarf er diesen Gedanken.

„Ich freu mich schon darauf, wenn ich wieder bei dir bin!", rief er über die Schulter.

„Heuchler!", lachte sie hinter ihm her.

Eine halbe Stunde später betrat Marion ihr Büro. Sie war eine nüchterne Frau, die auch ihren Beruf nüchtern sah: Er war notwendig, um Geld zu verdienen, keine Berufung. Dennoch machte sie ihre Arbeit nicht ungern, wenn auch ohne Enthusiasmus.

Heute allerdings konnte sie den Feierabend kaum erwarten.

Der Verkehr auf der Autobahn floss zäh vor sich hin, genauer: Er stockte vor sich hin. Es war immer das Gleiche: Entweder gab es Stau wegen der unvermeidlichen Baustellen oder wegen eines Unfalls, aber staufrei war diese Strecke, zumindest an Werktagen, nie.

So blieb Jürgen reichlich Zeit, sich mental – hatte es dieses Wort vor Boris Becker eigentlich schon gegeben? – auf den Tag vorzubereiten. Er analysierte seine Befindlichkeit: Freude, Vorfreude, na klar, aber nicht nur. Eine gespannte Erwartung, gemischt mit einer Prise Skepsis. Ein Wiedersehen nach so langer Zeit.

Er hatte beim besten Willen keine Erklärung dafür, warum ihm vorige Woche ihr Name in den Sinn gekommen war. Schien es anfangs nicht mehr als ein Versehen gewesen zu sein, eine unergründliche Laune seines Gehirns, konnte er den Namen und das, was er mit ihm, genauer: seiner Trägerin, verband, nicht mehr verdrängen. Schließlich hatte er nach ihr gegoogelt. Ohne Probleme war ihm ihre Rechtsanwaltskanzlei angezeigt worden. Mit ihrem Foto. Widerstrebend gestand er sich ein, dass er sie auf dem Foto genauso hübsch und unwiderstehlich fand wie vor fast zwanzig Jahren. Vielleicht ist das Foto ja auch schon so alt, schoss ihm in einem ersten Impuls durch den Kopf.

Im selben Moment musste er jedoch breit grinsen: Warum unternahm er diese gedanklichen Winkelzüge überhaupt? Was war schlimm daran, dass eine Frau auch nach fast zwei Jahrzehnten noch äußerst attraktiv aussah, denn natürlich handelte es sich um kein altes Foto. Aber die rehbraunen Augen, der sinnliche Mund in einem ovalen Gesicht, umrahmt von schulterlangem brünettem Haar mit einem Stich ins bronzefarbene, erweckten schmerzhaft die Vergangenheit zum Leben. Und genau das war schlimm.

Er hatte die Telefonnummer der Kanzlei gewählt. Hatte ein wenig herumgestottert, als die energische Stimme am anderen Ende der Leitung gefragt hatte, in welcher Angelegenheit er denn anrufe. Als er den Eindruck hatte, die Dame sei geneigt, aufgrund seines Gestammels aufzulegen, hatte er schnell „es handelt sich um ein privates Anliegen, ich bin ein Bekannter“ in den Hörer gerufen. „Frau Brahnke ist gerade in einem Mandantengespräch“, wurde er daraufhin beschieden. „Aber Sie können mir Ihre Telefonnummer geben, dann werde ich ausrichten, dass Sie ihren Rückruf erwarten.“

Er hatte seine Durchwahl des Firmenanschlusses genannt und dann nervös und aufgeregt wie ein Teenager vor dem ersten Rendezvous gewartet.

Dieser Edgar war in keiner Weise ein Mann, an dessen Seite sich Marion ihr Leben hätte vorstellen können. Er wirkte grob, unbeholfen, nicht besonders clever. Als Faktotum war er für eine Vielzahl von Aufgaben zuständig: Kleinere Reparaturen, Sortieren der Post, aushilfsweise Pförtnerdienst.

„Der ist unser Beitrag zur Inklusion", hatte ihre Kollegin, mit der sie das Büro teilte, gewitzelt.

Als Marion, der es nicht lag, sich auf Kosten anderer zu amüsieren, nur schwach geschmunzelt hatte, hatte ihre Kollegin, wie um einen Fehler wiedergutzumachen, hinzugefügt: „Aber ganz im Ernst, er hat seine Qualitäten."

Auf Marions verständnislosen Blick hin hatte sie die Schultern gestrafft, sich nach vorn gebeugt und geflüstert: „Nun ja, sieh ihn dir mal genau an. Gut gebaut, sehr gut bestückt und 100% diskret."

Marion hatte geschluckt und dann blöderweise nachgehakt: „Sprichst du aus Erfahrung?"

Es hatte nur ein Spruch sein sollen, mehr nicht. Aber ihre Kollegin nahm den Faden dankbar auf und erzählte in aller Ausführlichkeit von einem One-Night-Stand mit Edgar. Sie schloss mit den Worten: „Kein Mann für länger, dafür hat er zu wenig in der Birne. Aber wenn du mal ein richtiges Feuerwerk erleben willst, dass dir Hören und Sehen vergeht, dann gibt es keinen besseren."

Marion war errötet und hatte nicht mehr reagiert. Sie wusste, dass ihre Kollegin als überzeugte Single-Frau in Bezug auf Männerbekanntschaften einen recht lockeren Umgang pflegte. Sie gönnte es ihr, doch das war nicht ihre Welt.

Allerdings ertappte sie sich seit diesem Gespräch immer häufiger dabei, dass sie, wenn sie ihn sah, Edgar verstohlen auf seine verborgenen Qualitäten abcheckte. Er war tatsächlich ein großgewachsener Mann von muskulöser, durchtrainierter Statur.

Und bei der diesjährigen Weiberfastnachtsfeier in der Kantine hatte sie sich zum ersten Mal ausführlicher mit ihm unterhalten. Und hatte zum ersten Mal ein aufkeimendes Verlangen nach dieser ungebändigten Wildheit, die er verströmte, verspürt.

Innerhalb einer halben Stunde hatte sie tatsächlich zurückgerufen.

„Selma, schön dich zu hören", hatte er eine Spur zu euphorisch gesagt.

Ihre dunkle, herbe Stimme mit dem leichten Vibrato hatte er sofort erkannt – und die alte Vertrautheit war wieder da, als läge nicht eine halbe Ewigkeit zwischen ihrem letzten Gespräch, das ein tränenreiches Abschiedsgespräch gewesen war.

Auch Selma schien sich darüber zu freuen, mit ihm so unverhofft plaudern zu können. Natürlich erinnere sie sich noch gut an ihn, sehr gut sogar. Irgendwie sei er nie vollständig aus ihrem Leben verschwunden gewesen. Sie habe immer mal wieder an ihn denken müssen, angesichts von bestimmten Situationen oder Örtlichkeiten. Obwohl sich ja so viel seit damals ereignet habe. Sie sei verheiratet, habe zwei Kinder, Töchter im etwas schwierigen Alter, Pubertät eben. Ob er auch verheiratet sei und Kinder habe.

Verheiratet ja, Kinder nein, hatte er geantwortet. Aber das könne ja noch kommen, hatte er ein wenig verschämt hinzugefügt, als sei es ein Makel, keine Kinder zu haben. Dabei hatten Marion und er sich ganz bewusst gegen Nachwuchs entschieden.

So hatten sie mindestens eine halbe Stunde geredet, bis Selma unvermittelt gefragt hatte: „Bist du zufällig öfter hier in der Gegend? Dann komm doch mal auf einen Kaffee vorbei."

„Zufällig eher nicht", hatte er erwidert, „aber es lässt sich bestimmt einrichten."

Nachdem Jürgen eine zweitägige Geschäftsreise angekündigt hatte, war ein Kribbeln über Marions Rücken gelaufen. Den Grund hierfür empfand sie als dunkel, bedrohlich, konnte sich dem Sog der aufkommenden Begierde jedoch nicht entziehen. Sie suchte den Kontakt zu Edgar, der ihr auf der Karnevalsfeier bereits ein eindeutiges, unmoralisches Angebot gemacht hatte. Sie hatte es empört zurückgewiesen, wenn auch mit gespielter Heftigkeit.

Als es ihr im Laufe des Tages gelungen war, ihn unauffällig allein zu sprechen, fragte sie ihn ohne Umschweife, ob er noch zu seinem Angebot stünde. Vor grenzenloser Überraschung war ihm der Unterkiefer förmlich heruntergeklappt. Er schnappte nach Luft wie ein Fisch auf dem Trockenen, und Marion befürchtete schon, er bekäme einen Tobsuchtsanfall. Stattdessen sah er sie ungläubig an: „Das hätte ich mir nicht träumen lassen, erst recht nicht nach der Abfuhr auf Weiberfastnacht."

In seine Augen trat ein auffälliger Glanz, als habe jemand ein Licht hinter seiner Hornhaut angeknipst.

„Natürlich stehe ich zu meinem Angebot, liebend gern. Ein Mann, ein Wort. Du wirst es nicht bereuen. Wann soll denn die Party steigen?"

Er musterte sie so durchdringend, dass Marion Angst bekam, er wolle auf der Stelle über sie herfallen.

Ein wenig gehemmt öffnete Jürgen die Tür zur Kanzlei. An der Rezeption saß die Dame mit der energischen Stimme und blickte ihm streng über den Rand ihrer Brille entgegen.

Jürgen nannte seinen Namen und setzte hinzu: „Ich habe einen Termin."

„Ich weiß", entgegnete die Dame, und sie betonte diese beiden Wörter in einer Weise, die keinen Zweifel daran ließ, dass seine letzte Bemerkung völlig überflüssig gewesen sei.

„Frau Brahnke muss jeden Moment hier sein. Nehmen Sie noch ein wenig im Wartezimmer Platz."

Wie beim Arzt, dachte Jürgen. Sein Herz schlug heftig, ihm war beklommen zumute.

Keine fünf Minuten später betrat Selma die Kanzlei. „Ihr erster Termin ist bereits da", wurde sie von der Angestellten begrüßt. „Sitzt im Wartezimmer."

Jürgen hörte Selmas Schritte, dann stand sie, strahlend lächelnd, vor ihm.

„Hallo", sagte sie.

Jürgen war bei ihrem Anblick prompt aufgesprungen. Wie ein Erstklässler, der vom Lehrer aufgerufen worden ist, gestand er sich selbstkritisch ein.

Ihre schlanke Erscheinung, die von dem figurbetonten grauen Business-Kostüm effektvoll unterstrichen wurde, und der dezente Duft eines betörenden Parfüms wirkten elektrisierend auf ihn.

Sie gab ihm einen flüchtigen Kuss auf die Wange.

„Komm, wir gehen in mein Büro."

Als Marion am Nachmittag das Einfamilienhaus, das Jürgen und sie seit fünfzehn Jahren bewohnten, betrat, war sie sich nicht sicher, ob sie nicht im Begriff war, eine riesige Dummheit zu begehen. Aber wenn, dann hatte sie die Dummheit bereits begangen, indem sie sich mit Edgar für heute Abend zu diesem Date verabredet hatte – und das auch noch bei sich zu Hause.

„Zum Jammern ist es nun zu spät", sprach sie sich laut Mut zu. Und als habe der Klang ihrer eigenen Stimme die Macht, ihre nagenden Zweifel zu verscheuchen, zumindest zu übertönen, rief sie ekstatisch aus: „Kann denn Liebe Sünde sein? Schließlich habe ich nur dieses eine Leben. Außerdem: Ein Mal ist kein Mal!" Dabei posierte sie in lasziven Stellungen vor dem Flurspiegel.

„So, so, Fachanwältin für Familienrecht bist du. Da wird doch bestimmt viel schmutzige Wäsche gewaschen, oder?"

Selma zuckte die Schultern. „Zum Teil schon. Aber nicht immer. Interessant ist übrigens die steigende Zahl von Spätscheidungen, also von Paaren, die sich nach der

Silberhochzeit oder noch danach scheiden lassen. Die Kinder sind aus dem Haus, die Ehepartner merken, dass sie sich nicht mehr viel zu sagen haben."

„Das kann mir in der Art nicht passieren, ich hab ja keine Kinder", warf Jürgen ein, bemüht, betont locker zu klingen.

Er trank einen Schluck Kaffee und knabberte an einer mit Käse belegten Brötchenhälfte.

Selma lachte. „Dann schon eher mir. Ich hab ja zwei Kinder."

„Aber dafür gibt es doch wohl keine Anzeichen?", fragte Jürgen scheinheilig.

„Bis jetzt nicht. Aber sie sind ja auch noch nicht aus dem Haus."

„Du meinst, was nicht ist, kann noch werden?"

Kaum war ihm dieser Satz rausgerutscht, ärgerte sich Jürgen über seine Plumpheit.

Selma indes schien die Bemerkung nichts auszumachen.

„Ich hoffe nicht", erwiderte sie entspannt. Konterte dann mit der Gegenfrage: „Ich gehe wohl recht in der Annahme, dass du mich nicht in meiner Eigenschaft als Fachanwältin für Familienrecht aufgesucht hast – zwecks Beratung?"

„Natürlich nicht."

Jürgen schoss Wärme in seine Ohren, die sich nun anfühlten wie glühende Briketts. Sollte sich das ganze Gespräch etwa auf diesem belanglosen Level bewegen? Als Warm-up war das völlig in Ordnung, aber sollten sie nicht allmählich auf die Beziehungsebene zusteuern? Und zwar möglichst direkt?

„Du siehst immer noch so umwerfend und verführerisch wie vor fast zwanzig Jahren aus", ging er nun ungeschützt in die Offensive. „Von daher haben sich die 100 Kilometer Fahrt schon voll gelohnt."

Er grinste vertraulich-kumpelhaft. Auch Selma grinste, aber eher irritiert.

„Danke fürs Kompliment", entgegnete sie artig. Dann schwieg sie, rührte mit dem Löffel in ihrer Kaffeetasse, obwohl sie den Kaffee schwarz und ungezuckert trank. Jürgen stutzte, aber jetzt gab es für ihn nur noch eine Richtung: Nach vorn.

„Ich habe den ganzen Tag über Zeit, könnte auch heute Nacht hier bleiben – also nicht in der Kanzlei, aber vielleicht in einem netten Hotel." Sein raues Lachen klang nicht souverän.

Hätte er Selmas Mienenspiel beobachtet, hätte er spätestens an dieser Stelle geschwiegen. Aber fokussiert auf seine Botschaft fuhr er fort: „Meiner Frau habe ich gesagt, ich sei bis morgen auf einer Geschäftsreise. Sie erwartet mich nicht vor morgen Nachmittag zurück."

Er sah sie erwartungsvoll an.

Selma machte mit der linken Hand eine fahrige Bewegung durch die Luft, als wolle sie irgendwelche Gespenster verjagen. Ihre Augen erwiderten seinen Blick, doch aus ihrem Gesicht war sämtliche Farbe gewichen.

„Hier scheint ein Missverständnis vorzuliegen", hob sie gequält an. „Ich habe mich darüber gefreut, so unerwartet von dir gehört zu haben, denn wir standen uns mal sehr nah. Deswegen meine Einladung zu einem Kaffee, falls du in der Nähe wärst. Ich habe extra eine Stunde für dich eingeplant, obwohl es der Terminkalender eigentlich nicht zuließe – immerhin bin ich Freiberuflerin."

Als sie ihre Kaffeetasse zum Mund führte, zitterte ihre Hand.

„Mehr sollte es allerdings nicht sein, und mehr kann es für mich auch nicht sein. Ich bin verheiratet, habe Kinder, meine Ehe ist intakt."

Jürgen hatte genau registriert, dass sie nicht gesagt hatte: „Ich liebe meinen Mann", sondern „meine Ehe ist intakt". Ist ja auch schon was, dachte er höhnisch.

Wie aus weiter Ferne vernahm er ihre Stimme: „Solltest du dir mehr von unserem Treffen versprochen haben, tut es mir leid. Das habe ich nicht gewollt."

Jürgen war in dem bequemen Lederfauteuil in sich zusammengesunken. Am liebsten hätte er hinausgeschrien, was ihm auf der Zunge lag: ‚Willst du mich verarschen? Dafür habe ich zwei Tage Urlaub genommen und meiner Frau eine Geschäftsreise vorgelogen? Dafür fahre ich insgesamt 200 Kilometer durch die Gegend? Lediglich für eine Tasse Kaffee, belegte Brötchen und etwas Small Talk? Für wie bekloppt hältst du mich eigentlich?'

Tatsächlich sagte er kein Wort. Mit unvermittelter Wucht brach die Erkenntnis über ihn herein, dass nicht Selma ihn für bekloppt *gehalten hatte*, sondern dass er bekloppt *gewesen war*. Sie hatte am Telefon nur davon gesprochen, dass er auf einen Kaffee vorbeikommen solle, falls er mal zufällig in der Gegend sei. Alles andere hatte er in ihre Sätze hineininterpretiert, hineingeträumt – weil er es sich gewünscht hatte. Von ihm war die Initiative ausgegangen, sie hatte bloß höflich und nett reagiert. Er war sich selbst in die Falle gegangen, nicht ihr auf den Leim.

Auch ohne das energische Klopfen an der Bürotür und die Mahnung: „Frau Brahnke, denken Sie an Ihren nächsten Termin, der Mandant wartet bereits seit einer Viertelstunde", wäre Jürgen aufgestanden.

Scheiße, was bin ich doch für ein Idiot, Trottel im XXL-Format, zuckte ihm durch den Kopf, während er mühsam lächelnd Selma die Rechte hinstreckte.

„Dir muss nichts leid tun. Ich muss mich entschuldigen. Ich hatte mich unberechtigterweise in etwas verrannt. Sorry."

Dann stürmte er fluchtartig aus der Kanzlei.

Edgar hatte Punkt 19.00 Uhr an der Haustür geklingelt, vereinbarungsgemäß. Sein Auto hatte er in einer anderen Straße der Wohnsiedlung abgestellt, ebenfalls vereinbarungsgemäß. Als „kleines Gastgeschenk" hatte er eine Flasche Rotwein mitgebracht. Marion hatte ein paar Kanapees vorbereitet. Es sollte kein gemütliches Candle

Light Dinner werden, so viel Romantik war weder vorgesehen noch erwünscht. Sie hatten sich nur zu dem einzigen Zweck verabredet: Sex zu haben. Marion kam die Situation ziemlich irreal vor, sie verstand sich selber nicht mehr.

Doch als Edgar nach dem letzten Kanapee ohne Umschweife fragte: „Wo sollen wir es miteinander treiben, hier oder im Schlafzimmer?", und dabei seine linke prankenhafte Hand ungeniert auf ihren Busen legte, ergriff langsam Erregung ihren Körper. Sein leichter Schweißgeruch gab ihm eine animalisch-männliche Note, und Marion kam unwillkürlich der Begriff „love machine" in den Sinn. Nun gut, das würde sie jetzt testen. Mal sehen, ob er hielt, was er versprach.

„Im Schlafzimmer", erwiderte sie knapp und wunderte sich über die Festigkeit ihrer Stimme.

Jürgen starrte auf den Vollmond, der in stoischer Ruhe am nahezu wolkenlosen Nachthimmel hing. Wie romantisch, dachte er mit einem Anflug von Schwermut. Romantisch war der Tag für ihn nun wahrlich nicht gewesen.

‚Wie verpeilt war ich eigentlich, von einem Schäferstündchen oder gar einer ganzen Liebesnacht mit Selma auszugehen?', hatte er sich immer wieder gefragt. Zwar hatte sie seinerzeit davon gesprochen, dass er nie vollständig aus ihrem Leben verschwunden gewesen sei. Aber die Schlussfolgerungen, die er hieraus gezogen hatte, die Fantasien, die sich hieran entzündet hatten, waren allein auf seinem Mist gewachsen. Dafür konnte er Selma nicht verantwortlich machen.

Tief enttäuscht, fast gedemütigt, hatte er sich gefragt, wie er sich nun verhalten sollte? Immerhin hatte er Marion erst für den nächsten Tag seine Rückkehr in Aussicht gestellt und sich zwei Tage Urlaub genommen. Andererseits verspürte er nicht mehr die geringste Lust dazu, sich für eine Nacht in einem Hotel einzumieten.

Er hatte beschlossen, noch heute nach Hause zu fahren. Er würde Marion sagen, die Besprechung habe bereits schneller als erwartet zu einem Ergebnis geführt. Den zweiten Urlaubstag würde er morgen in der Firma stornieren. Und dann würde er diesen untauglichen Versuch eines Seitensprungs möglichst schnell aus seinem Gedächtnis streichen.

So hatte er den Vormittag in der Innenstadt verbummelt, in einem Restaurant zu Mittag gegessen, war danach in ein Museum gegangen, anschließend durch den Stadtpark flaniert, hatte abends in einem Imbiss eine Currywurst und eine Cola bestellt und sich zum guten Schluss noch einen Actionfilm im Kino angesehen.

Als er in sein Auto gestiegen war, warf er durch die Windschutzscheibe noch einen letzten Blick auf den Vollmond, bevor er den Wagen Richtung Autobahn lenkte.

„Na, hat es dir gefallen?“

Edgar lag heftig atmend neben ihr im Ehebett.

Marion sah ihn nicht an.

Jetzt will er auch noch gelobt werden, dachte sie angewidert.

Er war schon gut gewesen, so weit sie das beurteilen konnte, obgleich sie sich nicht für eine Expertin auf diesem Gebiet hielt – dafür verfügte sie insgesamt über zu wenig Erfahrung mit Männern. Aber er hatte ihr einiges gezeigt, was sie in dieser Form vorher noch nicht gekannt, geschweige denn praktiziert hatte.

Dennoch war der Rausch, direkt nach ihrem Orgasmus, der heftig und intensiv gewesen war, schlagartig verflogen. Im Gegenteil: Sie lag auf dem Rücken, starrte an die Zimmerdecke, hatte einen schalen Geschmack im Mund und – schämte sich unendlich. Sie hätte diese „Bettgeschichte“, wie sie sie für sich abwertend nannte, am liebsten ungeschehen gemacht.

Was hatte sie bloß veranlasst, sich diesen Typ ins Bett zu holen? Warum um alles in der Welt war sie auf die

Andeutungen ihrer Kollegin über die verborgenen Qualitäten dieses Edgar nur angesprungen?

Bisher hatte sie ihr eheliches Liebesleben durchaus als erfüllend empfunden und hätte, im Nachhinein betrachtet, auf den Zugewinn ihres Erfahrungsschatzes gut verzichten können. Hierdurch ihre Ehe aufs Spiel zu setzen, war ein viel zu hoher Einsatz gewesen. Aber, tröstete sie sich, Jürgen musste ja nichts erfahren, nein, er durfte nichts erfahren, unter keinen Umständen.

Dann fuhr ihr siedend heiß durch den Kopf: Was, wenn Edgar mit seinem Abenteuer prahlte, es herumerzählte?

Andererseits hatte ihre Kollegin ihn als 100% diskret beschrieben. Aber wenn er irgendwann auf die Idee käme, sie zu erpressen ...

Nachdem Jürgen den Wagen abgestellt hatte und leise die Haustür aufschloss, hoffte er, dass Marion schliefe, damit es nicht noch in dieser Nacht zu einer Diskussion darüber käme, warum er jetzt schon von der Geschäftsreise zurück war. Da sie keine ausgesprochene Nachteule war und – im Unterschied zu manchen anderen Frauen im Bekanntenkreis – auch keine Angst davor hatte, allein im Haus zu sein, konnte er mit hoher Wahrscheinlichkeit hiervon ausgehen. Während er leise unten ins Bad ging, um anschließend vorsichtig im Dunkeln die Treppe zum Schlafzimmer hochzuschleichen, amüsierte ihn der Gedanke, wie Marion am nächsten Morgen wohl gucken würde, wenn sie wach wurde und nicht mehr allein im Bett lag.

„Was hast du gesagt?“, knurrte Marion unfreundlich, als sie Edgars Stimme vernahm, ohne ihn aber verstanden zu haben. Bestimmt wollte er erneut wissen, ob er gut gewesen sei.

Zum Teufel, das würde sie ihm bestätigen, wenn er dann nur das Maul halten und verschwinden würde. Edgar wiederholte seine Frage:

„Hast du auch das Geräusch gehört?"

„Geräusch? Welches Geräusch?"

„Als ob jemand im Haus ist", flüsterte Edgar und sprang – erstaunlich behände – aus dem Bett. Er huschte zur Schlafzimmertür und lauschte in den Flur.

Nun hörte Marion es auch. Jemand kam die Treppe herauf, wie die leicht knarzenden Holzstufen deutlich verrieten.

„Einbrecher", murmelte sie und hielt sich erschrocken die Hand vor den Mund. Hilfesuchend sah sie den muskulösen nackten Edgar an.

***

Lange standen die Ermittler vor einem Rätsel. In der Presse schossen die wildesten Spekulationen ins Kraut.

Niemand konnte sich einen Reim auf das tote Ehepaar in dem unscheinbaren Einfamilienhaus machen. Als ausgeschlossen galt, dass einer der Ehepartner zunächst den anderen umgebracht und sich dann selbst getötet hatte. Auch Anzeichen eines Einbruchs fanden sich nicht, dafür jede Menge DNA-Spuren am Körper der Frau und auf dem Bett sowie Fingerabdrücke, die nicht vom Ehemann stammten. Allerdings ergab der Abgleich mit der Datenbank lediglich Fehlanzeige. Die Suche nach diesem ominösen Dritten wurde noch dadurch erschwert, dass es keine verwertbaren Zeugenaussagen gab. Erst als sie schließlich noch einmal im beruflichen Umfeld der Eheleute Befragungen vornahmen, erhielten die Beamten von einer Kollegin der Ehefrau den eher beiläufigen Hinweis, sie hätte sich mal mit Marion über Edgar H. unterhalten. In der Folgezeit sei es ihr so vorgekommen, als habe sich Marion verstärkt für Edgar interessiert. Aber sicher sei sie keineswegs, es sei halt ihr Bauchgefühl.

In der nachfolgenden Vernehmung des Edgar H. legte dieser überraschend ein Geständnis ab: Der Ehemann sei unerwartet in der Nacht nach Hause gekommen. Sie hätten ihn für einen Einbrecher gehalten. Als er oben auf dem Treppenabsatz angekommen sei, sei er – Edgar – „splitternackt wie ich war" auf den vermeintlichen Eindringling zugestürzt, habe ihm einen Faustschlag gegen die Schläfe versetzt und ihn nach hinten gestoßen, woraufhin dieser rückwärts die Treppe herabgefallen sei. Er müsse unglücklich mit dem Hinterkopf aufgeschlagen sein, jedenfalls sei das Ganze ein Unfall gewesen.

Nachdem Marion, also die Ehefrau, erkannt habe, dass es sich nicht um einen Einbrecher, sondern um ihren Mann handele, sei sie ausgerastet. Sie habe ihn hysterisch angeschrien, dass er ihren Mann umgebracht habe, und ihn als „Mörder" beschimpft. Sie habe sich gar nicht mehr beruhigen können und sei immer lauter und aggressiver geworden.

„Da hab ich ihr irgendwann den Mund zugehalten, sie gegen die Wand gedrückt und sie dann mit beiden Händen gewürgt, so lange, bis sie still war. Sie hätte sonst noch die ganze Nachbarschaft aufgeweckt."

Ganz am Ende seiner Aussage machte er noch eine Bemerkung, die die Ermittler aufhorchen ließ.

Nach der Tat habe er sich auf dem Weg zu seinem Auto, das er etwas abseits geparkt gehabt hätte, ertappt gefühlt.

Inwiefern, wollten die Beamten wissen.

In jener Nacht sei doch Vollmond gewesen. Er habe den Eindruck gehabt, dieser habe alles gesehen. Das sei ein schreckliches Gefühl gewesen. Deshalb sei er nun froh, dass es vorbei sei.

„Ob der unter einer besonderen Form von Lunatismus leidet?", fragte der ältere Ermittler seinen jungen Kollegen.

„Lunatismus, was ist das?", gab dieser zurück.

„Mondsüchtigkeit", antwortete der Ältere. „Ein Phänomen, das mit dem Vollmond zusammenhängt. Man hat es früher mit Schlafwandeln in Verbindung gebracht.

Aber bei Edgar H. wurde der Vollmond offensichtlich zur Verkörperung seiner Schuldgefühle und hat ihn zu seinem Geständnis getrieben."

„Wenn das so ist, sollten wir den Vollmond zum Ehrenbullen ernennen", erwiderte der Jüngere feixend.

Die Nachbarin

Nach dem Tod seiner Frau lebte er zurückgezogen in derselben Wohnung des Miethauses, in der er mehr als die Hälfte seines Lebens verbracht hatte. Es war die Wohnung, die er zu Beginn der siebziger Jahre mit Gertrud als erste gemeinsame Wohnung bezogen hatte, in der sein Sohn aufgewachsen und in der Gertrud vor zwei Jahren gestorben war.

Solange es irgend möglich war, wollte er in dieser Wohnung bleiben, auch wenn die meisten der jetzigen Mieter des Hauses ihm weitgehend fremd waren. Die jüngeren Leute, die hier einzogen, stellten sich teilweise nicht einmal vor. Oft blieben sie nur wenige Jahre, zogen dann in eine größere Wohnung, in ein Eigenheim oder berufsbedingt in eine andere Stadt.

Eine intakte Hausgemeinschaft, wie sie früher einmal bestanden hatte, gab es nicht mehr, aber das machte ihm nicht sehr viel aus. Er kam noch gut allein zurecht. Hauptsache, die Mietparteien hielten die Gemeinschaftsräume, Treppenhaus, Kellerflur und Waschküche, sauber. Allerdings gab es große Unterschiede in der Gründlichkeit, und das ärgerte ihn oft.

Sein Sohn Georg, seit Jahren bereits in einem anderen Bundesland lebend, entgegnete häufig auf seine telefonischen Klagen: „Papa, reg dich doch nicht auf. Du kannst nicht alle deine Mitmenschen dahin erziehen, dass sie genauso penibel sind wie du. Du musst das alles etwas lockerer nehmen."

„Du hast gut reden", brummelte er dann, sah aber ein, dass sein Sohn recht hatte.

Im Übrigen lag ihm nichts daran, sich mit den Mitbewohnern anzulegen. Er wollte in Frieden mit ihnen leben, um ungetrübt die Erinnerungen, die er mit seiner Wohnung verband und die die Brücke zu seiner glücklichen Ehezeit darstellte, genießen zu können.

Allerdings wurde ihm immer stärker bewusst, dass Gertrud und er es versäumt hatten, einen stabilen Freundes- und Bekanntenkreis aufzubauen. Sie waren sich selber genug gewesen und hatten deshalb nur lose Kontakte gepflegt. Das rächte sich nach Gertruds Tod, denn diese lockeren Bekanntschaften hatten sich nach und nach zurückgezogen. Offenbar konnten sie mit einem älteren, verwitweten Mann nichts mehr anfangen oder sie befürchteten, von ihm zu sehr vereinnahmt zu werden. Dabei hätte diese Gefahr nicht bestanden, dazu wäre er viel zu stolz gewesen. Echte Zuwendung hätte er dankbar angenommen, das Gefühl, nur aus Mitleid geduldet zu sein, wäre ihm indes unerträglich gewesen. Deswegen hatte er auch nie versucht, von sich aus die Kontakte zu intensivieren. Er wollte sich niemandem aufdrängen.

Dennoch war er mit seinem Leben nicht unzufrieden. Gerne blätterte er in alten Fotoalben. Dabei hörte er Musik, vornehmlich Sinfonien von Beethoven, Bruckner, Mahler, Tschaikowsky, auch Schumann, weil das die Lieblingsmusik von Gertrud gewesen war. Er selbst hatte keinen ausgeprägten eigenen Musikgeschmack, er konsumierte Musik aus dem Radio, ohne ihr besondere Aufmerksamkeit zu schenken. Aber wenn er sich in die Fotoalben vertiefte, waren die Klassik-CDs seiner Frau der notwendige Soundtrack dazu.

Die Fotos ließen die Stationen seines Lebens mit Gertrud detailscharf vor seinem inneren Auge erstehen. Auch längst vergessen geglaubte Kleinigkeiten kehrten in sein Gedächtnis zurück. Beispielsweise angesichts eines Fotos, das er von dem damals etwa vierjährigen Georg gemacht hatte. Es zeigte ihn, wie er auf seinem rotlackierten Tretroller über den leeren Marktplatz fuhr. Georg hatte es kaum erwarten können, bis der Film mit diesem Foto entwickelt worden war.

Als die Fotos eines Abends auf dem Esszimmertisch lagen, stürzte Georg sich auf den Stapel und schaute ihn aufgeregt durch. Das Foto von sich auf dem Roller betrachtete er aufmerksam, dann wandte er sich betrübt ab.

„Gefällt es dir nicht?“, fragte ihn Gertrud.

„Doch, aber ...“ Georg druckste herum. „Ich dachte, ich wäre auf dem Foto gefahren.“

Seine Eltern blickten ihn verständnislos an.

„Aber du fährst doch mit deinem Roller über den Marktplatz“, sagte Gertrud.

Erst einige Tage später erschloss sich ihnen der Grund für die Enttäuschung ihres Sohnes: Georg war in kindlicher Naivität davon ausgegangen, dass er sich auf dem Foto tatsächlich bewegen würde, dass der Roller real von rechts nach links durch das Bild fahren würde.

Manchmal schlief er auch über den Fotoalben ein. Dann erwachte er, in seinem Sessel sitzend, das Album auf den Knien liegend, und hatte das Gefühl, aus der Vergangenheit in die Gegenwart zurückgekehrt zu sein.

Sein Leben war nicht etwa strukturlos. Er hatte neben der Hausarbeit seine Beschäftigungen und Routinen, die alltäglichen Besorgungen, Arztbesuche, Spaziergänge, hin und wieder einen Plausch auf der Straße. Dennoch machte ihm die zunehmende Vereinsamung zu schaffen. Sie zerstörte nicht seinen Lebensmut, nahm ihm nicht die Luft zum Atmen, legte sich aber wie eine Dunstglocke über ihn.

Wenn er dies seinem Sohn am Telefon gegenüber erwähnte, was er nur selten tat, weil es ihn viel Überwindung kostete, sich zu offenbaren, gab der ihm wohlgemeinte Ratschläge. „Schließ dich doch irgendwelchen Gruppen an, Wandergruppen, Seniorentreffs. Oder geh in einen Sportverein. Die haben auch Kurse für ältere Menschen im Programm. Oder schau, was der Kulturring anbietet an Konzert-, Theater- oder Museumsbesuchen. Möglichkeiten, unter Leute zu kommen, gibt es genug. Du musst einfach initiativ werden.“

Manchmal kam Georg in diesem Zusammenhang auf ein heikles Thema zu sprechen: „Hast du dich schon einmal damit auseinandergesetzt, in eine Seniorenwohnanlage zu ziehen? Nur als Denkanstoß. Solche Anlagen verbinden eine selbstständige Lebensführung in eigener Wohnung mit den Vorteilen eines Seniorenzentrums. Es gibt dort Gemeinschafträume, Veranstaltungen, soziale Kontakte und, im Falle eines Falles, ärztliche Hilfe."

An dieser Stelle hakte er gereizt nach: „Was meinst du mit im Falle eines Falles? Ich bin nicht krank und gebrechlich. Im Gegenteil, ich fühle mich noch ziemlich rüstig. Und außerdem: Du lebst doch auch als Single. Dir kann doch auch etwas passieren."

„Das ist ja richtig, Vater", entgegnete Georg, „aber zum einen bin ich berufstätig und habe einen großen Bekanntenkreis, so dass es schon irgendwem auffallen würde. Zum anderen: Du bist nun mal einige Jährchen älter als ich."

Solche Gespräche deprimierten ihn. ‚Ich bin doch noch kein Greis', murmelte er dann vor sich hin und flüchtete sich in seine Erinnerungen.

Beinah über Nacht zog eine neue Nachbarin in das Haus ein, in die Wohnung ihm gegenüber. Er hatte kaum etwas von dem Auszug der bisherigen Wohnungsinhaber, eines jungen Paares, mitbekommen.

Die neue Nachbarin war eine Frau um die Mitte vierzig, also schätzungsweise dreißig Jahre jünger als er. Sie zog allein in die Wohnung ein. Sie war ihm auf Anhieb sympathisch, weil sie Manieren hatte. Sie wollte sich bei allen Mietparteien vorstellen, zuerst bei ihm „als meinem direkten Nachbarn."

Als sie kurz darauf bei ihm schellte, hatte sie eine Flasche Sekt in der Hand.

„Hallo, ich heiße Sabine. Ich bin die Neue hier im Haus. Wenn Sie nichts dagegen haben, würde ich gern auf eine gute Nachbarschaft mit Ihnen anstoßen."

Er wusste nicht recht, wie er sich verhalten sollte.

„Joachim", rutschte ihm heraus, indem er ihr die Hand gab. Er hatte sich von ihr überrumpeln lassen, ganz gegen seine Gewohnheiten. Schnell setzte er hinzu: „Mein Nachname steht auf dem Türschild."

Sabine lächelte: „Meiner auch."

Sie tippte auf die Sektflasche und sah ihn fragend an.

„Kommen Sie rein." Er trat zur Seite.

Natürlich war er auf diesen überraschenden Besuch nicht vorbereitet gewesen, so wie er fast nie Besuch erwartete. Aber da er seine Wohnung stets sauber und aufgeräumt hielt, befand die sich in einem vorzeigbaren Zustand.

Er holte zwei Sektgläser aus dem Schrank, während Sabine die Flasche entkorkte. Auf dem Tisch lagen mehrere Fotoalben, eines aufgeschlagen. Sie prosteten sich zu.

„Eine wirklich nette Geste von Ihnen", sagte er.

„Nicht der Rede wert. Das gehört sich doch, oder?"

„Das sehen nicht alle so. Auch Ihre Vormieter nicht. Die haben sich weder bei ihrem Einzug vorgestellt noch bei ihrem Auszug verabschiedet."

„Die Kinderstube mancher Zeitgenossen lässt zu wünschen übrig", erwiderte Sabine.

Sie hatte ein offenes, freundliches Gesicht und war eine gepflegte Erscheinung. Als hübsch hätte er sie nicht bezeichnet. Sie war das, was seine Mutter früher eine „patente Person" genannt hatte.

Nach knapp zwei Stunden und einer geleerten Flasche Sekt verabschiedete sie sich. Sie hatte ihn auf die Fotoalben angesprochen und er hatte ihr daraufhin fast seine ganze Lebensgeschichte erzählt. Sie war eine ausgezeichnete Zuhörerin gewesen, was ihm gefallen hatte.

Über sich selbst hatte sie relativ wenig preisgegeben, nur dass sie geschieden und in der Stadtverwaltung tätig sei. Während der ganzen Zeit hatten sie sich gesiezt, trotz der Anrede mit ihren Vornamen. Auch das hatte ihm gefallen.

Als sein Sohn am Wochenende anrief, erwähnte Joachim zunächst nur beiläufig die neue Nachbarin, doch Georg zeigte sich interessiert. Froh darüber, etwas Positives aus seinem Alltag berichten zu können, schilderte er ausführlicher den Ablauf des Abends.

Statt eines bestärkenden Zuspruchs schien Georg entsetzt zu sein: „Vater, wie kommst du dazu, einer wildfremden Frau sofort dein ganzes Leben auf die Nase zu binden? Wer weiß, was die im Schilde führt. Es wäre nicht das erste Mal, dass sich eine Frau das Vertrauen eines älteren Mannes erschleicht."

Die Reaktion seines Sohnes traf Joachim in mehrfacher Weise: Warum musste Georg ständig Anspielungen auf sein Alter machen? Und warum gönnte er ihm nicht einen netten Abend?

Am Schweigen seines Vaters merkte Georg, dass er ihn verletzt hatte. Das hatte er nicht gewollt. Er versuchte einzulenken: „Ich will dir nicht die neue Nachbarin madig machen. Du solltest bloß nicht zu vertrauensselig sein. Warte lieber ab, was sie für eine Frau ist. Ich meine es nur gut."

Immer meinte es Georg *nur gut*. In diesen gutgemeinten, aber häufig völlig unerwünschten Ratschlägen drückte sich offensichtlich seine Fürsorge aus. ‚Die könnte er besser dadurch zeigen, dass er mich häufiger besucht als höchstens vier Mal im Jahr', dachte Joachim verbittert und beendete verstimmt das Telefonat.

Die neue Nachbarin wirkte wohltuend. Zwar sah er sie nicht übermäßig oft. Sie war berufstätig und abends häufig unterwegs. Aber immer, wenn sie sich im Treppenhaus oder auf der Straße begegneten, hatte sie ein nettes Wort für ihn, nahm sich hin und wieder auch Zeit für ein längeres Gespräch.

„Sollten Sie mal etwas dringend benötigen oder Hilfe brauchen, melden Sie sich", bot sie an.

Nach einigen Wochen lud sie ihn zu sich ein. „Jetzt ist meine Wohnung komplett. Wollen Sie sie anschauen?"

Er brachte ihr einen bunten Blumenstrauß mit, über

den sie sich ehrlich zu freuen schien. Sie hatte eine Kleinigkeit zu essen vorbereitet. In ihrer Gesellschaft war es beinahe wie früher, als Gertrud noch gelebt hatte. Dieses Gefühl von Geborgenheit hatte er viel zu lange entbehren müssen.

Oft wartete er nachmittags sehnsüchtig darauf, dass sie nach Hause kam. Er passte sie nicht ab, kam nicht ‚rein zufällig' durchs Treppenhaus, stand auch nicht wie ein Spanner hinter seiner Wohnungstür, um sie durch den Spion zu beobachten.

Ihm genügte das Bewusstsein ihrer Anwesenheit. Da ging es ihm wie einem Kind, das zufrieden und selbstvergessen in seinem Zimmer spielt in dem Wissen, die Mutter ist nebenan: Es ist froh, sein kleines Reich für sich zu haben, wird aber unruhig und ängstlich, sobald die Mutter Anstalten macht, die Wohnung zu verlassen.

Er schmunzelte. Wurde er mit zunehmendem Alter tatsächlich zum Kind? Oder war es einfach das Bedürfnis, einen achtsamen Menschen in der Nähe zu haben?

Er registrierte genau, wann sie kam und wann sie ging. Blieb sie abends länger fort, machte er sich Sorgen. Jedes Treffen mit ihr ließ ihn aufblühen. Nicht etwa, dass er sich in sie verliebt hätte. Aber durch ihre Anteilnahme und ihre Herzlichkeit, mit der sie ihm begegnete, hatte er einen ganz neuen Zugang zu sich selbst und der Welt gefunden.

Allerdings hütete er sich davor, sich in ihrem Leben einzunisten.

Das Telefon schrillte. Es war auf volle Lautstärke gestellt, weil Joachims Gehör nicht mehr alle Feinheiten mitbekam – „altersgemäß", wie der HNO-Arzt jovial betont hatte.

„Georg!", rief er überrascht in den Hörer.

Sein Sohn führte die Telefonate mit ihm meistens am Wochenende. Wenn er sich mitten in der Woche meldete, war das ungewöhnlich. Deshalb war Joachim auf alles gefasst. Doch nach den ersten Sätzen stellte sich heraus, dass nichts Schlimmes Anlass für den Anruf war. Sein Sohn wollte ihm lediglich mitteilen, dass er am übernächsten Tag für eine Woche nach Mallorca fliege.

„Allein?“

„Nein, mit Kumpeln.“

Es lag Joachim auf der Zunge, sich zu erkundigen, ob auch Frauen dabei seien, aber er unterdrückte die Frage. Er wollte nicht indiskret sein. Obwohl er schon seit langem argwöhnisch war.

Georg erwähnte nie irgendwelche Frauengeschichten. Auch früher hatte er keine Mädchen mit nach Hause gebracht.

Gertrud und er hatten es immer vermieden, sich ihre Ahnungen einzugestehen. Und Georg direkt hierauf anzusprechen, dazu hatte ihnen erst recht der Mut gefehlt.

„Vater, hörst du mir überhaupt richtig zu?“, fragte Georg, nachdem Joachim wissen wollte, wann denn der Flieger ginge.

„Das habe ich dir doch gerade schon einmal gesagt. Oder behältst du manche Dinge nicht? Ich meine, kommt es öfter vor, dass du Sachen vergisst?“

‚Bloß das nicht‘, dachte Joachim, denn ihm war klar, worauf Georgs Fragen abzielten.

Er war abgelenkt gewesen, nicht nur durch die Gedanken, die er sich um seinen Sohn machte, sondern auch durch laute Geräusche aus der Nachbarwohnung.

„Ich bin nicht dement, falls du das meinst. Ich war einfach etwas unkonzentriert.“

„Dann ist es in Ordnung.“ Georg klang erleichtert.

„Ich wünsche dir einen guten Flug, mein Junge, und einen schönen Urlaub. Und melde dich kurz, wenn du auf Mallorca angekommen bist.“

„Klar, mach ich. Tschüs, Vater.“

„Tschüs, mein Junge.“

Er redete Georg nicht häufig mit „mein Junge“ an, und jetzt hatte er es gleich zwei Mal hintereinander getan.

Er nahm in seinem Sessel Platz, versenkte sich in seine Erinnerungen. Da hörte er aus der Nachbarwohnung Schreien, danach einen dumpfen Schlag, als sei ein schwerer Gegenstand zu Boden gefallen. Er sprang auf und lief in den Hausflur. Ohne weiter nachzudenken, klingelte er an Sabines Tür. Ein Mal, zwei Mal, dann schellte er Sturm.

Plötzlich wurde die Tür aufgerissen. Im Türrahmen stand ein wahrer Kleiderschrank, groß, breitschultrig, Bodybuilder-Figur. Sein Gesicht war gerötet, sein Atem roch stark nach Alkohol.

„Wer sind Sie, wo ist Sabine?“, stieß Joachim hervor.

Der Kerl sah ihn abschätzig an. „Was geht es dich an? Kümmere dich um deinen eigenen Scheiß.“

„Ist etwas passiert? Mir war, als hätte ich …“

Der Kerl ließ ihn nicht ausreden. Er setzte sich langsam in Bewegung, packte Joachim mit seinen schaufelartigen Händen an den Schultern und schob ihn unaufhaltsam wie ein Radlader vor sich her, drückte ihn rückwärts in seine eigene Wohnung zurück, stieß mit dem rechten Fuß die Tür von innen zu und baute sich bedrohlich wie eine Gewitterfront vor ihm auf. Dann nahm er seine eisernen Pranken von Joachims Schultern, was diesem zumindest erlaubte, sich wieder aufzurichten.

„Also, ich sag es dir nur einmal: Halt dich aus fremden Angelegenheiten raus. Und wieso ist sie überhaupt *Sabine* für dich, du Tattergreis? Bisher war mir nicht bekannt, dass sie auf Verwesungsgeruch steht. Aber ihre beste Zeit hat sie auch hinter sich. Da ändern sich vielleicht Vorlieben.“

„Wie sprechen Sie mit mir? Und wer sind Sie überhaupt?“

Joachim bemühte sich, seiner Stimme einen festen Klang zu geben. Es gelang ihm nicht.

„Wer ich bin? Ihr Ex. Aber das geht dich nichts an.“

„Verlassen Sie sofort meine Wohnung!“, rief Joachim.

Der Kerl lachte dröhnend. „Jetzt hast du mir aber

Angst eingejagt. Guck mal, wie ich zittere!“ Und er schlenkerte theatralisch mit den Armen und schüttelte sich. „Siehst du, so viel Angst hab ich vor dir, so viel.“

„Was ist mit Sabine? Haben Sie ihr was getan?“

Der Kerl lachte wiederum dröhnend: „Sorgt sich der tapfere Ritter um sein Edelfräulein? Es geht dich zwar wirklich nichts an, du Ritter von der traurigen Gestalt, aber wenn du es unbedingt wissen willst: Die Schlampe wollte mich nicht mehr ran lassen. Ich habe sie besucht und gedacht, wir feiern unser Wiedersehen mit einem kleinen Ficki-Ficki.“ Dabei machte er mit seinem Unterleib eindeutige, obszöne Gesten. „Aber die Dame wollte nicht. Stell dir vor, ich war ihr nicht mehr gut genug. Kein Wunder, wenn sie jetzt offensichtlich auf reifere Herren steht, solchen Spastis wie dich. Und da hab ich ihr eine geballert. Und sie ist umgefallen, wie ein nasser Sack.“

Er hielt einen Moment inne. „Sollte es etwas zu laut gewesen sein, muss ich mich wohl bei dir entschuldigen“, setzte er höhnisch hinzu.

Seine widerlichen Alkoholausdünstungen hingen in der Luft und umgaben Joachim wie eine Giftwolke.

Joachim wollte an dem Kerl vorbei, doch der versetzte ihm einen groben Stoß vor die Brust. Joachim taumelte, konnte sich aber auf den Beinen halten. Als er erneut an dem Kleiderschrank vorbei wollte, traf ihn ein gewaltiger Schwinger direkt an der Schläfe. Er fiel nach hinten, ungebremst, wobei sein Hinterkopf mit voller Wucht auf den Boden prallte. Dann wurde es dunkel um ihn.

Als Sabine ihre Wohnungstür hinter ihm schloss und er die Treppen hinabeilte, konnte Georg verstehen, warum sein Vater sie gemocht hatte.

Lange hatte er gezögert, diese Frau aufzusuchen. Und obwohl sie eine „patente Person“ war, wie seine Großmutter sie wohl genannt hätte, empfand er noch immer einen leichten Groll auf sie, gab er ihr in seinem tiefsten Innern noch immer die Schuld am Tod seines Vaters, auch wenn er wusste, dass er ihr damit unrecht tat.

Haustürgeschäft

Es schellt an der Haustür. Als ich öffne, steht ein Kerl davor.

Der erste Eindruck, der bekanntlich zählt, ist recht zwiespältig. Einerseits ist er sehr korrekt gekleidet, mit dunklem Anzug, Krawatte und hellem Trenchcoat, dazu elegante, blitzblank geputzte schwarze Lederschuhe, andererseits missfällt mir sein Gesicht. Es wirkt grob, beinahe vulgär, und passt nicht zu der Kleidung. In der linken Hand hält er ein dunkelrotes Aktenköfferchen.

Ich will ihn, ohne ihn zu Wort kommen zu lassen, sofort abwimmeln.

„Ich kaufe und bestelle nichts an der Haustür, abonniere keine Zeitschriften und möchte mich auch nicht bekehren lassen", sprudelt es aus mir heraus, alles abdeckend, was mir bisher an der Haustür untergekommen ist. Damit will ich die Tür schließen, aber der Kerl drückt von außen mit dem Arm dagegen.

„Warum haben Sie es denn so eilig, mich loszuwerden?", spricht er, und zu meiner Überraschung klingt seine Stimme angenehm sanft, ganz im Kontrast zu seinem gewöhnlichen Gesicht. „Lassen Sie mich doch erst einmal mein Anliegen schildern, ein Mindestmaß an Höflichkeit darf ich wohl erwarten, oder nicht?"

Ich koche innerlich vor Wut über dieses dreiste Einfordern von guten Manieren, schließlich ist er unaufgefordert an meine Tür gekommen, ich habe ihn nicht hergebeten. Und nach einem Notfall sieht es auch nicht aus.

„Also, schießen Sie los", antworte ich.

Trotz meines Ärgers hat sein Appell an meine Umgangsformen Erfolg gehabt.

„Ich würde Ihnen gerne etwas zeigen. Aber dazu muss ich an meinen Koffer. Würde es Ihnen etwas ausmachen, wenn ich kurz reinkomme? Vielleicht haben Sie ja einen Tisch, an den wir uns setzen können? Das wäre bequemer." – Erneut steigt Ärger in mir hoch.

„Einen Tisch besitze ich natürlich. An den kann man sich auch setzen. Aber eigentlich ist es nicht meine Art, Fremde ins Haus zu lassen."

„Mein Herr, ich verspreche Ihnen, Ihre Zeit nur unwesentlich in Anspruch zu nehmen. Denn Zeit ist kostbar. Gerade darum geht es bei dem, was ich Ihnen präsentieren möchte."

Dabei schiebt er mich zur Seite und betritt den Hausflur.

Ich vergewissere mich mit einem raschen Blick, dass nicht eine zweite Person plötzlich auftaucht, und achte darauf, die Tür richtig ins Schloss zu drücken. Immerhin berichtet die Zeitung fast täglich von üblen Machenschaften.

Mit meinem ungebetenen Gast gehe ich in das kleine Büro, das ich im Erdgeschoss eingerichtet habe, weil das der kürzeste Weg ist und ich ihn nicht mehr als nötig durchs Haus führen will.

„Ich hoffe, Sie nehmen mit einem Schreibtisch vorlieb", sage ich mit ironischer Betonung und weise auf den davor stehenden Stuhl, während ich mich auf meinen Schreibtischstuhl setze.

„Das reicht vollkommen. Danke."

Ich erwarte, dass er umgehend seinen Aktenkoffer öffnen und etwas auf die Schreibtischplatte legen wird. Stattdessen stellt er das Köfferchen neben seinen Stuhl und sieht schweigend zu mir herüber.

„Bitte, fangen Sie an, ich habe meine Zeit nicht gestohlen", dränge ich.

Er lächelt: „Wenn ich zuvor noch meinen Mantel ausziehen dürfte." Ich nicke unwillig. *Fehlt nur noch, dass er einen Kaffee verlangt*, denke ich. Einem derartigen Begehren würde ich allerdings nicht nachkommen, denn ich würde den Kerl keinesfalls alleine lassen. Er ist mir nicht geheuer, und ich bereue es bereits, ihm nicht energisch den Zutritt ins Haus verwehrt zu haben.

Nachdem er seinen Trenchcoat über die Rückenlehne des Stuhls gehängt hat, beginnt er zu reden: „Sie haben soeben zutreffend bemerkt, dass Sie Ihre Zeit nicht gestohlen hätten. Dem kann ich nur beipflichten. Niemand hat seine Zeit gestohlen. Sie wird einem nur von anderen manchmal gestohlen. Zeit ist ein kostbares Gut, mit dem wir sorgfältig umgehen sollten. ‚Mors certa, hora incerta' – der Tod ist uns gewiss, nur kennen wir die Stunde nicht. Natürlich wissen wir alle, dass unsere Lebenszeit eine knappe Ressource ist, die von unserer Geburt an unausweichlich abläuft. Aber was tun wir? Wir leben, als ob es kein Ende gäbe, als ob wir Zeit in Hülle und Fülle hätten. Wir vertrödeln, verschwenden, vergeuden unsere Zeit, als besäßen wir das ewige Leben. Vielleicht", er macht eine bedeutungsvolle Pause, „vielleicht kann sich die Jugend so viel Sorglosigkeit und Unbekümmertheit noch leisten, aber ab einem gewissen Alter sollte man den Fakten ins Auge sehen."

Er sieht mich scharf an.

„Nach meiner Einschätzung sind Sie ein vernünftiger Mensch, der mit beiden Beinen fest auf dem Boden steht. Sie sind kein Traumtänzer, der sich Illusionen hingibt."

Am liebsten würde ich ihm zurufen: ‚Kommen Sie endlich auf den Punkt, was wollen Sie eigentlich?'

Aber der Kerl lässt sich in seinem Redefluss nicht stoppen, die Wörter purzeln in so rascher Folge aus seinem Mund, dass ich gar nicht erst den Versuch eines Einwurfs unternehme. Außerdem hat der Klang seiner Stimme eine fast hypnotische Wirkung. Als Yoga-Lehrer, dessen Anweisungen man mit geschlossenen Augen lauscht, wäre er ideal, so aber stört seine grobschlächtige Visage.

„Vermute ich richtig, dass Sie einen starken Sinn für die Realitäten haben und nicht zu denen gehören, die sich ständig etwas vormachen, sich selbst belügen und den Gedanken an den eigenen Tod aus ihren Köpfen verbannen?" – Mir ist unbehaglich.

„Ich sehe die meisten Dinge schon recht realistisch",

antworte ich gedehnt. Hat der Kerl irgendwelche Psychospielchen mit mir vor? Oder wird er gleich ein Traktat aus seinem Aktenköfferchen ziehen, um mich auf die Bibel einzuschwören und Zeugnis von Jehova abzulegen?

Um dem zuvorzukommen, schiebe ich nach: „Wie ich bereits an der Haustür gesagt habe, möchte ich mich nicht religiös belehren lassen. Ich bin in meinem Glauben durchaus gefestigt."

Nun grinst er breit: „Keine Angst, von der Fraktion bin ich nicht. Im Gegenteil", er springt plötzlich auf, so dass ich Schlimmstes befürchte, „mein Anliegen ist ganz von dieser Welt."

Wie ein Wanderprediger erhebt er seine Stimme: „Genau für solche Menschen wie Sie ist das entwickelt worden, was ich Ihnen zeigen will! Menschen wie Sie lassen sich nicht ziellos treiben, leben nicht einfach in den Tag hinein! Menschen wie Sie wollen Herr ihres eigenen Lebens sein, wollen ein bewusstes Leben führen! Menschen wie Sie nehmen die Tatsache ihrer Sterblichkeit in ihr Leben auf, um hierdurch ihrem Leben die diesem gebührende Wertschätzung entgegenbringen zu können! Und deshalb", er bückt sich, stellt seinen Koffer auf den Schreibtisch, öffnet ihn, nimmt ein schmales Kästchen heraus, klappt es auf und entnimmt ihm eine Uhr mit schwarzem Plastikrahmen und Plastikarmband, hält sie am oberen Ende des Armbands fest und lässt sie wie den Klöppel einer Glocke hin und her pendeln, „deshalb gibt es jetzt diese Uhr!"

Entgeistert starre ich das in seiner Rechten schwingende Teil an. Eine simple Digitaluhr, zwar nicht besonders hässlich, keinesfalls jedoch ein Hingucker. Um dieses Ding macht er so viel Aufhebens?

Als ich gerade ansetze, ihn zu fragen, ob er mich verarschen wolle, diese Uhr sei doch nun wirklich nicht der Rede wert, fährt er fort: „Diese Uhr ist nicht nur eine normale Digitaluhr, nein, ihre Besonderheit liegt darin, dass sie die verbleibende Lebenszeit anzeigt. Damit besteht zum ersten Mal die Möglichkeit, das eigene Leben bewusst auf das Ende hin zu gestalten.

Nicht mehr die vage Ahnung des eigenen Todes, der irgendwann kommen wird, bestimmt von nun an Ihr Tun und Handeln, Sie stochern nicht mehr blind im Nebel, nein, Klarheit und die genaue Kenntnis um Ihre Todesstunde wird Sie künftig durch Ihr Leben begleiten. Damit haben Sie die einmalige Chance, jede Minute Ihrer kostbaren Lebenszeit sinnvoll zu nutzen, sich des wahren Wertes ihres eigenen Lebens immer bewusst zu sein."

Ich gucke reichlich konsterniert.

„Ist das nicht ziemlich makaber?", werfe ich beinah schüchtern ein.

„Makaber?" Er schaut mich an, als hätte ich ihn beleidigt. „Aber mein Herr, guter Mann, was ist daran makaber? Gerade Sie als nüchtern denkender Mensch werden mir doch bestätigen, dass wir immer dann am konzentriertesten sind, wenn wir einen festen Termin vor Augen haben. Droht eine Frist zu enden, legen wir uns energisch ins Zeug. Dann laufen wir zur Höchstform auf, mobilisieren alle Fähigkeiten und Kräfte, die uns zu Gebote stehen, geben unser Bestes.

Hingegen in dem Gefühl, beliebig viel Zeit für eine Aufgabe zu haben, werden wir träge und unproduktiv, schieben die Aufgabe vor uns her. Und das gilt nicht nur für unangenehme Aufgaben, sondern auch für die schönen Dinge des Lebens. Wie viele gute Absichten, etwa eine tolle Reise, das Pflegen von Kontakten, die intensivere Beschäftigung mit unseren Hobbys, mehr sportliche Aktivitäten usw., schieben wir häufig auf die lange Bank, weil wir fatalerweise so tun, als hätten wir alle Zeit der Welt.

Mit dieser Uhr am Handgelenk können wir uns jedoch mit einem Blick jederzeit dieses verhängnisvollen emotionalen Irrtums entledigen, können uns vergewissern, dass wir nicht ewig leben. Diese Uhr hält uns stets auf dem Laufenden, wie viele Jahre, Monate, Tage, Stunden, Minuten und Sekunden uns noch bleiben. Und in diesem Wissen können wir unser Leben gestalten.

Was Sie makaber genannt haben, nenne ich notwendig, um der Endlichkeit unseres Daseins den nötigen Respekt entgegenzubringen. Gleichzeitig verliert diese Endlichkeit ihren Schrecken, liegt sie doch nicht mehr verborgen in einer unbekannten Zukunft, sondern offen zutage.

Der Gedanke an den Tod ängstigt uns doch vor allem deshalb, weil unser eigener Tod für uns überraschend kommt, nicht vorhersehbar ist. Kennen wir indes den Zeitpunkt unseres Todes, können wir uns darauf einstellen, Abschied nehmen von unseren Lieben, Wichtiges rechtzeitig zu Ende bringen, unser Leben bewusst ausklingen lassen. Das nenne ich ein würdiges, selbstbestimmtes Leben führen. Und das wollen doch moderne Menschen in einem aufgeklärten Zeitalter, oder nicht?"

Er legt die Uhr, die er die ganze Zeit in der Hand gehalten hat, vor mir auf die Schreibtischplatte und nimmt wieder Platz.

Einen Augenblick lang denke ich, er müsse sich von seinen Ausführungen, die er so lebhaft vorgetragen hat, erholen. Aber er greift nur noch einmal in seine Aktentasche und zieht einen schmalen Hefter heraus.

„Hier finden Sie alles, was Sie für die Inbetriebnahme der Uhr brauchen. Eine leicht verständliche Betriebsanleitung und einen Fragebogen. Diesen müssen Sie wahrheitsgemäß ausfüllen. Er enthält Fragen zu Ihrer Gesundheit, Ihren Gewohnheiten und Ihren Lebensumständen. Auf der Grundlage Ihrer Angaben errechnet die Uhr ein Ergebnis, von dem Sie anschließend Ihr bereits erreichtes Lebensalter abziehen. Diesen Wert teilen Sie der Uhr mit und – voilà! – sie zeigt Ihnen sekundengenau Ihre noch verbleibende Lebenszeit an. In der ersten Zeile die Jahre, Monate und Tage, in der zweiten Zeile die Stunden, Minuten und Sekunden. Die dritte Zeile zeigt, wie jede herkömmliche Uhr, die aktuelle Tageszeit an. Wollen Sie in

Zukunft mit Ihrem Leben achtsamer umgehen als bisher, ist diese Uhr ein absolutes Muss!“

Zehn Minuten später lasse ich die Haustür hinter meinem Besucher ins Schloss fallen. Ich bin froh, ihn los zu sein. Die schwarze Armbanduhr, die mir meine noch verbleibende Lebenszeit anzeigen soll, liegt unscheinbar auf meinem Schreibtisch.

Der Preis ist nicht besonders hoch gewesen, zumindest nicht der Kaufpreis. Doch als sei ich aus einer Hypnose erwacht, beginne ich mich zu fragen, ob der Preis nicht doch sehr hoch sei, nämlich der Preis, den ich zahlen würde, falls ich die Uhr tatsächlich in Gebrauch nähme.

Ohne den suggestiven Klang der Stimme meines ungebetenen Gastes im Ohr ist mir schlagartig klar geworden, dass ich gar nicht wissen will, was diese Uhr angeblich anzeigen kann.

Zum einen bezweifele ich bereits den wissenschaftlichen Wert der Berechnungsgrundlagen. Sind sie tatsächlich eine ausreichende Basis für eine so weitreichende Aussage, wie viel Restlebenszeit mir noch bleibt?

Ganz zu schweigen von unvorhergesehenen Ereignissen, zum Beispiel einem Unfall oder einem Verbrechen, die mir und der Uhr einen dicken Strich durch die Rechnung machen könnten. Worin läge in solch einem Fall der vermeintliche Vorteil der Uhr?

Das ausschlaggebende Argument aber ist, dass es mir direkt, nachdem der Kerl mein Haus verlassen hat, überhaupt nicht mehr wünschenswert erscheint, den genauen Zeitpunkt meines Todes durch eine meine Lebenszeit herunterzählende Uhr ständig vor Augen geführt zu bekommen. Im Gegenteil, ich empfinde diese Vorstellung eher als bedrückend.

Genügt es nicht vollkommen, wenn ich mir ab und an Gedanken über die Begrenzung meiner Lebenszeit mache? Liegt nicht in der Unwägbarkeit, die die Ungewissheit über unseren Todeszeitpunkt einschließt, ein Teil des

Reizes unseres Lebens? Wenn ich gar nicht wissen möchte, was mich an Schicksalsschlägen und Krankheiten noch erwarten wird, warum um alles in der Welt sollte ich meinen Todeszeitpunkt wissen wollen? Sind insbesondere in existentiellen Fragen Hoffnung und Glauben nicht vielfach dem Wissen vorzuziehen?

Motiviert die Hoffnung auf ein langes Leben nicht mehr als das Wissen um den baldigen Tod?

Darüber hinaus gibt es das Phänomen der Selffulfilling Prophecy, der selbsterfüllenden Vorhersage. Wenn mir die Uhr über viele Jahre, Monate und Wochen hinweg den Zeitpunkt meines Todes einflüstert, könnte sich diese Voraussage nicht gerade deshalb realisieren, weil ich unbewusst auf diese Befürchtung hinleben und dadurch meinen eigenen Tod zu diesem Zeitpunkt provozieren würde?

Ich lege die Uhr in ihre Verpackung zurück, lese mir weder den Fragebogen noch die Betriebsanleitung durch. Ohne die raunende Stimme gibt es überhaupt keine Gründe mehr für den Kauf dieser Uhr, so viel steht fest.

Wenig später bin ich auf dem Weg zur Post. Ich habe zum Glück ein Haustürgeschäft getätigt, bei dem ich von dem gesetzlich eingeräumten Widerrufsrecht Gebrauch machen kann. Die Widerrufsfrist beträgt zwar zwei Wochen, aber ich will sie nicht ausschöpfen. Ich will diese Uhr so schnell wie möglich aus dem Haus haben, um nicht doch noch der Versuchung zu erliegen, sie auszutesten.

Wie hat der Kerl zu mir gesagt: ‚Ich schätze Sie als einen vernünftigen Menschen ein, der mit beiden Beinen fest auf dem Boden steht.‘ Diese Einschätzung teile ich. Und welcher vernünftige Mensch braucht eine Uhr, die ihm den Zeitpunkt seines Ablebens vorhersagt?

So viel Ungewissheit muss auch ein moderner Mensch in einem aufgeklärten Zeitalter ertragen können.

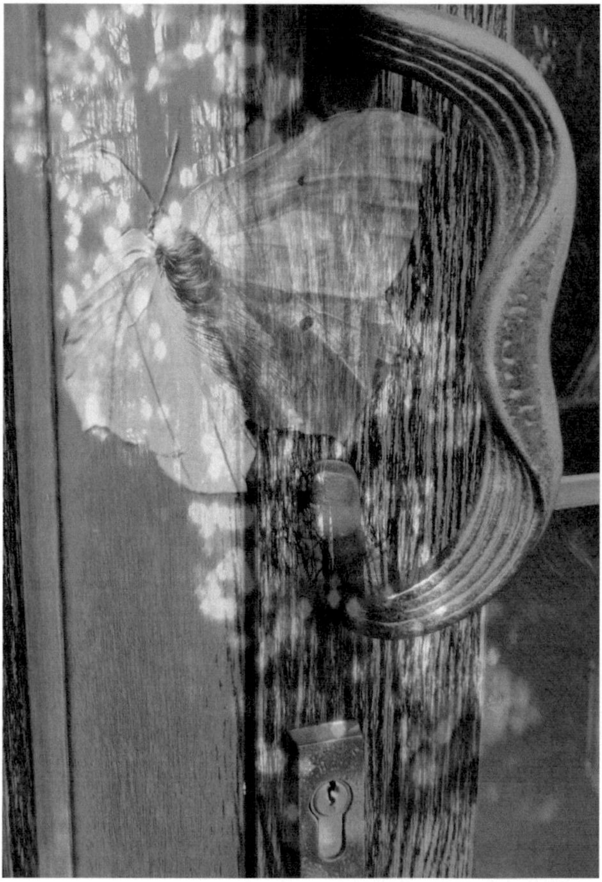

Fahrt mit der U-Bahn

„Hey Schatz, sieh mal, was ich dir mitgebracht habe. Das müsste dir gut stehen. Probier es doch mal an, ob es passt."

Ob es die richtige Größe hatte, war die entscheidende Frage, nicht etwa, ob es mir gefiel. Ich zog also Hemd, Hose und Pulli an und präsentierte mich Inas prüfendem Blick. Ina war absolut geschmackssicher. Auf ihr Urteil Verlass.

Sie musterte mich kritisch, zupfte ein wenig am Kragen des Hemdes, strich über das Rückenteil des Pullis – „du musst ihn schon vernünftig anziehen" – und bedeutete mir mit einer Handbewegung, mich zu drehen, damit sie mich von allen Seiten begutachten konnte. Dann nickte sie wohlwollend.

„So kannst du in den Frühling starten. Jetzt hast du endlich frische, aktuelle Farben."

Ina war mit meinem neuen Outfit zufrieden; und somit mit sich selbst.

„Am besten, du lässt es gleich an. Du weißt ja, in einer Stunde müssen wir bei Monika und Dieter sein."

Wusste ich nicht. Die Einladung hatte ich glatt vergessen. Vielleicht auch verdrängt. Nicht etwa, weil ich Monika und Dieter nicht mochte. Doch ein gemütlicher Abend zu Hause wäre mir lieber gewesen.

Ina hingegen war voller Vorfreude.

„Bestimmt gibt es eine Menge zu erzählen. Die beiden sind doch vorletztes Wochenende aus Dubai gekommen. Ich bin total gespannt, wie es ihnen dort gefallen hat. Und von unserer China-Reise haben wir ihnen auch noch nicht berichtet."

Meine Spannung hielt sich, offen gestanden, in überschaubaren Grenzen, aber ich verkniff es mir, das zu äußern. Ich wollte Ina nicht die Stimmung verderben.

„Mit welchem Auto fahren wir?", fragte sie.

„Ich denke, wir nehmen den MINI", gab sie selbst die Antwort.

„Die werden Augen machen, zumal Monika schon seit Monaten von einem MINI schwärmt."

Aha, es ging offenbar um einen Wettlauf, den Ina gewonnen hatte. Das musste natürlich dokumentiert werden.

Und so starteten wir in ihrem MINI Cooper, den sie mich großzügigerweise fahren ließ.

„Zurück fahre ich, dann kannst du trinken", bot sie an.

„Das ist nett von dir", entgegnete ich.

Unterwegs ließ sie mich bei der Bank anhalten. „Ich heb nur etwas Geld am Automaten ab."

Ina war umsichtig, vorausschauend, tough in ihrem Job und hatte ganz konkrete Vorstellungen von unserer Zukunft.

„Jetzt ist es noch etwas zu früh, aber in zwei Jahren sollten wir uns vermehrt haben", hatte sie des Öfteren geäußert. „Damit unser Kind nicht später einmal denkt, es hätte keine Eltern, sondern nur Großeltern."

Ina hatte ihr Leben fest im Griff, und meines auch.

Als wir von Monika und Dieter an der Tür begrüßt wurden, gab es ein großes Hallo. Natürlich war der MINI nicht unbemerkt geblieben und bot zunächst genügend Gesprächsstoff. Ich merkte, wie Ina den unverhohlenen Neid von Monika genoss, die mindestens drei Mal erwähnte, wie geil sie das Auto fände. Dieses Gefühl des Triumphes verbarg Ina jedoch geschickt hinter der betont nüchternen Aufzählung technischer Details. Denn auch damit kannte sie sich bestens aus.

Nachdem der MINI gebührend bewundert worden war, baten uns die Gastgeber an den bereits gedeckten Tisch. Und hier nahm das Gespräch den von Ina erwünschten Verlauf. Zunächst erkundigte sie sich nach dem Dubai-Aufenthalt unserer Freunde. Ihr Interesse war nicht geheuchelt, denn Ina konnte sich gar nicht satt hören an den Beschreibungen fremder Länder. Durch von Zeit zu Zeit eingestreute Fragen stellte sie auf subtile Art ihr eigenes Wissen über den Wüstenstaat heraus, welches sie sich allerdings erst kurz zuvor angelesen hatte. Denn Ina bereitete sich gewissenhaft auf Einladungen vor, um mitreden zu können.

Als wir beim Dessert angelangt waren, schlug ihre große Stunde.

„Wart ihr nicht vor Kurzem in China?“, fragte Dieter.

Ich nickte bestätigend, und Ina begann begeistert mit den Schilderungen unseres Urlaubs. Das Reich der Mitte erstrahlte bei jedem ihrer Sätze in den leuchtendsten Farben. Viele Details, die Ina aufzählte, erfuhr auch ich zum ersten Mal. Ich fragte mich, ob wir überhaupt denselben Urlaub gemacht hatten. Monika und Dieter hingen an Inas Lippen, als verkündete sie eine neue Weltreligion.

Doch bei aller Intensität ihrer Erzählung entging es Ina nicht, dass ich mir ein zweites Mal von dem Tiramisu nahm. Und sofort traf mich der Bannstrahl ihres strafenden Blicks. Das verstand sie meisterhaft. Sie lächelte unsere Gastgeber freundlich an, während mir aus ihren Augen, die sie während des Bruchteils einer Sekunde zu schmalen Schlitzen verengt hatte, ein vernichtender Blitz entgegenzuckte. Sie konnte es nämlich partout nicht leiden, wenn ich meinem Hang zu Süßem nachgab. Und ein zweites Mal Nachtisch zu nehmen, schickte sich ihrer Meinung nach nicht. Zumindest dann nicht, wenn Mann auf seine Figur achten musste. Und das musste ich ihres Erachtens nach.

Am liebsten hätte ich das Tiramisu zurück in die Schüssel gekippt, aber das ging natürlich nicht. Also löffelte ich mit schlechtem Gewissen meine zweite Nachtischportion, auf die mir der Appetit gründlich vergangen war. Das blieb unseren Freunden jedoch verborgen, die sich weiterhin von Inas Reiseschilderungen fesseln ließen.

„Hat dir China auch gefallen?“, wollte Monika irgendwann wissen. Vielleicht war es nur ein nett gemeinter Versuch, mich an dem Gespräch teilhaben zu lassen.

„Ja, ja", beeilte ich mich zu versichern.

Im weiteren Verlauf des Abends unterhielt ich mich mit Dieter über Sport im Allgemeinen und Fußball im Besonderen. Die beiden Frauen sprachen über Gott und die Welt. Plötzlich rief Ina:

„Wie kann man bloß so etwas sagen?"

„Worum geht es denn?", wollte Dieter wissen.

Monika klärte uns auf:

„Ich hab gerade erzählt, dass die Klassenlehrerin von Gisela, der Tochter unserer Nachbarn, zu einem Schüler gesagt hat, so jemand wie er wäre im Dritten Reich ins KZ gekommen."

„Das geht nun gar nicht", empörte sich Ina.

„Falls es von der Lehrerin eine Meinungsäußerung über den Schüler gewesen sein sollte, wäre das in der Tat unverzeihlich", bemühte ich mich um eine sachliche Argumentation.

„Falls sie es jedoch zur Verdeutlichung einer historischen Situation gemeint hat, weil der betreffende Schüler beispielsweise einer entsprechenden Minderheit angehört, wäre es zwar pädagogisch mehr als grenzwertig, ließe das Ganze aber zumindest in einem anderen Licht erscheinen."

Während Dieter und Monika mir beipflichteten, erklärte Ina kategorisch:

„Wie auch immer das gemeint gewesen ist, so etwas darf eine Lehrerin keinesfalls sagen. Das ist nicht nur politisch unkorrekt, sondern absolut inakzeptabel."

Meinen Versuch einer differenzierten Betrachtungsweise hatte sie glatt mit „ungenügend" bewertet.

Dieter entschärfte die Situation, indem er einen Schwank aus unserer gemeinsamen studentischen Vergangenheit zum Besten gab. Danach geriet die Unterhaltung wieder in ruhiges Fahrwasser. Es bildeten sich erneut zwei Gesprächsgruppen: Ina und Monika hier, Dieter und ich da. Irgendwann wandte sich Ina mir zu:

„Du trinkst ja gar keinen Alkohol. Ich hab doch gesagt, dass ich zurück fahre."

Sie stieß mich aufmunternd in die Seite.

„Möchtest du jetzt ein Bier?", fragte Dieter prompt und machte Anstalten, für mich eins zu holen.

Ich wehrte ab. „Nein danke, ich bleibe bei Mineralwasser."

Ina sah mich erstaunt an.

„Ist was mit dir? Fühlst du dich nicht wohl?"

Ihre Stimme hatte diesen mütterlich-besorgten Tonfall, der allenfalls bei einem Kind angebracht ist.

„Nein, ist schon gut, ich hab nichts", erwiderte ich genervt.

Ina wandte sich Monika zu, und die beiden Frauen vertieften sich wieder in ihr Gespräch. Bei Dieter und mir war die Luft raus. Wir hatten uns über alle interessanten Themen ausreichend ausgetauscht. Dieter gähnte mehrmals verstohlen hinter vorgehaltener Hand.

Als die Frauen nach einer Weile realisierten, das nur noch sie sich angeregt unterhielten, während die Männer schlaff auf ihren Stühlen saßen und vor sich hin dösten, zog Ina sogleich die Konsequenzen. Zunächst ein demonstrativer Blick auf ihre Armbanduhr, dann ein überraschter Ausruf:

„Mein Gott, wie spät es schon ist!"

Sie legte ihre Hand auf meine Schulter:

„Ich glaube, wir machen uns mal auf den Heimweg, findest du nicht auch?"

Es klang ganz so, als sei ich derjenige gewesen, der kein Ende gefunden hätte und der nun mit sanftem Druck zum Gehen überredet werden müsse. Statt einer Antwort auf Inas rhetorische Frage stand ich auf.

„Wollt ihr wirklich schon gehen?"

Monika spielte ihre Gastgeberrolle perfekt und tat so, als wolle sie uns noch zum Bleiben bewegen. Doch selbstverständlich war es Teil der Inszenierung, dass sich die Gäste auf ein derartiges „Angebot" nicht einließen.

Dafür zog sich das Verabschiedungsprozedere an der Haustür über eine Viertelstunde hin. Ich habe nie verstanden, warum dieses ausgedehnte Zeremoniell sein muss. Plötzlich schien es noch jede Menge zu bereden zu geben, wozu der bisherige Abend nicht ausgereicht hatte.

Endlich stiegen Ina und ich in den MINI. Da wir beide bis auf ein Glas Wein beim Essen keinen Alkohol getrunken hatten und somit fahrtüchtig waren, nahm Ina wieder auf dem Beifahrersitz Platz. Das letzte, was ich mitbekam, waren Monikas Worte:

„Wirklich ein tolles Auto, was du hast, Ina."

Es fehlte nur noch, dass sie hinzugefügt hätte:

„Und sogar mit Fahrer."

Ich schaltete das Autoradio ein. Schweigend kamen wir zu Hause an.

„Trinken wir noch einen Whisky als Absacker?", fragte Ina.

„Meinetwegen", brummte ich.

Ina holte eine fast volle Flasche Single Malt Scotch Whisky und zwei Whiskygläser und goss uns ein.

„Hast du was? Du bist so komisch? Du hast schon den ganzen Abend kaum gesprochen."

„Dafür du umso mehr", gab ich zurück.

Inas Oberkörper straffte sich.

„Was soll das denn heißen? Ich habe mich mit unseren Freunden vernünftig unterhalten, während du wie ein Stockfisch herum gesessen bist. Richtig peinlich."

Und dann ging es los. Es war wie eine U-Bahn-Fahrt auf einer bekannten Strecke, bei der man jede einzelne Haltestelle kennt. Verbal fuhren wir noch einmal alle Stationen des Abends ab.

Ina erklärte mir, wie sehr sie sich auf diese Einladung gefreut habe. Dass sie mir nach Feierabend noch extra neue Kleidung gekauft hätte, damit ich auch mal modisch up to date sei. Aber da hätte sie schon gemerkt, wie mies ich drauf gewesen sei. Wahrscheinlich hätte ich ihr diesen Abend einfach nicht gegönnt.

Und so entwickelte sich die U-Bahn-Fahrt immer mehr zu einem Horrortrip gegenseitiger Vorwürfe. Während Ina hervorhob, wie sie quasi im Alleingang den Abend gerettet hatte, schleuderte ich ihr zunehmend gereizter meine Sicht der Dinge an den Kopf. Ich empfand mich selbst als ein kurz vor dem Ausbruch stehender Vulkan. Sie habe sich doch nur selbst inszenieren wollen. Dazu habe sie mich zunächst in eine lächerliche modischbunte Litfaßsäule verwandelt, dann den Freunden unbedingt ihr neues Auto vorführen und ihre Kenntnisse der Welt präsentieren wollen. All das, um zu zeigen, was für eine supertolle Ina sie doch sei. Und außerdem diese immerwährenden Disziplinierungsmaßnahmen in meine Richtung: Iss nicht so viel Nachtisch, das schickt sich nicht. Ich hätte ihren giftigen Blick durchaus bemerkt. Und meinen Versuch, eine Unterrichtssituation, die wir schließlich beide nicht selbst miterlebt hätten, zumindest einmal von zwei Seiten zu beleuchten, habe sie auch im Keim erstickt, als sei ich ein geschichtsloser politischer Hirni. Und dann dieses alberne Nachfragen, ob ich nicht auch gehen wolle, obwohl sie es doch schon längst beschlossen gehabt hätte, dass wir nun gehen. Aber sich dann wieder an der Haustür festquatschen ...

Die Situation geriet zunehmend außer Kontrolle. Die U-Bahn quietschte, rüttelte uns durcheinander und drohte zu entgleisen. Dann brach der Vulkan ohne Vorwarnung aus.

Was im Einzelnen passiert ist, weiß ich nicht mehr. Als die Sonne durchs Fenster schien und ich erwachte, lag Ina vor dem Sofa auf dem Boden. Neben ihrem Kopf das Kissen mit dem von ihr selbst gehäkelten Bezug. Die Flasche Whisky beinahe leer. In meinem Schädel dröhnte und pochte es. Ich legte mein Ohr auf Inas Brust: kein

Herzschlag. Ich fühlte ihren Puls: nichts. Da drückte ich ihr die Augen zu und griff zu meinem Handy.

Dieter meldete sich:

„Was ist los? Habt ihr bei uns was vergessen?“

„Nein, nichts vergessen. Tu mir bitte einen Gefallen, ruf die Polizei und schick sie zu uns.“

Ehe Dieter nachfragen konnte, beendete ich das Gespräch.

Auch wenn ich mich nicht mehr an den genauen Ablauf des Schrecklichen erinnern kann, steht wohl außer Frage, dass ich Ina getötet habe. Die näheren Umstände mag das Gericht aufklären, so gut es kann.

Am meisten beunruhigt mich, ob es mir gelingt, mein Motiv begreiflich zu machen. Natürlich lässt sich sagen, dass ein Streit eskaliert ist. Eine Affekttat also. Auch Alkohol war mit im Spiel. Schließlich war die Flasche beinahe leer, wobei ich nicht sagen kann, ob ich einen Großteil des Whiskys erst nach der Tat getrunken habe. Aber wie es überhaupt zu dem Streit kommen konnte, ist für Außenstehende wahrscheinlich schwer zu verstehen. Dazu müssten sie in der Lage sein, nachzuempfinden, wie es ist, wenn man allmählich das Gefühl hat, nicht mehr man selbst zu sein. Nur noch geformt zu sein nach dem Wunschbild des Partners. Seiner Identität beraubt zu sein.

„Warum haben Sie dann nicht die Beziehung beendet?“, werden sie fragen. Eine berechtigte, naheliegende Frage, deren Beantwortung nicht leicht fällt. Natürlich könnte ich zynisch sagen, ich habe die Beziehung ja beendet, und zwar endgültig. Aber das ergäbe einen vollkommen falschen Eindruck. Ich habe Ina nicht etwa gehasst. Ich würde alles dafür tun, die Tat ungeschehen zu machen.

Dass der Vulkan so heftig ausbrechen konnte, hat seine Ursache darin, dass es mir in dieser Spirale sich stetig aufschaukelnder verbaler Aggression immer mehr bewusst wurde, wie stark Ina unser Leben prägte. Und ich wollte einfach keine Marionette mehr sein. Das habe ich ihr im Verlauf der Auseinandersetzung auch zugebrüllt. Hätte sie hierauf ein wenig verständig reagiert, hätte sie gesagt, lass uns eine Nacht hierüber schlafen und morgen in Ruhe über alles reden, dann wäre es anders gekommen.

Aber sie hat nur hämisch gelacht.

„Was wärst du schon ohne mich? Ohne mich, mein Geld, meine Freunde und meine Familie wärst du doch ein armseliger kleiner Wicht, ein ..."

Sie suchte nach dem richtigen Wort, mit dem sie mich vernichten konnte.

„Ein Nichts wärst du, jawohl."

Das traf mich bis ins Mark. Die U-Bahn entgleiste, weil mich Inas Worte aus dem Gleis geworfen hatten. Und dann brach der Vulkan in mir aus, mit eruptiver Gewalt.

Ich weiß nicht, ob das irgendjemand wirklich verstehen kann. Aber besser erklären kann ich es nicht.

Alle Zeit der Welt

„Wenn ich alles so reichlich hätte wie Zeit“, hatte sie häufig gesagt.

Es war geradezu ihr Lebensmotto gewesen, sich für die Menschen, die ihr wichtig waren, Zeit zu nehmen. Immer ein offenes Ohr für ihre Sorgen und Nöte zu haben, und das unter Hintanstellung ihrer eigenen Belange. An erster Stelle hatte stets die Familie gestanden.

Erich kam es im Nachhinein beinahe unglaublich vor, mit welcher Geduld und Ausdauer seine Mutter nicht nur seine und seiner Schwester Christa Erziehung gemeistert hatte, sondern auch ihrem Mann in allen schwierigen Situationen, sei es beruflicher oder gesundheitlicher Art, loyal und tatkräftig zur Seite gestanden hatte. Dabei war sie immer heiter und voller Optimismus gewesen. Ein ruhender Fels in der Brandung, selbst wenn die Wellen über ihr zusammenzuschlagen drohten. Erich konnte sich nicht entsinnen, sie jemals fassungslos oder gar hysterisch erlebt zu haben.

Nachdem ihn Christa vorhin im Büro angerufen und in den Hörer geschluchzt hatte: „Komm schnell, Mama liegt im Sterben!“, hatte er sich sofort in sein Auto gesetzt und war losgefahren. Auf der Autobahn hatte er Mühe, sich auf den Verkehr zu konzentrieren. Stattdessen glitt sein Blick ständig auf die Uhr am Armaturenbrett. Ihm blieb nicht mehr viel Zeit, wenn er seine Mutter noch lebend sehen wollte. Und das wollte er unbedingt.

Er spürte, wie ihm die Tränen in die Augen schossen. Ein Film lief in seinem Inneren ab, dessen Hauptperson seine Mutter war. Er sah sie vor sich, so wie er sie von den Bildern aus dem Fotoalbum kannte, als junges Mädchen, als junge Ehefrau, als stolze Mutter einer Tochter und – zwei Jahre später – eines Jungen. Allmählich verwandelten sich die Szenen des Films von Fotografien in reale

Erinnerungen. Seine Mutter verteidigte ihn gegen die unberechtigten Vorwürfe einer anderen Mutter, er habe ihrer Tochter im Kindergarten das Kleid zerrissen. Seine Mutter nahm Christa vor dem Wutausbruch des Vaters in Schutz, als sie an einem Samstagabend von einer Fete mit ziemlicher Verspätung und betrunken nach Hause gekommen war. Seine Mutter tröstete ihn anlässlich seines ersten Liebeskummers. Seine Mutter als Fürsprecherin, als es darum ging, dem Vater begreiflich zu machen, dass Christa nach dem Abitur nicht mehr zu Hause wohnen bleiben wollte. Seine Mutter als Organisatorin von Familienfeiern, bei denen sie sich stets bescheiden im Hintergrund hielt. Und schließlich seine Mutter als starke Witwe, nachdem der Vater vor fünf Jahren gestorben war und sie sich von diesem Schicksalsschlag nicht unterkriegen ließ. Genauso wenig wie von der heimtückischen Krankheit, die vor einem halben Jahr von ihr Besitz ergriffen hatte.

Beinahe hätte er die richtige Abfahrt verpasst. Als er vor dem elterlichen Haus den Wagen scharf abbremste, öffnete Christa die Haustür. Die Geschwister umarmten sich kurz, dann blickte Erich seiner Schwester fragend in die Augen. Die nickte. „Du kommst noch rechtzeitig."

Im Hausflur traf er auf eine Schwester des Pflegedienstes. „Gehen Sie ruhig ins Schlafzimmer zu Ihrer Mutter", begrüßte sie Erich freundlich. „Auch wenn sie Sie nicht mehr erkennen sollte, ist es gut, dass Sie da sind."

Erich musste schlucken, dann betrat er mit klopfendem Herzen das abgedunkelte Schlafzimmer. Seine Mutter lag friedlich im Bett. Ihr Körper schien ausgezehrt. Nur das leise Pfeifen ihres stoßweisen Atmens war zu hören.

„Hallo Mama."

Erich ergriff ihre rechte Hand. Ihm war, als huschte ein verstehendes Lächeln über ihr eingefallenes Gesicht. Er setzte sich behutsam zu ihr auf die Bettkante.

„Ich bleibe jetzt bei dir.“
Er drückte leicht ihre zerbrechlich wirkende Hand.

„Bald hast du alle Zeit der Welt, Mama“, flüsterte er mit erstickender Stimme.

Unter Verdacht

Sind Sie schon einmal beschuldigt worden, sich selbst umgebracht zu haben? Ich spreche nicht von Selbstmord, sondern von Mord.

Suizid, durchaus tragisch, ist kein Verbrechen. Anders sieht es bei Mord aus. Mord ist sogar ein Kapitalverbrechen, auf das in manchen Ländern immer noch die Todesstrafe steht. Insofern sind Suizid und Mord zwei sehr unterschiedliche Paar Schuhe, wenn man über eine so ernste Sache so salopp reden darf. Selbsttötung ist straffrei. Wie sollte jemand auch noch bestraft werden können, wenn er sich selbst umgebracht hat? Hier hat sich der Täter, der gleichzeitig das Opfer ist, durch seine Tat der irdischen Gerichtsbarkeit entzogen. Und da es keinen Straftatbestand der Selbsttötung gibt, ist auch der Selbstmordversuch nicht strafbar. Möglicherweise wird der Selbstmörder im Jenseits zur Rechenschaft gezogen, denn nach verbreiteter Auffassung ist Suizid eine Sünde: Da Gott einem das Leben geschenkt habe, dürfe auch nur er es einem wieder nehmen, so die Anhänger dieser Sichtweise. Wie dem auch sei, die Trennlinie zwischen straffreier Selbsttötung und der strafbaren Tötung eines anderen Menschen scheint klar.

Und dennoch ist es mir widerfahren, meiner eigenen Ermordung – im Sinne des einschlägigen Straftatbestandes – verdächtigt zu werden.

Es klingelte stürmisch an meiner Wohnungstür. Als ich öffnete, standen zwei Herren im Treppenhaus.

„Dürfen wir reinkommen?“, fragte der eine, ein hagerer, langer Mensch mit mürrischen Gesichtszügen, während mir der andere, breitschultrig und untersetzt, mit einem Dienstausweis vor der Nase herumwedelte.

„Kriminalpolizei.“

Vielleicht hätte ich gesagt: „Nein, ich lasse Sie nicht in

meine Wohnung", denn ich bin nun mal ein sehr direkter Mensch, der anderen Leuten nicht aus falsch verstandener Rücksichtnahme nach dem Mund redet, sondern offen seine Meinung sagt. Da ich aber vom oberen Stockwerk her Schritte auf der Treppe hörte und kein Interesse daran hatte, dass einer der übrigen Hausbewohner etwas von meinem Besuch mitbekam – ich bin nun mal ein sehr diskreter Mensch, der auf seine Privatsphäre bedacht ist – ließ ich die beiden Beamten herein und schloss schnell die Tür hinter ihnen. Ich führte sie ins Wohnzimmer und bot ihnen etwas zu trinken an. Der Breitschultrige schien nicht abgeneigt, doch da der Hagere ohne zu zögern und mit Nachdruck sagte: „Nein danke, wir sind im Dienst", schüttelte auch er verneinend den Kopf. Ich setzte mich in meinen Sessel und forderte die Beamten mit einer Handbewegung zum Sofa hin auf, ebenfalls Platz zu nehmen. Zumindest das lehnten sie nicht ab.

„Was verschafft mir die Ehre Ihres Besuches?", fragte ich, denn ich bin nun mal ein sehr höflicher Mensch, der sich gewählt auszudrücken pflegt.

Der Breitschultrige räusperte sich und antwortete: „Sie werden verdächtigt, den Mieter dieser Wohnung, Herrn Stefan Krahwinkel, umgebracht zu haben."

Ich lächelte, denn ich bin nun mal ein sehr freundlicher Mensch, der sich überdies nicht so leicht ins Bockshorn jagen lässt.

„Ich bin der Mieter dieser Wohnung, und mein Name ist Stefan Krahwinkel", erwiderte ich, zog aus dem auf dem Wohnzimmertisch liegenden Portemonnaie meinen Personalausweis heraus und streckte ihn den Beamten entgegen. Sie warfen einen flüchtigen Blick darauf.

„Sie erlauben?"

Ich stand auf und ging zum Wohnzimmerschrank, misstrauisch beäugt von dem Hageren. „Keine Angst, ich hole keine Waffe", scherzte ich, denn ich bin nun mal ein sehr lustiger Mensch, nie um einen Spruch verlegen.

„Machen Sie keine blöden Witze", knurrte mich der

Hagere an, während seine Rechte unter seine Jacke fuhr, wo wahrscheinlich seine Knarre steckte.

Ich holte die Dokumentenmappe mit meinem Mietvertrag aus der Schublade.

„Hier, sehen Sie, mein Mietvertrag", beeilte ich mich zu versichern und deutete auf den Namen des Mieters: „Stefan Krahwinkel."

Der Breitschultrige, der einen deutlich gutmütigeren Eindruck machte als sein Kollege, winkte müde ab.

„Das wissen wir, dass der Mieter dieser Wohnung Stefan Krahwinkel heißt. – Nur wie *Sie* heißen und wer *Sie* sind, das wüssten wir gerne."

Er sah mich forschend an, aber im Gegensatz zu dem Hageren durchbohrte sein Blick mich nicht wie kalter Stahl.

„Ich habe Ihnen doch gerade meinen Personalausweis gezeigt", entgegnete ich mit ruhiger Stimme, denn ich bin nun mal ein sehr geduldiger Mensch, der, wenn es sein muss, die Dinge auch mehrfach erklärt.

„Sie haben uns einen Personalausweis gezeigt. Unseres Erachtens ist das aber nicht Ihrer, sondern der des Mordopfers", erläuterte der Breitschultrige.

Er griff in die Innentasche seiner Jacke und holte einen Umschlag hervor. In dem Umschlag befanden sich mehrere Fotos.

„Sagen die Ihnen etwas?", fragte er und legte die Fotos achtlos auf den Wohnzimmertisch.

Ich schob die Fotos so, dass sie exakt in einer Reihe lagen, denn ich bin nun mal ein sehr ordentlicher Mensch, der Durcheinander nicht leiden kann. Ich betrachtete ausführlich die Bilder. Sie zeigten einen Mann, der tot am Boden lag, irgendwo im Freien. Die Ähnlichkeit des Mannes mit mir war frappierend, zumindest auf den Fotos. Ich schloss für einen Moment die Augen und zählte leise langsam bis zehn, während ich gleichmäßig ein- und ausatmete. Dann versuchte ich, durch einen betont lockeren Umgangston die Situation zu entspannen, um nicht tatsächlich Gefahr zu laufen, als Täter meiner eigenen Ermordung beschuldigt zu werden.

„Also Jungs, mehr als meine Ausweispapiere kann ich euch nicht zeigen, um meine Identität zu beweisen."

„Ich hab gar nicht mitbekommen, dass wir per du sind", ätzte der Hagere. „Also bitte."

„Schon gut, schon gut, ich wollte Ihnen nicht zu nahe treten", beschwichtigte ich, denn ich bin nun mal ein sehr lernfähiger Mensch. Schließlich wollte ich die Situation entschärfen und nicht eskalieren lassen.

„Soll ich Ihnen noch meinen Reisepass und meinen Führerschein zeigen, damit Sie mir glauben, dass ich Stefan Krahwinkel bin?", fragte ich.

„Nicht nötig", erwiderte der Breitschultrige, „das würde nichts ändern. Wir gehen ohnehin davon aus, dass Sie im Besitz dieser Dokumente sind. Immerhin haben Sie sich ja auch in der Wohnung des Mordopfers breitgemacht. Und bei dem Getöteten sind keine Papiere gefunden worden. Da kann es nicht ernstlich überraschen, wenn Sie im Besitz der Papiere sind. Bei der starken Ähnlichkeit mit dem Toten ist es naheliegend, dass Sie seine Identität annehmen wollten. Und das ist Ihnen bisher offensichtlich gelungen."

Allmählich nahm die Geschichte bedrohliche Ausmaße an.

„Zugegeben, die Ähnlichkeit des Mannes auf den Fotos mit mir ist nicht zu leugnen", warf ich ein und versuchte eine Beweisführung.

„Aber das bedeutet doch nicht, dass der Tote ich ist, ich meine Stefan Krahwinkel. Genauso gut könnte *ich* Stefan Krahwinkel sein, und – ich gebe Ihnen mein Ehrenwort – *ich bin es tatsächlich.*"

Ich machte eine kurze Pause, um meine Gedanken zu sortieren. Der Hagere verzog seine schmalen Lippen zu einem spöttischen Grinsen.

„Natürlich könnten Sie – rein hypothetisch – Stefan Krahwinkel sein, dem Sie ja, wie Sie selbst einräumen, stark ähneln. Ihr Pech ist nur, dass der Tote Stefan Krahwinkel ist."

Ich schluckte, mein Mund war ausgetrocknet. Langsam aber sicher bekam ich Panik. Hilflos stammelte ich:

„Ich sage doch auch nicht, Sie sind in Wirklichkeit keine Kriminalbeamten und haben Ihre Dienstausweise von irgendwelchen ermordeten Menschen ..."

Mir war klar, dass dieser Einwand nicht besonders überzeugend war. Ich erntete auch lediglich ein erneutes spöttisches Grinsen des Hageren. Da kam mir der rettende Einfall.

„Wie kommen Sie überhaupt darauf, dass der Tote Stefan Krahwinkel sein könnte? Sie haben doch selbst gesagt, er hatte keine Papiere bei sich."

Ich traute mich sogar ein verstohlen triumphierendes Lächeln. Jetzt mussten die beiden die Hosen herunterlassen, wie sie auf diese absurde Annahme gekommen waren, ich, Stefan Krahwinkel, hätte mich ermordet, nur weil ein Toter eine gewisse Ähnlichkeit mit mir hatte.

Der Breitschultrige räusperte sich erneut.

„Haben Sie denn nicht das Foto in der Zeitung gesehen, mit dem wir nach der Identität des unbekannten Toten gefahndet haben?"

„Nein, ich lese keine Zeitung", erwiderte ich wahrheitsgemäß, denn ich bin nun mal ein sehr effizienter Mensch, der sich nicht mit dem ganzen Gedankenmüll zuschmeißen lässt, der in der Zeitung steht. Dafür ist mir meine Zeit viel zu schade.

„Hm, hm", machte der Hagere nur.

Sein Kollege war nicht so einsilbig.

„Auf die Veröffentlichung des Fotos hat sich eine Frau Monika Wagner gemeldet und den Toten als ihren ehemaligen Freund Stefan Krahwinkel identifiziert."

„Ach so", entgegnete ich überrascht. Monika Wagner war in der Tat meine Freundin gewesen, doch vor etwa einem halben Jahr hatten wir uns getrennt. Seitdem hatten wir uns nicht mehr gesehen. Deswegen hielt ich es nicht für ausgeschlossen, dass sie den mir auf den Fotos ziemlich ähnlich sehenden Unbekannten tatsächlich für Stefan Krahwinkel, also für mich, gehalten hatte. Ein halbes Jahr kann eine Erinnerung durchaus verblassen lassen. Auch ich konnte mir Monikas Gesicht nicht mehr in allen Einzelheiten vorstellen. Und wenn ich jemanden sähe, der ihr stark ähnelte, wer weiß ...

Die Polizeibeamten schauten mich beide erwartungsvoll an, der Hagere mit deutlichem Unmut.

„Wollen oder können Sie uns unsere Frage nicht beantworten?“, insistierte er.

„Welche Frage?“, stammelte ich verdattert.

„Wollen Sie uns verarschen, Mann?“, bellte der Hagere mit erhobener Stimme, als sei er ein kurz vor dem Ausbruch stehender Vulkan.

„Mein Kollege hat Sie doch gerade gefragt, wie Sie uns erklären können, dass der Tote von seiner ehemaligen Lebensgefährtin eindeutig als Stefan Krahwinkel identifiziert worden ist. Oder wollen Sie uns weismachen, das sei ein Irrtum von Frau Wagner? In Wirklichkeit sei sie *Ihre* Freundin gewesen, weil *Sie* ja der wahre Stefan Krahwinkel seien?“

Er lächelte höhnisch.

„Ich war mit meinen Gedanken etwas abgelenkt“, begann ich. Der Hagere grätschte sofort dazwischen: „Das kann ich mir denken, jetzt, wo Ihr Lügengebäude allmählich zusammenbricht wie ein Kartenhaus, Herr ...“

„Krahwinkel“, vollendete ich unwillkürlich.

Der Hagere gab sich völlig ungerührt. „So geistesgegenwärtig sind Sie also, den Namen Ihres Mordopfers wie aus der Pistole geschossen als Ihren eigenen zu nennen. Übrigens, ich bin in Wahrheit der Kaiser von China. Aber verraten Sie es niemandem.“

Seine graugrünen Augen hatten sich zu schmalen Sehschlitzen verengt, was ihm ein wölfisches Aussehen gab und mich frösteln ließ.

„Monika Wagner ist ganz bestimmt meine Freundin

gewesen!“, rief ich nun schon mit einer Spur Verzweiflung. „Machen Sie doch eine Gegenüberstellung.“

„Alles zu seiner Zeit“, schaltete sich der Breitschultrige ein.

„Wir wollen der Dame nicht zu viele Gegenüberstellungen zumuten, denn eine hat sie schon hinter sich – eine für sie ziemlich belastende.“

Er tippte mit dem Zeigefinger der rechten Hand auf eines der Fotos, die noch immer auf dem Wohnzimmertisch lagen.

Mittlerweile überlegte ich krampfhaft, wie ich aus dieser absurden Nummer herauskommen könnte. Man war gerade dabei, mich meiner Identität zu berauben. Vielleicht war es ein Fehler, aber ich bin nun mal ein sehr impulsiver Mensch, plötzlich schrie ich hysterisch:

„Muss ich mir das wirklich gefallen lassen? Ich bin ein unbescholtener Bürger, und Sie kommen mir nichts dir nichts in meine Wohnung und behaupten, ich sei nicht der, der ich bin. Ich lege Ihnen meinen Ausweis vor und Sie behaupten, den hätte ich wohl einem Toten abgenommen. Nur weil dieser Tote eine gewisse Ähnlichkeit mit mir aufweist, sagen Sie, ich hätte mich, also ihn, ich meine Stefan Krahwinkel, also eben doch mich, ermordet. Und dabei ist Stefan Krahwinkel nicht tot. Er lebt, er steht vor Ihnen.“

Bei diesen Worten war ich vom Sessel aufgesprungen, so aufgeregt war ich. Prompt zuckte die Hand des Hageren wieder unter seine Jacke.

„Nun beruhigen Sie sich erst einmal“, beschwichtigte der Breitschultrige. „Ich glaube, im Moment ist alles gesagt. Wir sollten uns in den nächsten Tagen in unserem Büro vernünftig weiter unterhalten.“

Und sie wandten sich zum Gehen.

„Einen Augenblick“, bat ich, denn im Treppenhaus hörte ich wieder Schritte. Der Nachbar aus dem oberen Stockwerk kam zurück. Andererseits, vielleicht hätte er dafür sorgen können, diesen fatalen Irrtum, ich sei nicht

Stefan Krahwinkel, aufzuklären. Doch dieser Gedanke kam mir leider zu spät.

***

Nun sitze ich schon seit Tagen in meiner Wohnung und grüble. Ich trau mich kaum noch aus dem Haus, weil ich mich des unbestimmten Gefühls nicht erwehren kann, beschattet zu werden.

Haben Sie schon einmal erlebt, dass das Damoklesschwert Ihrer Auslöschung über Ihnen schwebt? Dass behauptet wird, Sie seien nicht der, der Sie sind? Und alle Beweise bleiben unberücksichtigt?

Da könnte ich glatt aus der Haut fahren, wenn es nicht um meine Haut ginge. Sie gestatten hoffentlich, wenn ich „Haut“ als Synonym für „Identität“ verstanden wissen will. Aber es geht außerdem auch um meine Haut im Sinne dieser Redewendung.

Denn, ganz im Vertrauen gesagt, ich habe tatsächlich einen Menschen getötet, nämlich den, der auf den Fotos war. Nur ist das eben ein Unbekannter, sowohl für mich als auch für die Polizei. Die Polizei ist allerdings anderer Meinung. Für sie ist der Tote Stefan Krahwinkel. Doch der bin ich.

Vielleicht klärt sich das ja noch im Laufe der weiteren Ermittlungen.

Ich hätte niemals Stefan Krahwinkel, also mich selbst, umgebracht, denn ich bin nun mal ein sehr lebensbejahender Mensch, der noch nie einen Gedanken an Suizid verschwendet hat.

Aber diesen Unbekannten auf den Polizeifotos, den habe ich umgebracht, und dafür gab es auch ein Motiv. Dieser Mensch war vor kurzem zum ersten Mal in meinem Umfeld aufgetaucht, als ich beim Lebensmitteldiscounter um die Ecke Einkäufe tätigte. Seitdem begegnete ich ihm fast täglich. Das war ganz schrecklich, das können Sie mir abnehmen. Als ob man ständig seinem eigenen Spiegelbild über den Weg laufen würde. Wegen der verblüffenden Ähnlichkeit mit mir, die zugegebenermaßen nicht nur auf den Fotos, sondern auch in der Realität bestand, dachte ich schon, ich würde meinen Verstand verlieren und geriet in eine Identitätskrise, denn ich bin nun mal ein sehr empfindsamer Mensch. Das machte mich allmählich wütend. Deshalb habe ich ihm gesagt, er solle verschwinden, dahin, wo er hergekommen sei. Ich bin nun mal ein sehr auf seine Individualität bedachter Mensch, und durch einen Doppelgänger fühle ich mich körperlich und mental belästigt. Er sah mich lediglich an, ohne etwas zu entgegnen. Als ich ihn am nächsten Tag erneut traf, wiederholte ich meine Forderung. Darauf begann er, lauthals zu lachen, und fragte mich, ob ich noch alle Tassen im Schrank hätte. Ein Wort gab das andere, und dann schlug ich zu. Ich bin nun mal ein sehr wehrhafter Mensch, denn ich habe als Jugendlicher eine Zeit lang Kampfsport betrieben. Bestimmte Schläge habe ich immer noch drauf. Das Ganze war mehr ein Unfall, er ist einfach unglücklich gestürzt. Mord war es auf gar keinen Fall, allenfalls Totschlag, wenn überhaupt. Das würde ich auch dem Richter erzählen, sollte es zur Anklage kommen. Aber bis dahin wird die Polizei noch ein Stück Ermittlungsarbeit vor sich haben. An deren Ende wird sich dann hoffentlich herausstellen, dass *ich* Stefan Krahwinkel bin. Selbst wenn es zum Äußersten kommen sollte und ich wegen Mordes verurteilt würde, könnte ich zur Not damit leben. Aber wenn man mir meine Identität streitig machen und am Ende behaupten würde, ich sei gar nicht Stefan Krahwinkel, das könnte ich nicht ertragen. Ich bin nun mal ein sehr gewissenhafter Mensch, und ich würde nie vorgeben, jemand zu sein, der ich nicht bin.

Sie müssen es mir glauben: Ich *bin* Stefan Krahwinkel, Ehrenwort.

Der Autor

Foto: g.h.pictures

Norbert J. Wiegelmann

geb. 1956 in Bochum, wohnhaft in Arnsberg, verheiratet, Vater zweier erwachsener Töchter. Verwaltungsjurist. Literarische Veröffentlichungen (Lyrik, Kurzprosa) in weit über fünfzig Anthologien verschiedener Verlage sowie in Zeitungen und Zeitschriften. Reiseberichte in Zeitungen, davon zwei in der deutschsprachigen namibischen „Allgemeinen Zeitung". Glossen und Buchrezensionen in juristischen Fachzeitschriften. Außerdem Fotoveröffentlichungen in Büchern und Zeitungen. Diverse Rundfunkbeiträge, u.a. 1986 Live-Rundfunkgespräch in der WDR 3-Kultursendung „Das Mosaik" zum Thema: „Hauptsache, veröffentlicht. Merkwürdige Praktiken des Literaturbetriebs". Seit 2013 Mitglied in der Christine-Koch-Gesellschaft (CKG), einer literarischen Gesellschaft „zur Förderung der Literatur im Sauerland".

Franziska Röchter (Hrsg.)

So (ne) Nette

Lyrische Poesie der Gegenwart im Sonett-Gewand

978-3-943292-07-7, chiliverlag 2013, EUR 11,00

Das Sonett lebt!

Es spricht für das Sonett, dass selbst einige Musiker zu den Dichtern dieser Anthologie zählen. 33 Poeten der Gegenwart, darunter Alex Dreppec, Frank Stückemann, Thomas Rackwitz, Jan-Eike Hornauer, Günter Langenberg, Norbert J. Wiegelmann u.v.m. sonettieren über wichtige Themen.

Mit einem Vorwort von Alex Dreppec und Coverfotos von Svenja Leopold, www.svenjamusic.de

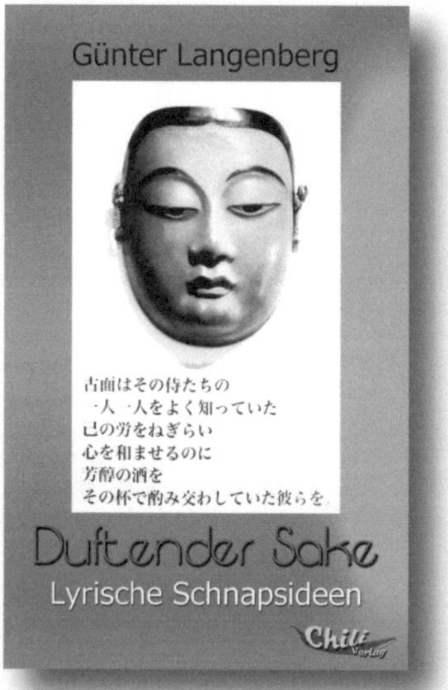

Günter Langenberg
Duftender Sake – Lyrische Schnapsideen
chiliverlag (April 2014), Sprache: Deutsch
ISBN 978-3-943292-12-1
216 Seiten, EURO 14,90

Alkoholische Getränke sind ein Teil unserer deutschen oder auch europäischen Kultur – insbesondere Bier, Wein und Schnaps. Der Begriff „Wein und Kultur" ist weit verbreitet. Ein gutes Essen ohne einen guten Tropfen ist für die meisten Menschen schwer vorstellbar. Sicherlich von Dichtern wie Busch, Rilke, Morgenstern, Roth, Gernhardt und Ringelnatz – um nur einige zu nennen – inspiriert, aber hauptsächlich aus eigenem Erleben und Beobachten und aus vielen eigenen Ideen heraus sind Günter Langenbergs Trinkgedichte in vier Jahrzehnten entstanden.

Mit diesem Gedichtband stellt Günter Langenberg ein äußerst humorvolles, überwiegend gereimtes Vademecum „spritziger" Weltschmerzbehebung im Do-it-yourself-Verfahren vor und liefert so einen internationalen Kulturbeitrag zur Kunst des „richtigen" Trinkens.

Hinter dem Licht – KIMM-Stories
Anthologie mit 22 Autorinnen und Autoren
über Korruption, Intrige, Macht und Mord,
Fotos von **Yves Drube**, chiliverlag 2014,
ISBN 978-3-943292-10-7, 13,90 Euro

Intrigen, Manipulationen, Machtkämpfe und Verbrechen finden überall statt, selbst im engsten Familienkreis. Manchmal enden sie tödlich. Ein nicht unerheblich-es Spektrum korruptionsgeladener Vorfälle geschieht im beruflichen Umfeld von Menschen, die alle ein ähnliches Ziel verfolgen: sich selbst ins beste Licht zu rücken und dieses möglichst noch honoriert zu bekommen. Eitelkeit, Gier, Habsucht und blinde Leidenschaft öffnen Tür und Tor für Verbrechen und müssen nicht selten mit dem Leben bezahlt werden. Selbst Schönheitsköniginnen sind nicht davor gefeit.

In diesem Buch versammelt sich die ganze Bandbreite hinterhältiger und krimineller Machenschaften. 22 Autorinnen und Autoren schreiben Geschichten und Gedichte über Lüge, Erpressung, Betrug, Rache, vermisste Menschen und eiskalten Mord.

Drube, Yves / Rodríguez, Luduing
poesía del paraíso infernal
poemas y fotografía de la república dominicana
978-3-943292-05-3, chiliverlag 2013, EUR 11,90

Dieser wunderschöne Fotoband auf hochwertigem Papier dokumentiert eine andere **Dominikanische Republik**, als wir sie aus Touristenkatalogen kennen. **Yves Drube** inszeniert und zelebriert Menschen des täglichen Lebens in aussagekräftigen Szenerien und erhebt sie allesamt zum Mittelpunkt seiner Fotokunst. Diese zeigt trotz gesellschaftlicher Schattenseiten die innere und äußere Schönheit der dominkanischen Menschen und der Natur.

Luduing Rodríguez dichtet gegen Ungerechtigkeit, Ungleichbehandlung und Missachtung der Menschenwürde an. Seine eindringlichen und aufrührerischen Verse richten sich an u.a. an die dominkanische Frau und geben ihr Rückendeckung und Schützenhilfe im Bestreben nach sozialer Anerkennung. Gleichzeitig sind besonders seine Liebesgedichte von schlichter Schönheit und ergreifender Melancholie.